艺涯回溯

张彩香　述
李光辉　录

中国戏剧出版社
CHINA THEATRE PRESS

图书在版编目（CIP）数据

艺涯回溯 / 张彩香述；李光辉录. -- 北京 : 中国戏剧出版社, 2022.11
ISBN 978-7-104-05259-3

Ⅰ. ①艺… Ⅱ. ①张… ②李… Ⅲ. ①张彩香—事迹 Ⅳ. ①K825.78

中国版本图书馆CIP数据核字(2022)第144368号

艺涯回溯

责任编辑：赵宇欣
责任印制：冯志强

出版发行：	中国戏剧出版社
出 版 人：	樊国宾
社　　址：	北京市西城区天宁寺前街2号国家音乐产业基地L座
邮　　编：	100055
网　　址：	www.theatrebook.cn
电　　话：	010-63385980（总编室）　010-63381560（发行部）
传　　真：	010-63381560

读者服务：010-63381560
邮购地址：北京市西城区天宁寺前街2号国家音乐产业基地L座

印　　刷：	北京鑫益晖印刷有限公司
开　　本：	787mm×1092mm　1/16
印　　张：	20.5
字　　数：	280千字
版　　次：	2022年11月　北京第1版第1次印刷
书　　号：	ISBN 978-7-104-05259-3
定　　价：	128.00元

版权专有，违者必究；如有质量问题，请与出版社联系调换。

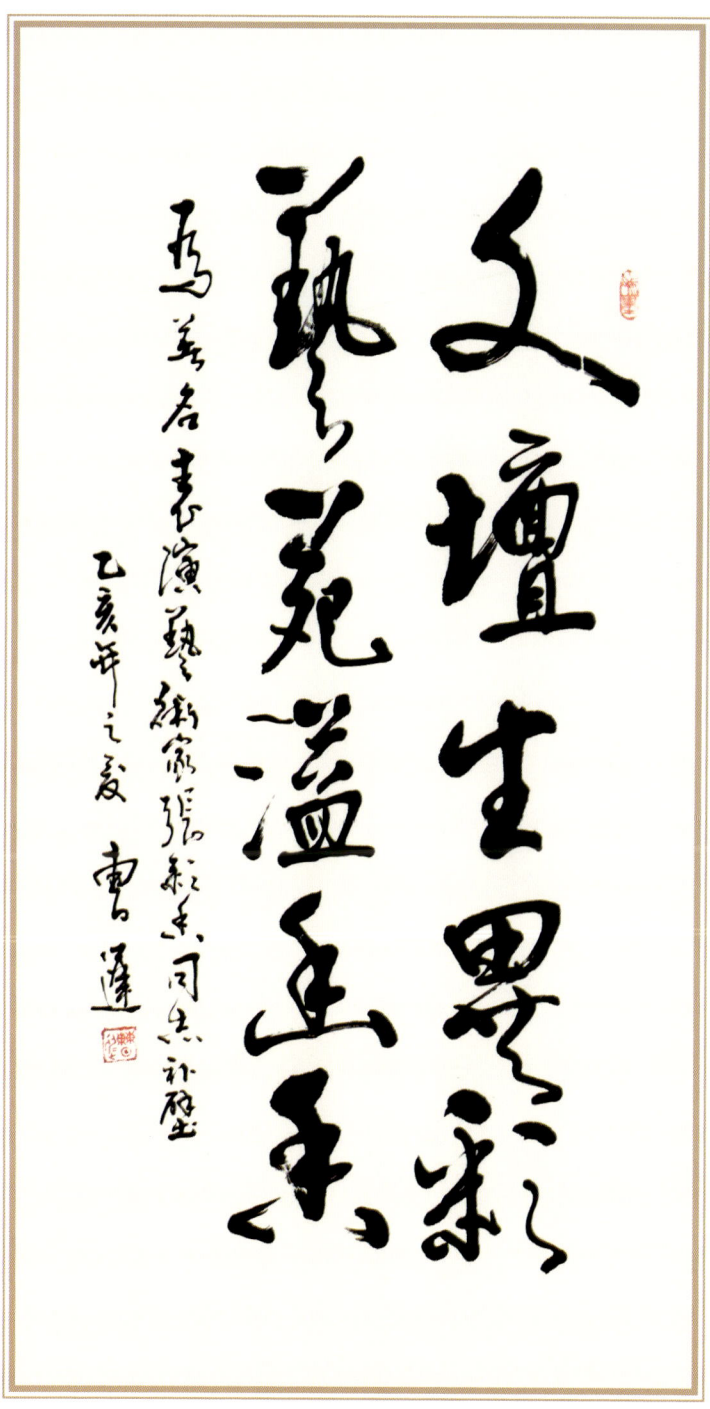

雷达先生题赠

孤村落日残霞，轻烟老树，寒鸦一点飞鸿影下。青山绿水，白草红叶黄花。

天净沙 秋 白朴曲

一去二三里，烟村四五家，亭台六七座，八九十枝花。

昏鸦望山前水滨竹篱茅舍，淡烟衰草孤村，天净沙 冬

彩熊同志雅玩 雷云茂

春山暖日和风 阑干楼阁帘栊 杨柳秋千院中 啼莺舞燕 小桥流水飞红

天净沙 春 白朴曲

云收雨过波添 楼高水冷瓜甜 绿树阴垂画檐纱橱 藤簟玉人罗扇轻缣

天净沙 夏 白朴曲

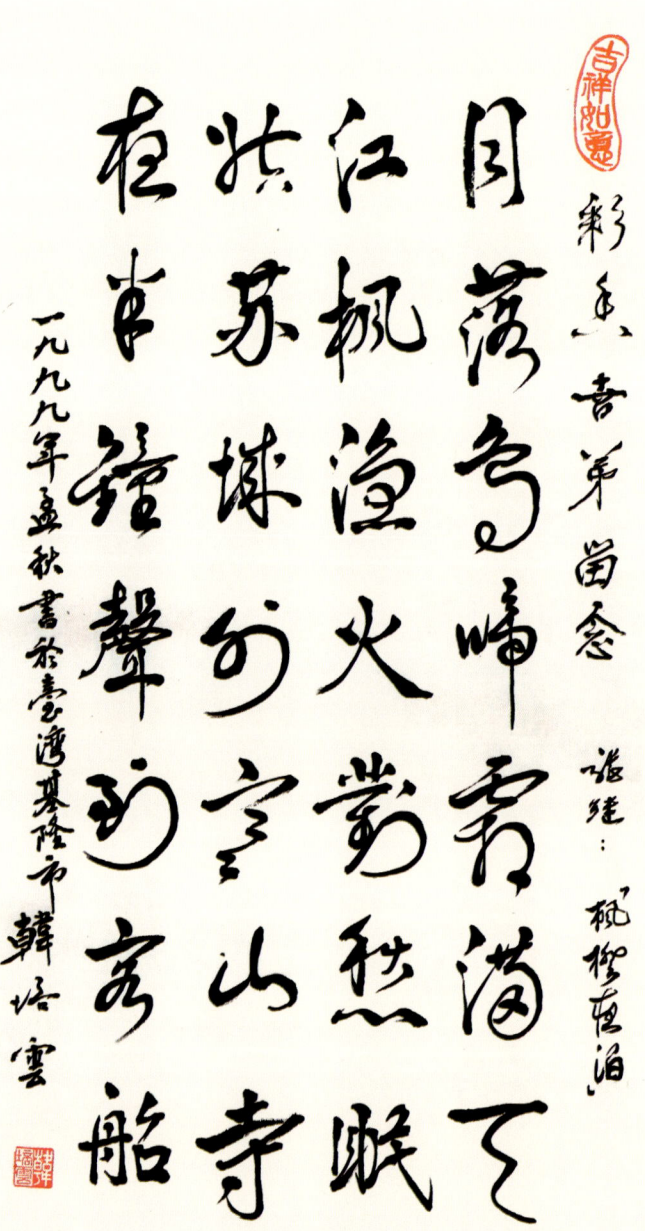

中国台湾地区同好韩培云先生书赠

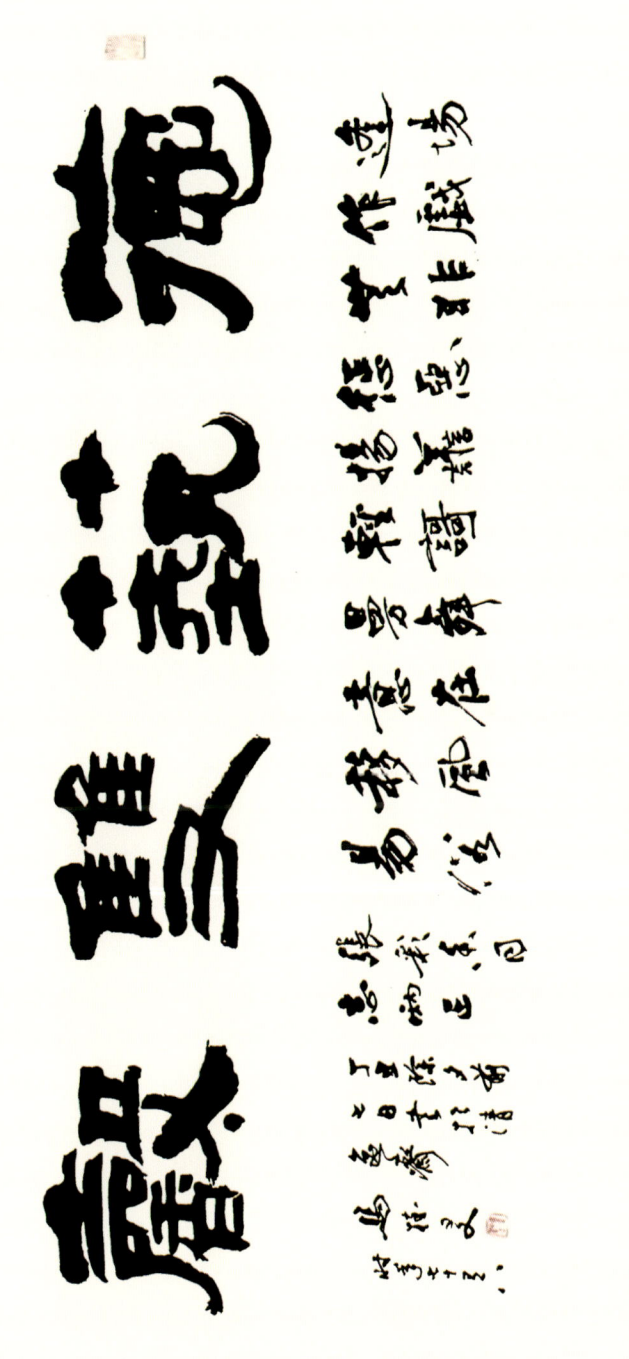

马树友先生题赠

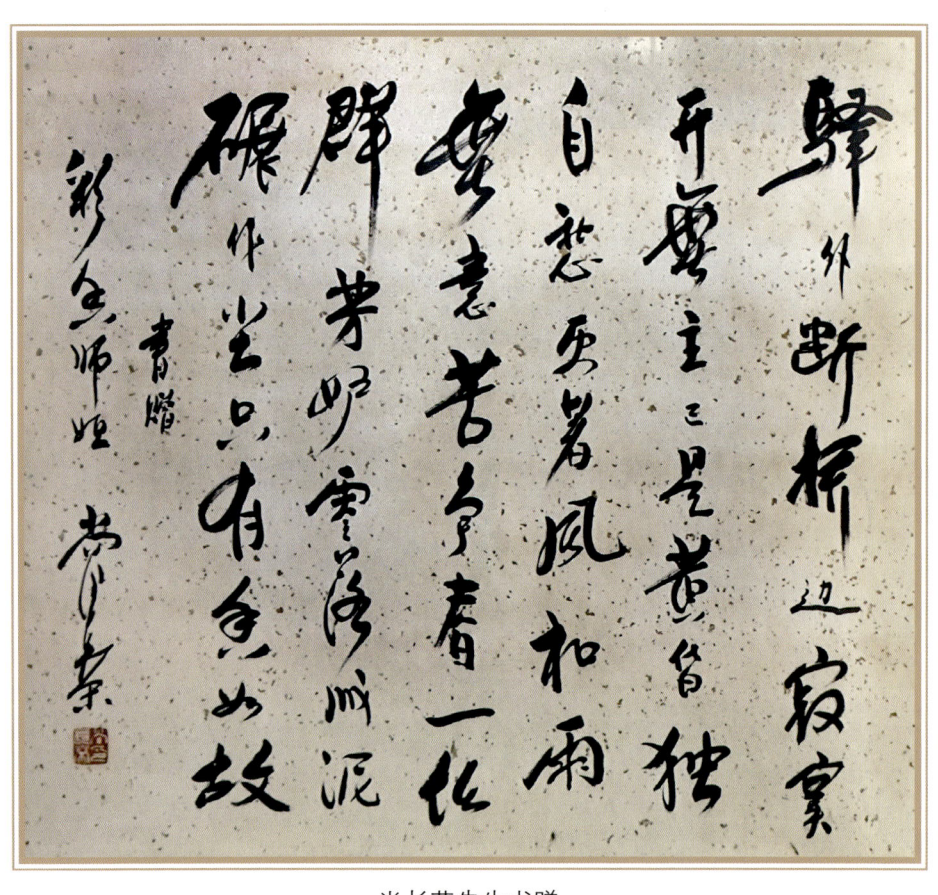

尚长荣先生书赠

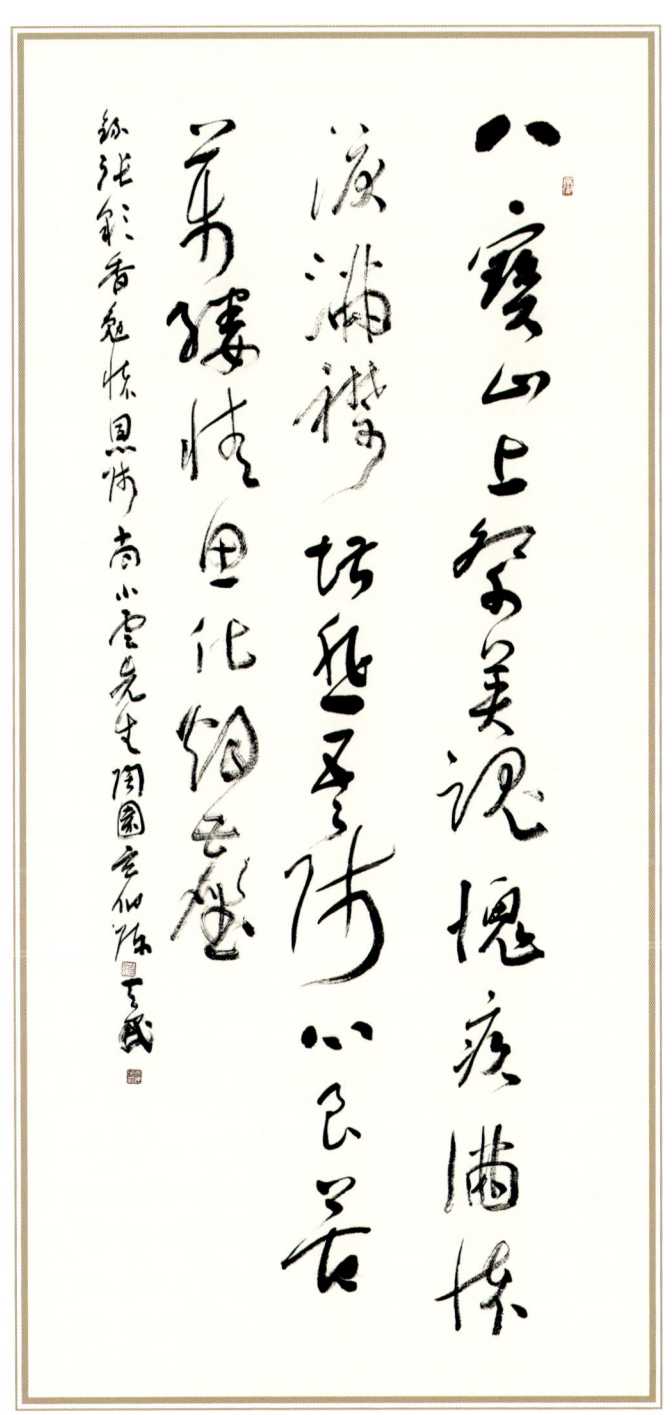

张彩香缅怀恩师语,陈天民先生书赠

录文颖仁弟联语追赠瓜妹

玉妆拾镯美目流盼含情脉脉呈异彩

昭君出塞烈马奔腾噙泪依依寄心香

愚兄九旬叟刘冬生祭庚子白露

刘冬生先生书赠

天晟先生赠画

罗国士先生赠画

冯晓军先生赠画

陈英先生赠画

赵望云先生赠画

2017年，中国秦腔优秀剧目会演研讨会留影（雷建摄）

2017年，陕西省第五批非物质文化遗产秦腔项目代表性传承人授牌仪式（贺桐摄）
左起：杨荣荣、刘茹慧、郝彩凤、张彩香、刘宽忍、郭葆华、崔惠芳、广雪琴

2012年，首届陕西文华奖专业秦腔电视大赛，张彩香任总决赛舞台呈现评委

1952年，参加北京全国戏曲调演的三位老姐妹时隔60年欣逢于陕西文华奖（薛铂摄）
左起：张彩香、贺铭、余巧云

惠济民

《白蛇传·断桥》张彩香饰白云仙

张彩香少年留影

《杀狗劝妻》张彩香饰焦氏

张彩香青年留影

《拾玉镯》张彩香饰孙玉姣

张彩香青年留影

张彩香父女留影

张彩香青年留影

刘毓中（左）、张彩香（中）、余巧云（右）和同学留影

张彩香（右一）、肖若兰（中）和同学留影

《拾玉镯》观后留影
前排左起：阎振俗、张新华
后排左起：李爱琴、张彩香

1952年，会演留影
前排左起：田壮华、张静梅、李应真、余巧云
后排左起：张彩香、杨金凤、杜锦玉、贺铭、肖若兰、孟遏云

《大回荆州》张彩香饰乔阁老

汪浔、张彩香伉俪

汪浔、张彩香夫妇留影

1958年，张彩香出演《樊梨花》剧照

尚小云

《昭君出塞》尚小云先生剧照

1949年，赵清泉先生与四人名旦的合影
前排左起：赵清泉、梅兰芳
后排左起：尚小云、程砚秋、荀慧生

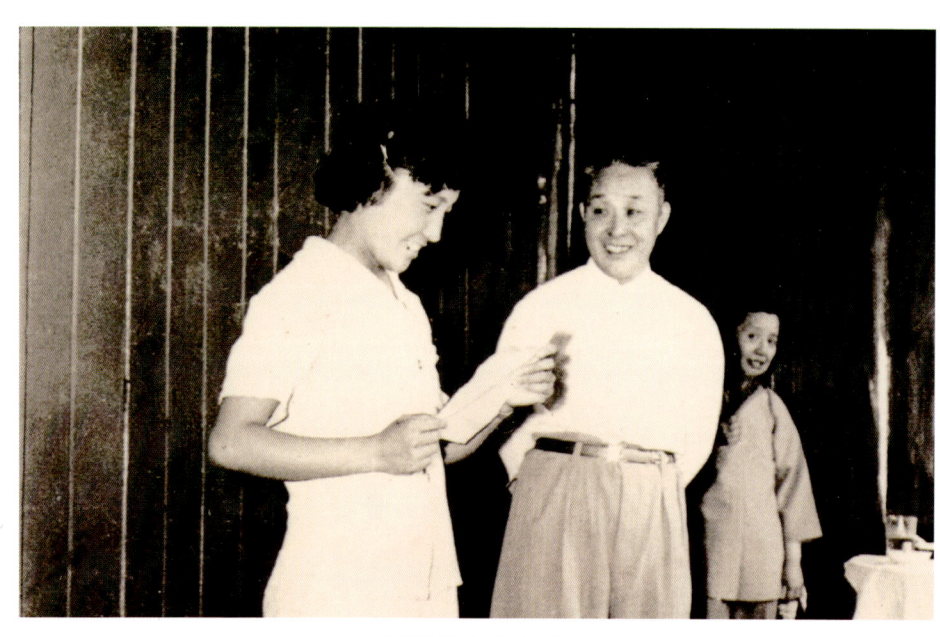

张彩香念保证书

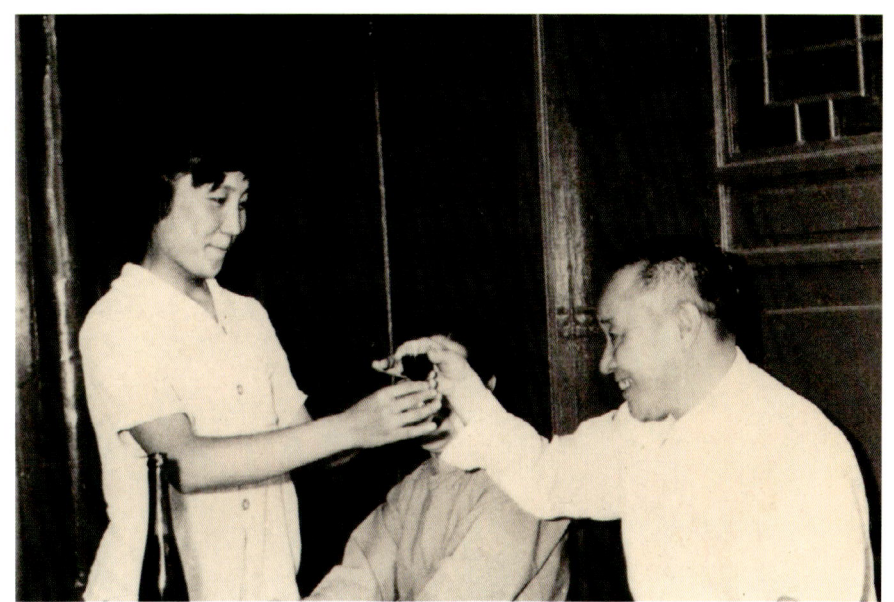

张彩香给尚小云先生敬酒

张彩香(左)、师母王蕊芳女士(中)、马蓝鱼(右)合影

尚小云先生给张彩香传艺

尚小云先生给张彩香传艺

1960年,张彩香《昭君出塞》剧照

1960年,张彩香饰《昭君出塞》王昭君(中),张庚寅饰王龙(左),郭彬饰马童(右)

张彩香和恩师尚小云先生

尚小云先生赠予张彩香的折扇

1960年,陕西省第一届戏曲观摩会演颁奖仪式
左起:张彩香、袁光、鱼讯、尚小云先生

张彩香和封至模先生

1960年,陕西省戏曲青年演员会演颁奖仪式

《破洪州》张彩香饰穆桂英

《梁山伯与祝英台》张彩香饰祝英台

《银光重放》张彩香饰女生产队长

《三休樊梨花》张彩香演出剧照

《江姐》张彩香饰双枪老太婆

上海外滩留影
汪小南（右）、张彩香（中）、汪小东（左）

张彩香与父母、弟妹及儿子留影
前排左起：汪小东、汪小南
二排左起：张父、张母
三排左起：张天瑞、张天祥、张彩香

《拾玉镯》张彩香饰孙玉姣

《拾玉镯》张彩香饰孙玉姣,于广彦饰刘媒婆

《玉镯记》剧组留影

第一排：倪建中（左一），官柳眉（左三），孙智君（左五），沈凤娟（右一），万茜（右二），张彩香（右三），陈颖（右四）
第二排：赵志刚（左二），纪乃咸（左六），薛沵（左一），赵刚（左三），许杰（右二），甘明智（右五），顾振遐（右六）
第三排：秦光耀（左一），卢勇（左三），卢伟强（左四），王剑敏（左五），范亚生（右四），陆祖鹤（右一），竞丰（右二）
第四排：袁国传（右三），张承好（右五），王正传（右五），沈炜（左三），万中良（左四），陈沪雷（右一），顾卫林（右三）
第五排：周永强（左一），薛宝根（左二），陈祖贤（左三），徐凤泽（左二）

1981年，张彩香赴上海戏剧学院学习

《白玉楼》胡香串饰白玉楼,吴清国饰马彪

罗华（左）和老师张彩香

尚录录、李曼、张彩香、周宁晋京展演留影（从左至右）

阿宫腔《白蛇传·断桥》剧照（薛铂摄）
左起：周宁饰青儿，李曼饰白云仙，尚录录饰许仙

张彩香为澄县剧团青年演员李静辅导（高斌摄）

2014年12月5日,《国风·秦韵》陕西文化周"陕西小剧种专场"演职人员合影(薛铂摄)

二排左六起:吴德、张新怀、李鑫、张彩香、董力耘

张彩香给胡香串排《昭君出塞》

张彩香给张为国排《满江红》

2015年，张彩香做客《国风·秦韵》栏目（赵学智摄）

2015年，张彩香做客《国风·秦韵》栏目直播间留影（赵学智摄）

2015年,张彩香为《国风·秦韵》栏目审查剧目(赵学智摄)

1986年,纪念尚小云先生逝世十周年专场演出后留影
右起:张彩香、尚长春、孙荣慧、马蓝鱼

张彩香与师母王蕊芳女士

1986年,纪念尚小云先生逝世十周年座谈会,张彩香与师母王蕊芳女士留影

2014年，张彩香八宝山留影（王晓宁摄）

2015年，张彩香思绪悠悠在心头（赵学智摄）

· 代序 ·

我的彩香师姐

尚长荣

陕西的朋友受彩香师姐之托来看望我,说大家在积极筹措为她出一本书,我非常高兴!这不仅对秦腔艺术,而且对我们整个戏曲艺术也是一件好事。能够把像彩香师姐这些戏曲艺术家的舞台经验、舞台积累记录和总结下来,供大家学习、参考、借鉴,对促进戏曲艺术的传承和发展,都是有积极意义的。

陕西是我的第二故乡,说起这里,就有说不完的话题……

1958年,陕西邀请我父亲,希望他能够来西北工作。当时惊动了北京方面的习仲勋习老和彭真同志,连总理都知道了。他们都觉得能促成我父亲支援西北是很大、很好的一件事。对我父亲来说,支援西北也是他继续戏曲教育的一个夙愿。由此,我也和陕西结下了不解之缘。当时这项工作是由陕西的老前辈鱼讯、马健翎、罗明以及陕西诸多的好朋友在做。特别是彩香师姐的爱人——汪浐先生,我们这位老大哥代表陕西方面做了很多扎实的接待、筹划和安置工作。来到陕西后，我父亲收了一些学生，其中就有彩香师姐，她非常优秀、出色，是父亲的高徒，也是我们学习的榜样。

1959年的春天，我父亲到陕西后，当时陕西的老前辈、老领导、省文化局副局长罗明老师陪我父亲到陕西几个地区实地调研基层剧团的发展现状，我也一起去了。在渭南，我们看了彩香师姐的《樊梨花》，她扎实的舞台功底给我们留下了很深的印象，这也是我第一次见师姐。后来她通过五四剧院赵清泉经理的引荐，做了我父亲的学生。当时我们西安的家安在菊花园张凤翙公馆的后边，公馆后边有一栋房，我们就住在那。我父亲收了她这个学生之后，她也住进了菊花园。前边是戏曲学校，彩香师姐她们就住在那，这一住就是很长时间，一直跟着我父亲学戏。还有她的搭档，一个演王龙的、一个演马童的，天天都去我父亲那上课。我当时就和彩香师姐一起学习、练功。跟我父亲学习了一段时间后，师姐以《昭君出塞》参加了陕西省戏曲青年演员会演，并获得了青年演员优秀奖。演出之前，我父亲把自己的行头派秘书张静榕先生给她送到了剧场，可见他对这个学生多么重视！

彩香师姐是位非常实在的秦腔名家，当时她才二十岁出头。给我们印象最深的是她的憨厚、朴实，以及艺术学习上的刻苦钻研、孜孜不倦。一年四季，不管刮风下雨，她总是第一个进排练场练功，一天练下来，她就像是刚从水里捞出来一样，浑身都湿透了。有不懂的地方，她就跑到我们家，找我父亲再给她讲解。彩香师姐为人特别朴实，不仅我父亲喜欢这个学生，大家也都很喜欢她。

下课后，我父亲经常约他们几个人到家里来一起聊天，谈谈艺术上的往事，谈谈陕西的风情，非常温馨。父亲一直教育我们："认真演戏，正直做人。"我父亲是个耿直坚毅的人，无论治艺、治学、治家，各方面都要求非常严格。父亲的言传身教，不仅影响了我，也影响了他很多学生的一生。

虽然彩香师姐在一段时间里受到了不公正的对待，但她对艺术的追求始终没有放弃。2005年，我曾手书一首宋代诗人陆游的《卜算子·咏梅》相赠，并对她说，您不要有什么不愉快的，不要在意那些不公的现实，您的成功大家是有目共睹的！这个世界只有一种成功，就是以自己的生活方式过一生。香如故，永远是香如故，把您碾成面面子，踩到脚底下，还香如故呢。记住，永远香如故！

应该说彩香师姐的确是"香如故"，她在继承、推动和弘扬戏曲方面做了很多扎实、务实的工作，为弘扬秦腔艺术立下了汗马功劳，是我们戏曲界、秦腔界"德艺双馨"的榜样！如今师姐八十多岁啦，据说每天还在跑圆场，还在活动，并且在耄耋之年执导完成了《金麒麟》的编排工作，这很难得呀！

在彩香师姐最困难的时候，她还从少得可怜的生活费里挤出钱买了鸡蛋到西安看望我父亲。直到现在她还经常给我寄一些陕西的土特产，我非常感激。我定居上海，师姐家在渭南，有时候我们通一通电话，但很少有机会能去看她。陕西的朋友为她出书，这不仅是为彩香师姐，也为我们大家做了一件非常好的事情。把这位不争名夺利、朴实无华的名人、名家，也是我们尊崇的榜样记录下来，是非常有价值的！

在此，谨向我们尊敬的彩香师姐致以遥远的祝福！祝福她身体健康！祝福她永远快乐、幸福、长寿！也期待她继续发挥晚年的光彩，为秦腔的繁荣、为戏曲艺术的复兴与发展再做新的贡献！

2019年6月12日 上海

目 录

代序 我的彩香师姐……尚长荣 / 1

引言 梦想，成就明天 / 001

亮相"文华奖" / 010

烙　印 / 016

弃学从艺 / 022

未曾登台先成"名" / 041

幸遇良师惠济民 / 050

命运多舛的"大华社" / 060

亡命"陇东" / 067

"拳脚"教育见良苦用心 / 081

进京会演 / 087

一枝一叶总关情 / 105

人生一知己 / 117

拜入尚门 / 128

言传身教的尚府生活 / 153

师傅领进门 / 160

落　难 / 168

枯木逢春 / 182

上戏进修 / 194

业界朋友 / 203

传承点滴 / 215

缅怀恩师 / 236

题跋　心语寄怀……杨文颖 / 247

附文　感念李正敏先生……张彩香 / 253

　　　　我的老师尚小云先生……张彩香 / 257

　　　　练功和学艺……张彩香 / 260

　　　　"文华奖"感言……张彩香 / 265

特别鸣谢 /269

· 引言 ·

梦想，成就明天

只有民族的，才是世界的。

中华民族历史悠久，孕育了丰富的优秀传统文化，与华夏文明发展进程相伴相生。戏曲，作为一种独特的非物质文化艺术门类，蕴含着民族文化的精髓，在中华民族的艺术殿堂中占有极其重要的地位，是中华民族文化宝库中璀璨的明珠。戏曲以它悠久的历史、丰厚的文化、民俗和艺术积淀，为广大民众所喜闻乐见。改革开放以来，戏曲文化这一非物质文化遗产的传承，受到了全社会的广泛关注。积极做好抢救民族文化、保护文化生态，努力建立与现代传播技术迅猛发展相适应的体制机制，促进传统文化业态与新媒体融合，通过传统文化产业化与市场的逐步切入、融合，推动非物质文化遗产的传承、发展、繁荣，探索以更为先进的传播手段推动具有浓郁地域特色的文化产品走向全国，走向世界，是我们义不容辞的光荣职责和必须坚守的文化主阵地。

习近平总书记指出，"中国特色社会主义是改革开放以来党的全部理论和实践的主题",要求全党必须"牢固树立中国特色社会主义道路自信、理论自信、制度自信、文化自信,确保党和国家事业始终沿着正确方向胜利前进"。习近平总书记的重要指示,为全党、全社会坚持走中国特色社会主义道路指明了前进方向。深入领会讲话的深刻内涵,认真学习贯彻落实习近平新时代中国特色社会主义思想,践行社会主义先进文化,是时代赋予我们的历史使命。

美国前总统尼克松在《1999不战而胜》一书中写道:"当有一天中国的年青人已经不再相信他们老祖宗的教导和他们的传统文化,我们美国人就不战而胜了。"

所谓的"不战而胜",就是你丢失了你的传统本源。

不注重传统文化传承发展的民族是没有希望的民族。

我们悠久的传统文化,就是我们振奋民族精神,实现中国梦的力量所在。

源远流长的民族文化,在地域文化中占据着重要的位置,积淀了丰富多彩的民族特质,无不折射出特有的灿烂文化内涵,是中华民族艺术宝库中不可多得的瑰宝,成为中华文化的重要组成部分,为推动中华民族的发展进步做出了不可磨灭的贡献。非物质文化遗产的地域性、多元性和原生态性,这些得天独厚的、具有民族特色的文化资源,在现代社会发展进程中,无疑应该成为全社会关注的焦点,成为中华民族伟大复兴的基础保障。

党的十九大报告提出,"发展中国特色社会主义文化,就是以马克思主义为指导,坚守中华文化立场,立足当代中国现实,结合当今时代条件,发展面向现代化、面向世界、面向未来的,民族的科学的大众的社会主义文化,推动社会主义精神文明和物质文明协调发展。要坚持为人民服务、为社会主义服务,坚持百花齐放、百家争鸣,坚持创造性转化、创新性发展,不断铸就中华文化新辉煌。"

正是在党的十九大精神指引下,全社会加快了中国特色社会主义文化事业和产业的改革步伐,从整体上推动了文化建设,打开了我国文化发展的可喜局面，营造了社会主义核心价值观宣传的良好氛围，为非物质文化遗产的传承、创新开创了前所未有的繁荣景象。

这里撷取的是一位普普通通非物质文化遗产传承者的人生经历，但它所展现的是一个时代、一代人的生活，浓缩的是社会变革中的时代风貌和精神寄托。反映的虽然是过去的事情，但其切入点仍然是地缘亲情，是对社会历史的生动再现。

浓缩的小舞台，展现着大社会。

艺术舞台是人类繁衍、生生不息的本真体现，是人类情感的集中释放和表现，其强大的生命力在于，将你、我、他的人生经典故事，通过艺术加工，把真善美、假恶丑展现在人们面前，推衍出维系社会存在、传承、消亡的支撑力。

人生就是一个舞台，每时每刻，每个人都按命运的安排扮演着各自的角色，上演着喜怒哀乐、悲欢离合的悲喜剧，你方唱罢我登场，演绎着生命的意义，助推着社会的发展进程……

第五批陕西省非物质文化遗产秦腔项目代表性传承人张彩香，从小就迷恋于秦腔艺术，7岁学艺，8岁登台，用自己的一生，执着于追求秦腔艺术，以顽强拼搏的敬业精神，传承光大着秦腔这一古老的艺术精粹，以正直坦诚、光明磊落的人格魅力，演绎了人生经典故事。

舞台表演是演员基本功的体现，是毅力、悟性凝练的技巧结晶。

有梦就有魂，有追求就有收获，技精艺则新。

一名演员，必须得有思想之舵、生活之水、技巧之桨，才能情韵迸发、形神兼备，在舞台上舞动起来……

为了更全面地了解张彩香老师，我调动起所有的资源，对张彩香老师的生活和履历，做了一个较为全面的了解，这时我才发现，原来这位看似普普通通的老太太是这样的有故事……

张彩香，原名张海祥，陕西长安人。渭南市秦腔剧团一级演员，工小旦、花旦，兼花衫。中国戏剧家协会会员。

7岁跟班学艺，1942年入正艺社，随蒙师韩启民、李步林、吕存孝（艺名墩墩红）等前辈学艺，开始接受基本功训练，学习传统戏曲规范。

1943年，在三意社初登舞台，博得赞誉。

后转入复兴社，初工青衣、后改花旦，拜惠济民先生为师，得惠先生亲授《拾玉镯》《杀狗劝妻》。

13岁以《拾玉镯》《杀狗劝妻》一炮而红；在三原明正社、西安三意社、大华社、新民社、陇东闫家班等班社搭班演出。

1949年，受李正敏先生指教并为其配演《玉虎坠》之王娟娟。

1950年，入渭南新民社任演员。

受封至模先生亲排《游西湖》《拷红》等剧目。

1952年，参加全国戏曲会演，在《辕门斩子》（刘易平饰演杨六郎）中配演穆桂英，幸得京剧大师程砚秋先生青睐。

会演期间，在中南海怀仁堂为毛泽东主席等党和国家领导人演出《拷红》（宋上华饰演红娘、张彩香饰演崔莺莺）。

同年中央人民广播电台录制唱片《大家喜欢》（饰演冯二婶）发行全国。

1953年，在渭南及西安五四剧院演出连台本戏《蛟龙驹》（4本），分别饰演旦角、生角。

1956年，以《铡美案》（饰演公主）获陕西省第一届戏曲观摩会演二等奖。

1959年，拜京剧大师尚小云先生为师，得尚先生亲授《昭君出塞》《双阳公主》《樊江关》《失子惊疯》。

1960年，以《昭君出塞》参加陕西省戏曲青年演员会演，获青年演员优秀奖。

1963年，当选陕西省第三届人大代表。

1980年，至1993年当选渭南市（县）第六、七、八、九、十届政协委员。

1982年，入上海戏剧学院导演系进修，毕业实习期间，为上海越剧院三团演员赵志刚等排演《玉镯记》，在上海美琪剧场连续演出一个月，获得好评。

1983年，成为中国戏剧家协会会员。

1986年，转任导演，先后排演《聂小倩》《白玉楼》《打神告庙》等剧目，分获陕西省演出奖项。

1990年，逐渐淡出舞台，把更多的时间和精力用于排演剧目和培养年轻演员。

1994年，退休，仍为秦腔艺术的传承发展贡献余热。

2003年，为青年演员卫小莉参加戏曲"红梅奖"陕西演唱大赛排演《昭君出塞》。

2012年，创编折子戏《满江红》，并为青年演员张为国排演。

2012年，获首届陕西"文华奖"专业秦腔电视大赛优秀评委奖。

2014年，为富平县阿宫剧团李曼等人传授《白蛇传·断桥》，参加《国风·秦韵》陕西传统文化周晋京展演，并作为专家、导演组成员一同进京。

2015年，任陕西省振兴秦腔办公室和陕西卫视频道主办的《秦腔大戏台》栏目艺术顾问。

2015年，为冯爱琴、张为国、刘秀丽、史玉国、赵超峰、张利峰排演《三娘教子》《小宴》《二进宫》《打镇台》《五台会兄》，参加《国风·秦韵》陕西传统文化展演，作专家点评。

2016年，由陕西省振兴秦腔办公室申报"中华优秀传统艺术传承发展计划"，以《昭君出塞》和《拾玉镯》入选"名家传戏——当代戏曲名家收徒传艺"工程项目。

2017年，为《国风·秦韵》栏目排演、录制折子戏《别窑》《哭墓》《盼子》《杀庙》《对银杯》。

2017年，为渭南市秦腔剧团、澄城县剧团联合排演本戏《金麒麟》，参加中国秦腔优秀剧目会演；获"一剧一评"优秀奖。

2017年，获第五批省级非物质文化遗产秦腔项目代表性传承人授牌。

代表剧目《昭君出塞》《拾玉镯》《杀狗劝妻》《断桥》等。

2019年10月25日在渭南病逝，享年85岁。

著名戏剧评论家杨文颖先生写下"幼入梨园艰苦备尝奋飞秦陇德艺双馨，老骥伏枥传承不息谨遵师训善始善终"的挽联，令人感慨。

这一切，并不是张彩香作为一名演员、导演的全部履历，只是粗略地勾画了她从迷恋于秦腔到执着于秦腔事业，以及她感恩、圆梦的心路历程。

舞台艺术对一个演员来说是有生命周期的，会随着年龄的增长逐渐退潮，有的人谢幕之后转身离场，有的人则依然眷恋这方天地，久久不愿离去。张彩香老师在1990年逐渐淡出舞台之后，并没有选择离开自己所钟爱的舞台，她将自己一生的艺术积累，毫无保留地全部倾注于秦腔艺术的后辈身上，从一名演员成功转型成为一名导演，以一名秦腔老艺术家的身份，以传承和推动秦腔艺术的发展为己任，默默地在青年演员身上寄托着自己的希望和梦想，为省、市秦腔专业剧团培养了许多后起之秀。

欣赏和喜欢你所拥有的，你会感到无比快乐！

闭目静思，张彩香老师看见了花朝月夕，得到了幸福，实现了梦想和希望。

在70余年的演员和导演生涯中，张彩香老师因为喜爱，而执着于秦腔艺术；因为感恩，而致力于秦腔艺术的传承、教育和推广；因为圆梦，而不计名利得失，忘我地留恋于排练场，足迹遍及省内外，为秦腔后续演员队伍的培养耕耘不辍。胡香串的《白玉楼》《聂小倩》、刘秀丽的《清风亭》《砍门槛》、张为国的《小宴》《挑滑车》、卫小莉的《昭君出塞》(片段)、冯爱琴的《庚娘杀仇》《三娘教子》、刘大宁的《打神告庙》、党美丽的《对银杯》《盼子》、李曼的《白蛇传·断桥》等,一张张、一座座各级调演、会演、展演及青年演员大赛的奖状、奖杯,倾注了这位秦腔名宿的心血,更饱含了她对秦腔事业的希望和寄托。

张彩香老师扎实的艺术功底、精湛的表演才华,得到了秦腔艺术界专家、前辈和同行的普遍赞誉。从1960年陕西省戏曲青年演员会演结束后,在省文化局举办的戏曲演员训练班担任班主任,作为尚小云先生的亲传弟子,为青年演员传授"尚派"表演技艺开始,到2012年为首届陕西"文华奖"专业秦腔电视大赛获奖演员举办专题讲座;利用秦腔电视大赛和广播戏曲平台,普及、讲解、示范、倡导尊重秦腔传统及艺术规范,秦腔艺术的传承,在她的心里和实际行动中从未停歇。

张彩香老师长期的舞台实践,为她积累了大量图片、影像及剧本、戏曲评论等资料。在《陕西日报》《陕西戏剧》《名旦风采》《大秦腔》等刊物发表的《"文华奖"感言》《我的老师尚小云先生》《练功和学艺》《感念李正敏先生》等文章,在纪念京剧艺术大师荀慧生、尚小云100周年诞辰观摩演出暨学术研讨会上的发言,既有艺术心得和感悟,也有对恩师教导培养的追念和感恩,更有对年青一代秦腔演员的期望和叮咛,唯愿秦腔艺术老树新花生机盎然。

艺术既是民族的,也是世界的。传统戏曲艺术,具有相对稳定性和包容性,优秀的民族戏曲艺术是永不泯灭的经典,有着广泛的群众基础,是在传承与创新中发展壮大的。张彩香老师在心中始终铭记,自己作为一名舞台艺术工作者,应当更好地去发掘它深层次的东西,为民族文化的传承繁荣做出自己的贡献。

立志要如山,行道要如水。如山,能坚定;如水,能曲达。

对艺术舞台的喜爱和眷恋,成就了张彩香老师的一生,也支撑了她对生活的美好憧憬和向往。即使在"文化大革命"时期受迫害被下放到渭南纺织厂劳动期间,她也从没有放弃对秦腔艺术的追求和热爱,没有间断演员基本功的训练。对秦腔艺术的钟爱,写就了她勤奋探索的从艺历程。她用自己微薄的力量,默默地为自己的观众、为自己的恩师、为自己钟爱的秦腔艺术传承,不懈地奉献着、努力着……

围绕人生追求,我们的人生轨迹就像是在画一个圆。张彩香7岁从西安起步,就在秦腔艺术的人生跑道上疾驰奋飞。

2017年,张彩香老师82岁高龄,获陕西省第五批省级非物质文化遗产秦腔项目代表性传承人授牌。

练功、学艺、演出、拜师,风里来、雨里去,从乡间庙堂到茶肆歌台,从草席大棚到中南海剧场,张彩香老师经历了太多太多,尝到了学艺的艰辛,也收获了鲜花和掌声,她对自己的一生是这样总结的:

> 从小学艺为圆梦,
> 八岁随父走江湖。
> 为艺术苦练基本功,
> 到处寻师、访师、拜师,
> 为的是艺术更上一层楼。

张彩香老师心中所要企及的是戏曲艺术的楼阁殿堂,一步一个脚印,一曲一幕艰辛。为了攀登和触摸艺术的巅峰,每一步都饱含泪水和汗水。而今身姿虽然不再挺拔,步履也有些蹒跚,但回身望去,投下的身影是规范的、一行行脚印是正直的,这足以慰藉她一生的付出。

一花一世界,一梦一追寻;一曲一慨叹,一生为戏曲。

七十多年的舞台经典演绎,授徒传艺中的默默无闻、无私奉献,终于画出了自己人生的大"圆"。为了圆自己的秦腔梦,为了画好自己人生的这个

"圆"，张彩香老师付出了一生的心血。

坚持自己的梦想，即使没有翅膀也能飞翔。

站在今天的舞台上，张彩香老师感慨万千，不禁泪眼蒙眬，自己七十多年前初次登台献艺的往事像过电影般一幕幕在眼前映出，她真切地感受到：自己现在的人生其实就是此前所有选择与付出的总和。自己的父亲张世荣、表舅武新民、恩师尚小云、惠济民、李正敏、封至模、赵清泉经理等诸位亲人、先生、老师，以及曾经在艺术的道路上帮助过自己的诸位前辈、老艺术家，今天，我——张彩香，终于可以告慰你们的英灵：你们的后辈、你们的学生，没有辜负教诲，为秦腔艺术的传承发展，虽然心怀愧疚，但我尽心了、努力了……

非物质文化遗产是历史和文化的重要载体，是五千年华夏文明凝聚而成的宝贵精神财富。"非遗"传承人守望的不仅是精湛的技艺，还有其背后所承载的文化与精神。张彩香秉承的就是前辈的寄托，恪守的就是圆梦的心。

每个人心中都有一个不为人知的梦想……

每个人心中都有一段尘封已久的秘密……

人生最精彩的不是实现梦想的瞬间，而是坚持梦想的过程。

什么样的人，才能算真正的内心强大？

遭受过人生的不幸，但仍期待幸福；受过别人的背叛，但仍勇敢地去爱；看见过世间的丑恶，但仍付出善意……

这几句话也许并不能概括张彩香老师的艺术人生，那我们就一起去看看这位老艺术家是怎样通过自己的奋斗站在这艺术殿堂的队列之中、站在这聚光灯下，接受人们敬慕的目光和掌声的祝贺的……

敞开心扉、放飞梦想，探寻感恩的心结，破解圆梦的心扉……

亮相"文华奖"

为传承和发展秦腔传统文化，2012年9月7日，陕西省"文华奖"专业秦腔电视大赛在西安拉开了序幕。杨文颖、张彩香、吴复兴、吴德、李瑞芳、余巧云等享有赞誉的秦腔界老艺术家以专家评委的身份，进入人们的视野。

专业独到却不乏犀利的点评，欣慰且蕴含忧虑的长远思索，让人们看到，这些老艺术家的心绪一刻

"文华奖"是经国务院批准，文旅部主办的专业舞台表演艺术政府最高奖。首届陕西"文华奖"是经省政府批准，陕西省文化厅主办的戏曲、音乐、舞蹈、书法绘画等综合大奖，是陕西省政府最高奖。自2012年8月在西安拉开帷幕以来，有来自甘肃、宁夏、新疆、青海、陕西5省（区）的600余名选手参赛，其中年龄最大的72岁，最小的11岁，经过一年时间初赛、复赛、决赛的304场激烈角逐，共有63名选手进入"文华奖"总决赛。此次大赛时间跨度长、参与人数多、覆盖面广、规格高，以"尊重传统、继承传统、弘扬文化、推出人才"为宗旨，发现人才，培养人才，其中荣获一等奖的9名演员，尤其得到广大观众的喜爱和业内人士、专家学者的高度肯定，有了人才，秦腔就有希望。

也没有离开过秦腔这个大舞台。因为这个舞台，有他们一生的追求和牵挂，有他们对秦腔未来的无限寄托。

陕西首届"文华奖"专业秦腔电视大赛"总决赛"，真是意外惊喜，新秀俊彦，联翩迭出，一扫多时徘徊凝滞的沉闷之气，让人们欣慰地看到了二十一世纪振兴秦腔的曙光，也实实在在看到了一批足以继往开来的秦腔生力军，常言"出人出戏"，有了人，还愁没有戏吗！这应该是此次大赛夺目的一大亮点。

——杨文颖　戏剧评论家

学文化，学历史知识对青年演员是很重要的，青年演员就应该好好学习，多看一些艺术方面的资料，要善于观察生活，这样才能把戏演好。青年演员还要克服困难，要效法古人寻师、访师，转益多师，从多方面促使自己学习，提高自己的专业水准，干一行爱一行，为自己心爱的事业专心致志、无怨无悔。

——张彩香　秦腔表导演艺术家

振兴秦腔，当从娃娃抓起，实行德智并重的教育理念。社会上的邪风浊流，在不同程度、不同方面侵蚀着我们的文艺队伍，使得极少部分人重业务、轻艺德，追逐名利得失，以不当手段牟取私利满足自己虚荣，这种不良风气，我们若不抵制，它就会乘虚而入，涣散我们的队伍，如果不强调道德标准，振兴秦腔的宏图大志就会受到干扰，甚而危及秦腔事业的健康和正常发展。

——吴复兴　秦腔音乐家

文化知识是我们表演艺术难以或缺的重要因素,演员理解剧本、分析人物、体会角色、把握节奏及审美等,无不都是演员自身文化积淀的具体体现,同一个角色,由于演员知识程度的差异,在表演上就会分出高下、雅俗的档次,所以,提高演员的文学、历史、戏剧理论及有关方面的知识是十分重要的。

——吴德　表演艺术家

作为一名演员,就要热爱祖国、热爱人民,把人民的需要放在心上,只有这样才能不断磨炼技艺,为党和人民奉献更多更好的艺术作品。通过你们的表演,我看到了你们付出的汗水和努力,希望你们再接再厉继续攀登表演艺术的高峰,不辜负青春年华。对你们取得的成绩,我表示衷心祝贺!向你们学习!

——李瑞芳　表演艺术家

你们赶上了好时代,随着时代的发展,人们的文化素质、生活节奏、审美情趣、道德观念都发生了巨大的变化,如果我们秦腔艺术不研究正视这些现实情况,就会和时代脱节,观众也不会买你的账。既然选择了这个事业,就要能受得苦中苦,演戏就必须全身心地投入,演啥就要像啥,就要当个群众喜爱的演员。

——余巧云　表演艺术家

首届陕西"文华奖"专业秦腔电视大赛总决赛期间，耄耋之年的著名戏剧评论家杨文颖和张彩香，分任文化知识考评、舞台呈现评委，在比赛现场相遇初识，杨文颖后来撰文《张彩香感喟》。

数十年前，就听说秦腔演员中有位张彩香，但对其人其艺却一无所知，只朦胧觉得肯定有两下子，否则不会"人过留名"。她丈夫汪浔，倒是熟识，上海人，衣着讲究，待人和善，文质彬彬，当年在陕西省文化局工作，为解决夫妻两地分居，调往渭南，惜乎已归道山多时。

数十年后的2013年，陕西首届"文华奖"秦腔电视大赛总决赛期间，她和我作为评委在比赛现场相遇初识，确是相当偶然。

评委这种差事看起来很风光，不时会在电视屏幕上亮相，但不无潜在危机，因为你的一言一行，都在众目睽睽之下，如果底儿不实，膛不清，或有其他不妥，便会露出马脚，贻笑大方，当众出丑，所以并不轻松，"评委"极有可能被视为"伪评"。

张彩香年近八旬，童年学艺，在其父伴随呵护下，流徙陕甘，艰苦备尝，蒙师韩启民、李步林等，后又师从李正敏、惠济民、封至模、尚小云诸名公，艺术生涯70余载，当主要演员大半辈子，最终却无职称，奇哉怪哉，平时参加戏剧活动自然少而又少，有人在我当面竟讥之为"出土文物"，可见其沉沦落寞之久，我也不免为这位同年担心。不过实践证明，虽然确实有个适应过程，但其真知灼见，耿人直声，还是显露无遗。其专业素养，相形之下，丁一卯二，据闻她曾在上海戏剧学院学过导演，看来绝非虚夸而具实效。

她这次的分工是主评演出"总体呈现"，所以对主演、配演、服装、化妆及整体配合都十分注意。比如按舞台上的讲究，穿"蟒袍"

一定要内衬"道袍",但有些年轻演员,或不甚了了,或图个省事,往往忽略,经她强调提醒,就引起了参赛者的重视。比如个别花脸演员,"胖袄"穿得小了,"箭衣"不很合体,影响造型完整,她都一一提示,特别是"胖袄"是套在里边的,能以透视,足见目光锐利,老辣懂行。比如作为"青衣",坐应如何坐,脚应如何放,才能体现人物的端庄秀美,才能体现戏曲表演的"坐有坐相",颇让演员得益。比如个别丑角演员,脸谱缺乏章法,有随意涂抹之嫌,她直言其"髒",并不回避。比如对演《打柴劝弟》担柴者的不规则步法,她明确指出:"不能如抬轿!"一针见血。我认为,这是难能可贵的。既为评委,就得有点真东西,最忌讳不痛不痒,官话套话,做表面文章,甚或没话找话,似是而非,信口开河,以讹传讹。

这里,我们把视线聚焦到秦腔老艺术家张彩香老师身上,因为在她的秦腔艺术生涯中,投射了众多秦腔老艺术家的影子,凝结了他们生活的点点滴滴。

我个人没啥可说的,我所能告诉你的只有秦腔,可以说我的一生都是围着它在转,不管是汗水、辛苦、掌声、奖杯、鲜花、赞誉、荣辱,等等,所有的这一切,过去就过去咧,我都不在乎。但秦腔永远都在,每当看到台下观众如痴如醉的神情,我就无法控制我自己的情绪,总想多排几部戏满足观众的愿望。观众喜欢看、喜欢听秦腔,我就要尽我的力量把它传承下去。虽然我现在老咧,嗓子唱出来也不是那个味咧,腿脚也不灵便咧,但我还有许多的舞台经验可以说给青年演员,可以把我的愿望通过他们的表演,完美地展示给观众,这就是我现在的愿望。

这段朴实的话语,道出了张彩香老师对秦腔的深厚情感。

唱戏,没有什么捷径可以走,对一个演员来说,就要勤学苦练,下了功夫咧，就会让你受益一辈子。我大儿子有一次跟我说，"妈，你年轻的时候唱得咋那么美，我把你过去唱的这戏一听，就这唱腔，就这音色，我也不知道这是谁唱的，我就想跟这个人恋爱呢，太诱惑人咧……我有一个朋友，他听了你年轻时候唱的戏以后，他都把你这段唱腔弄成手机铃声咧，太美咧……"

张彩香老师这几句闲谈，使我产生了浓厚兴趣。两代人，因为秦腔，没有了时代和年龄的阻隔。一位普普通通的老太太，起先并没有引起我的注意。简短的交谈，越听，越感到张彩香老师是一位有故事的老太太。她超强的记忆力和对秦腔艺术独到的鉴赏，特别是言谈中所蕴含的"感恩、传承"意念，更令我刮目。原本只是把张彩香老师的叙述当故事来听听，但仔细听下去，我无法控制自己想要把这些记录下来的欲望。即使我的笔触笨拙，也要把它写出来，奉献给各位读者，共同感受一位秦腔老艺术家，对秦腔艺术的追求之路，共同回味那段平凡而曲折的社会生活……

秦腔在咱们西北有着广泛的群众基础，几百年来一直受到大家的喜爱，我能有今天，也是得益于从小和秦腔结缘。我这一生，其实和大家一样，平平常常，就是一个普普通通的秦腔演员，没有啥特别的。能说的也就是我学戏的过程，而我的动力，就是老师们对我的关爱，还有观众对秦腔的不舍。……

我想了解的，其实就是老一辈艺术家对艺术的执着追求。通过与张彩香老师的接近和交谈，她那种对秦腔艺术的热爱和不懈追求，对关心、爱护过她的前辈、观众的感恩之心，深深地感动了我。那是一种发自内心的，不是我用言语能够表述清楚的，积淀了她老人家一生的秦腔美梦和无尽感慨。

烙　印

　　秦腔的渊源，本身就是一部历史，蕴含了丰富的故事……

　　生于斯、长于斯的秦腔艺术，经过历代人民的创新发展，逐渐形成深沉哀婉、慷慨激昂，欢乐明快、刚健有力的声腔表演体系；演绎出起伏跌宕的剧情；淬炼出威武豪迈、多彩多姿、独具一格的表演艺术，也成就了一代又一代秦腔艺术家的舞台梦想。

　　中国戏曲，起源于原始歌舞。特别是地方戏，都是语言特色派生的音乐舞蹈；同时，也是一种综合舞台艺术样式。它将众多艺术形式聚合在一起，在共同具有的舞台体式中展现各自的独特个性。起源于古代陕西、甘肃一带的秦腔，就是一种在民间广为流传的民间歌舞。在中国古代政治、经济、文化中心长安，经过文化传承、历史演绎，秦腔不断发展壮大，是世世代代生活在这片土地上的人民智慧和文化创造的结晶。

　　秦腔，中国最古老的戏剧之一。老一辈秦腔剧学家王绍猷先生在其所著《秦腔记闻》中写道："秦腔形成于秦，精进于汉，昌明于唐，完整于元，成熟于明，广播于清，几经演变，蔚为大观。"待到乾隆年间，魏长生进京演出秦腔，轰动京师。后秦腔因其流行地区的不同，演变成东、西、南、北、中五路同中见异的流派。其中，东路乱弹对晋剧、豫剧、河北梆子等剧种的形成过程起到了重要影响，在清康、雍、乾三朝，秦腔流入北京，又直接影响到京剧的形成；西路乱弹流入四川后，与川北的灯戏、高腔长期共处，互相融汇，又采用四川语言，逐渐形成独具风格的四川梆子——弹戏；流行于西安周边的中路秦腔，就是西安乱弹。因以枣木梆子击节，所以又叫"梆子腔"，俗称"桄桄子"，有所谓"南昆北弋东柳西梆"四大声腔之誉。秦腔以关中方言语音为基础，特别是泾河、渭河流域泾（阳）三（原）高（陵）诸县的语言发声为"正音"，在中国古代政治、经济、文化中心长安生长壮大起来，经历代人民的创造而逐渐形成。因周代以来，关中地区就被称为"秦"，秦腔由此而得名。

秦腔音乐，反映了西北人民耿直爽朗、慷慨好义的性格和淳朴敦厚、勤劳勇敢的民风，且较早地形成了比较适宜于表现各种情绪变化的板腔体音乐体制；加上一代代秦腔艺人的探索实践，逐渐创造出一套比较完整的表演技巧。因而，秦腔所到之处，都给各剧种以不同的影响，并直接影响了各个梆子腔剧种的形成和发展，成为"梆子腔始祖"（齐如山（1875—1962）语，戏曲理论家）。时至今日，在陕西、甘肃、宁夏、青海、新疆等地，秦腔依然是大众广为喜爱的一种艺术形式。

2006年5月20日，经国务院批准，秦腔被列入第一批国家级非物质文化遗产名录。

秦腔表演粗犷质朴，唱腔高亢激越，又兼深沉委婉，板胡响处，锣鼓起时，深情的唱腔响遏行云，那种气势豪情，表达了生活在这片土地上人们灵魂的渴望与震颤，成就了一代代辉煌和不朽。

正是在这丰厚的秦腔艺术沃土上，成就了一代又一代秦腔艺术从业者，使秦腔这一古老的民族戏曲文化艺术得以发展传承。张彩香老师的故事,就从这里开始……

我如约来到渭南市一青里巷张彩香老师家。干净整洁的院落,郁郁葱葱的花草,色彩斑斓的鹦鹉,欢快蹦跳的小狗,无不映射出主人恬静悠闲的晚年生活。

在张彩香老师的小会客室坐定,老人家沏茶、倒水,热情地招呼着我,举手投足虽略显缓慢,却不笨拙,一举一动,宛如舞台上的一招一式,有条不紊,可见老人多年来练就的舞台功底绝非虚言。

我平时在家待的时间并不多,基本就是吃个饭、睡个觉,闲的时候有些朋友来聊一聊。要不是提前跟你约好咧,这会儿我又走咧。你看,我一个老太太,一天还比上班都忙,我们团排个戏啥的都要把我叫去,用我们领导的话说,让我在排练场一坐,就是啥也不说、啥也不做,他们也觉得心里踏实。而我也是,一到排练场就来精神,都能忘了自己多大年龄咧。

张老师风趣幽默的话语,打破了我们陌生和拘谨的交谈空间。简短寒暄之后,我铺好纸笔,打开摄录设备,一旁的小狗,也像是知道主人有正事要办,乖巧地依偎在老人身边。张彩香老师开始了叙述……

我原名张海祥。1936年出生在陕西省西安市,祖籍陕西省长安县。我的从艺之路,完全是受了我父亲的影响,但他也不是唱戏的,勉强能算个秦腔票友,家里人从事书法、绘画的倒是不少,但就是没有从事戏剧这个职业的。而我也是跟着我父亲,从喜欢到热爱,欲罢不能。

远在唐朝,我们张家祖辈承袭的是皇宫里的画郎职业,由于有宫廷的固定俸银,吃穿不愁。在我祖爷爷这一代,弟兄几个人勤俭持家,置办有良田百亩,房屋院落数处,在长安县子午镇也可以算是一个大户人家。

到了子午镇,进东门,往南拐,有一条巷子,全姓张。

到了我爷爷这一代,张家弟兄成年后便分了家,各自独立生活。我爷爷排行老三，由于不善乡间农田的经营管理，家道逐渐败落。为了糊口，当时我父亲才8岁，就跟随我爷爷、奶奶来到西安谋生，在老关庙东边的莲寿坊（今西五路一部分）定居。我爷爷算是出身大户人家的子弟，上过私塾。进了西安城，谋生的手艺得以施展，生活逐渐安定下来。十几年后，我的父亲张世荣成家立业，独自撑起了张家的门户。我父亲上过正规学校，不仅继承了祖辈的绘画技艺，也具有一定程度的文化底子，在西安城内便谋得一份养家糊口的职业。

我爷爷曾说过，1926年，河南军阀刘镇华领了10万镇嵩军进攻陕西，要打退守西北的国民军，把西安城围攻了8个月。后来，冯玉祥亲任总司令，率国民联军进军陕西，和守城的陕军内外夹击，镇嵩军溃败，才解了西安的围。

我父亲就在冯玉祥的队伍进驻西安城之后，参了军。

1930年中原大战爆发，冯玉祥要求建立廉洁政府，反对蒋介石包办党务，与南京政府、与蒋介石发生了尖锐矛盾，他随即命令所属部队从西安撤兵。

我父亲是家里的独子，出于对冯玉祥军队解救西安民众于水火之中的崇敬才参军，现在要离开家乡，做军阀混战的牺牲品，便心生抵触，在部队开拔到洛阳时悄悄离开队伍，返回西安。

在冯玉祥军中几年的磨炼，我父亲不仅增强了体魄，也增长了不少见识。他常常以这一段人生经历为荣，与人谈起当年军中注事。

为了铭记这一段不平凡的历史，在我出生后，父亲就给我取名——张海祥。八年后，我的弟弟出生，父亲又为其取名——张天祥。名字中都带有一个"祥"字，以此纪念自己在冯玉祥军队的那段生活，这段经历在他心中所占据的地位可见一斑。

我出生后，全家人都高兴得不行，把我视若掌上明珠，因为我小的时候人长得也俊俏一些，我父亲更是走到哪把我带到哪。他不仅具有精湛的绘画技艺，还是秦腔的忠实戏迷。在西安市，哪里有名角演出，他都会把我架到脖子上赶去观看。我也不知道从几岁开始就看戏咧，反正直到懂事，就没有断过，和老戏迷似的，一吃完晚饭就想去听戏，好像都成了习惯。

"走，李正敏在正俗社唱《五典坡》呢，看走……"

"易俗社今晚上演《蝴蝶杯》呢，赶紧去……"

秦腔"讲古颂今，唱圣贤，斥奸臣，观世态，颂人生"。享有"唐三千、宋八百、唱不完的列三国"之说，成为一代一代生活在黄土地上人民美好的精神寄托，奠定了"三秦"文化在中华民族传统文化中的重要地位。在没有广播、没有电视的年代，看戏、听戏、唱戏，就成了民众闲暇时最大的娱乐喜好。而每天奔波赶场看戏，也就成了我们父女俩除一日三餐之外最大的乐趣，以至于秦腔名家的唱腔、唱段，在我幼小的心灵里早早就打下了深深的烙印。小的时候因为没有什么牵挂，脑子又比较好使，到了五六岁时，我就对《探窑》《拷红》《拾玉镯》《杀狗劝妻》等秦腔剧目，虽然唱不全，也唱不准，但张口也能比画着唱上几句。

当然，对于我来说，那个年代、那么小的年纪，还谈不上对秦腔艺术的理解，只是看得多了、听得多了，在耳濡目染中逐渐对秦腔的曲牌有了自己的分辨，由此而产生了一种独特爱好，入耳、入心，难以释怀，再也放不下咧，这也许就是熏陶的结果吧。

在不知不觉中，我渐渐喜欢上了秦腔，为它的优美音乐、唱腔着迷。虽然还不能完全听懂戏中的唱词，但演员的喜、怒、哀、乐却深深地开启着我幼小的心灵。看到舞台上的悲凄场面时，我也跟着流泪；皆大欢喜时，我会无所顾忌地笑，像个傻子一样。俗话说"看戏流眼泪——替古人担忧"，时喜、时悲、时哀、时怒，转眼之间纵横千里，谈笑之中生离死别，忽而沙场搏杀，转瞬品茶论道。我的情感世界完全融入了戏剧的情节之中。每次看完戏在散场回家的路上，我还不时向父亲追问剧中情节的推演和角色的变换。童年时光，在我的情感世界里，融入最多的就是戏中情节。我以自己的感知，接纳着剧中人物，用童真的理解和想象，共鸣着剧中人的生存境遇……

好听、爱听，秦腔的曲调、板式、音乐、绝活，像是对我施了魔法，深深地印在了我内心深处，说不清楚，也道不明白，却异常向往。看我爱跟着唱、爱学，每次去看戏，我父亲就把戏词记下来，回到家里再逐字逐句教给我。虽然唱腔和戏词都唱得并不十分准确，可我们父女俩却乐此不疲。一个认真地记着、一个痴迷地唱着，像是着了魔，整天穿行于茶摊、剧社。一天不去，就感到浑身不舒服，像是缺了些啥，吃饭不香，睡觉也不安生。

在我小的时候，爷爷和父亲就喜欢给我讲故事，接受了许多并不是我那个年龄所应该涉猎的知识。所以，本身性格放达的我，眼界相对就开阔许多，在大街上与人接触，一点也不怯生。不知愁、不知忧，乐乐呵呵，走到哪、唱到哪，周围的街坊邻居都非常喜欢我。街上的一些秦腔票友还时不时地给我纠正唱腔，把自己拿手的唱段教给我。久而久之，我这个会唱秦腔的小姑娘，在西安市老关庙一带就出了名，认识不认识的，谁见了都要拉住我唱上一段才让走。

张彩香诞生于三秦大地这片古老的土地上，从小就浸泡在动人心魄、令人迷醉的秦腔旋律之中。秦腔优美的乐曲，启迪了她的心智，秦腔的浅近唱词，在她幼小的心灵中留下了深深的印记，也伴随着她走过了多姿多彩的一生。

弃学从艺

唱戏,需要看唱本;看唱本,就得识文断字。张彩香从小就喜欢唱戏,庞杂的剧目、戏词,仅凭记忆绝难以涵盖全部。那么,一定是从小进过学堂,系统地接受过文化教育。否则,不可能从小至今,在舞台上驰骋没有被"文字"绊倒。我随口问起:"张老师,你小时候上过几年学?"谁知这无意间的提问,让老人家略显不安,我刚想回避,岔开话题,老人家却对我说起了其中的缘由……

说起上学,我到后来才知道后悔咧,家里人把我送到学校,我上了不到一年就再也不想去咧,还天天逃学,心里光想唱戏。要不然我也可能成为一个有文化的人,那样的话,对我后来学戏、导戏帮助会很大的。可惜咧,总结起来,我这一辈子就吃了没文化的亏。

我们家从我爷爷到我父亲,都是上过私塾、进过学堂的人,识文断字、知书达理。从长远考虑,老辈们自然不会仅满足于眼前安居西安的温饱状态。所以,我爷爷和父亲都很重视对自己孩子的教育。在我的记忆中,从懂事的时候开始，我爷爷和父亲，每天都固定地要把几个简单的汉字用毛笔写下来，然后剪成一个个小方块，教我认字，并给我讲解字义。在学戏时，我父亲也是一边给我念唱词、一边教我认字。我当时对啥都有很大的兴趣，出于对未知世界的渴求，幼年的我对记戏词、识字十分认真，往往在讲解一两遍之后，就能"呱呱呱"地一个个复述、滴水不漏地认出来、说出来、唱出来，有时还能在其中加入一点我自己的"独特"见解，深得家人的喜爱。我的文化启蒙、学戏、唱戏就以这种方式交叉进行着。

在那个年代，能供得起孩子上学的家庭并不多。饭都吃不饱，谁家还有钱供孩子去念书，何况一个女孩子。我们家的生活水平在当时也算是中等吧，还拿得出钱供娃上学。从这一点来说，我们家老人还是很有长远见识的。为了今后孩子能有知识，不至于成人之后走上社会受人欺负，所以就想让我从小接受正规的学堂教育。到了上学的年龄，家里人把我送进了学校去念书。

刚进学校的时候，我的心里还是很高兴、很期待的，很多同龄人都上不起学，而我们家能让我去上，在学校还能学认更多的字，有那么多的同学陪伴玩耍，想起来就是件很开心的事。可谁也想不到，我自己也不知道咋回事，在家里对学认字、学知识是百般渴求，可才去学校一天，我就硬是不愿意再走进学校的大门。学校里闹哄哄的氛围，让我从一开始走进教室就产生了深深的逆反心理，耳朵里老是"嗡嗡"作响，像是有一群苍蝇在飞，始终静不下心来听老师讲课。第一天上的啥课我都不知道，头始终是昏昏沉沉的。

由于有了这样的学校体验，所以，每天当奶奶拉着我的手沿莲寿坊中段一直走到东头，把我送进学校大门时，我都是一脸的不高兴，一边走嘴里一边"叽叽歪歪"。每天只要一想到要去上学，要置身于"嗡嗡"作响的教室当中，我就想尽办法寻找各种借口推托，不是肚子疼就是头疼，有时候还假模假式地咳嗽几声，营造一下不舒服的状态，总想找些理由，能得到大人的许可不去上学。每当这个时候，我父亲眼睛一瞪，我吓得还是背上书包，乖乖跟着奶奶往学校走。日复一日，随着时间的推移，对学校"吵闹"环境的恐惧在我的心里越发加重。装病的招数不灵，我就开始逃学。到后来，奶奶前脚把我送进学校，我藏在学校的墙角里，看着奶奶离去，后脚就偷偷从学校溜出来。出了校门还不敢回家，就在街头巷尾热闹处看别人唱戏，当看到同学们放学了，纷纷背着书包走出校门时，我才混入人流往家走。在家里，我最喜欢做的就是给自己头上蒙一块手巾，有模有样地唱戏。当时也不知道咋咧，一句话——就是不想上学，就爱唱戏。

唉，说到底，小娃终归是小娃，我还一直觉着自己聪明得很，偷着不去上学，把家里人都骗过咧。谁知道，这种逃学的小伎俩，没多久就让家里人发现咧。老人们看我实在不愿意上学，这"赶鸭子上架——累死你也做不到"。既然如此，家里人也就断了再让我继续念书的心思，不再把我往学校送咧。

就这样，我去学校上了不到一年学，就"完成"了自己的学业，"毕业"回家咧。这是我小时候进过正规学堂的唯一一次，按现在的说法，我的学历连个完小都算不上，能比文盲强一些。记忆中在学校也没有学写过几个字、算过几道算术题。我现在能看剧本、分析剧本，看书、看报，思考一些问题，那也是后来逼出来的，不学不行咧，不学，光会唱，那跟个木偶没有啥区别。要学，那后来下的功夫可真大，也算是逼上梁山，自学成才吧。

解脱了学校课堂"禁锢"的我，就像重新获得了自由、飞出笼子的小鸟，心思也更加专注于学戏、唱戏。

我父亲看我不爱上学，但在学戏、唱戏方面却有得天独厚的天赋，就跟我爷爷商量，想让我去学戏，不管咋说也有个一技之长。在得到我爷爷点头允准后，我父亲就托人四处打听，看哪里有学戏的培训班，准备让我去练功学艺。我父亲当时考虑：要学戏，就要像上学一样，跟名家、上戏曲班社，正经八百地学出点名堂来。家里人想让我跟秦腔大家学成正途，免得整天在大街上跟一些业余人士唱走了调而步入"歧途"，以后再想进行纠正都困难。

我父亲听说当时在西北小有名气的正艺社在办戏曲培训班，正在招收学员。在亲戚的帮忙下，他就找到了正艺社外交管事（也就是处理剧社内外事务的人，相当于现在的办公室主任），提出想给我报名进正艺社学戏，让管事给引荐引荐。而正艺社的老板，就是在当时大名鼎鼎的李正敏。

为了让我尽早地去学戏，不要荒废了大好时光，我父亲当时也是急咧，托了好几个人去打听学戏的地方。所以，给他推荐的去处也有好几个。最后，经过权衡，我父亲还是看中了李正敏先生的名气，决定把我送到李先生门下学习秦腔。

正艺社外交管事受了我家亲戚的托付，来到家里。认真仔细地把我从头到脚端详了好半天，最后才同意把我引荐给李正敏先生。

当时正艺社正在筹办第二期秦腔培训班，我印象中快过年咧，冷得浪。我父亲把我交给正艺社外交管事，由他引领着去南院门的车家巷，面见李正敏先生。

我当时一个八七岁的孩子，一听说要去学戏，内心的兴奋劲儿简直都没办法说，比去学校那不知道要高兴多少倍，真是比谁给我一块冰糖吃都要让我心里甜。我跟着正艺社外交管事，从老关庙的家一路走到南院门。平时都是围着家门口转，没有离开过父母亲的视线。我还从来没有走过这么多的路，这不算短的路途，我走来却一点儿也不觉得累，一路紧紧地跟着正艺社外交管事，生怕跟不上再把自己走丢咧。我到现在还记得清清楚楚，走到南院门，进了车家巷，往南，一进去就有一个挺像样、挺漂亮的门楼子，往东走进去，再拐向南，有一栋整体房，两边是四间厢房，有三间上房。在中间上房里摆了一张四方桌子，一个穿衣镜。屋内的家具、摆设都非常干净、讲究，就连炕沿的装饰都是明清时期的风格。足以想见，这里的主人是一个很有艺术品位的人，这就是李正敏先生的家。

李正敏（1915—1973年），杰出的秦腔表演艺术家、教育家，也是秦腔艺术勇于实践、勇于探索的革新家。13岁时入正俗社学艺，工正旦，师从高登岳、党甘亭等。出科后成为正俗社的"台柱子"。被广大秦腔爱好者赞誉为"秦腔正宗"。他的唱腔含蓄朴实、情真意切，行腔抑扬顿挫、刚柔相济，富有强烈的艺术魅力，他所创造的独具一格的"敏腔"，是秦腔艺术的里程碑，在行腔、吐字、收音、归韵方面，为秦腔唱腔艺术开辟了新天地，是秦腔音乐宝贵的财富。李正敏的典雅、何振中的奔放、王天民的委婉，共同构建了20世纪三四十年代的秦腔旦角演唱风格的三大家。他演出的《五典坡》《玉堂春》《白蛇传》被人们誉为李氏三部曲，家喻户晓，流传至今，誉满三秦。马蓝鱼、李应真、郝彩凤、杨凤兰等，孟遏云、陈尚华、肖若兰、宁秀云等均受其教益。在1956年陕西省第一届戏曲观摩会演中获表演一等奖。

道光、咸丰、同治、光绪年间，秦腔戏班在各地蓬勃兴起，出现了义兴班、聚顺班等四大班，还有八小班等。秦腔戏班就其性质来看，大体可分为五类：一是由名老艺人出资或集资创建；二是由地方豪门富户或巨商出资建班；三是由开明知识分子集资建班；四是由当地驻军抽人出钱办的军营班；五是以家族为主体组建的家班。秦腔在衍变过程中，在不同历史时期都有显示时代与艺术特色、代表性的班社，对秦腔的继承和发展，起到承前启后的历史作用。

20世纪30年代，李正敏原所在的正俗社由于经营不善，陷入了经济危机，许多演员都离社另谋出路，而此时李正敏的艺术生涯正处于高峰时期。当时，李正敏的岳父高德庵是西大街正学街口"世兴奎"纸店的经理，在其爱女高小霞及亲朋好友的劝说下，高德庵慷慨应允解囊相助。1936年，在西大街桥梓口修建了一座剧场，取名"正艺社"，供其演出。1937年2月11日，开幕首演。李正敏既是社长又是主要演员，这一时期，他和王正廉、李正斌、康正绪等人组班演唱了许多经典折子戏，很受戏迷欢迎。正艺社全称为"西京正艺学社"，既为学社，就牵扯到学生的培养。正艺社从1937年招收第一期学生，1941年招收第二期学生，共培养了两期，每期学生都在二十二、二十三名，他们当时并未显露才情，但日后散落各秦腔剧团，在各自岗位上为秦腔艺术做出了贡献。

外交管事在上房门外叫了一声"李先生",听到屋里李正敏先生的应答,他就挑开门帘走了进去。李正敏先生正坐在椅子上喝茶,看到社里外交管事进来,遂问道:"有什么事?"

外交管事答道:"先生,我给您领来一个娃,想学戏,您看行不?"得到李正敏先生点头默许后,外交管事对着门外说道:"我娃,进来吧。"

外交管事让我在中间上房的门外候着,他进去后跟李正敏先生的对话我听得清清楚楚。当听到管事在屋里叫我,就急忙掀开门帘进到屋里。除了外交管事,屋里就只有李正敏先生一个人,我认定他就是今天决定自己能不能进培训班的人。面对着李正敏先生,我恭恭敬敬地鞠了一躬,随后说道:"李先生好!"因为在来的路上,外交管事怕小娃不懂礼节,就再三交代我:"去见了社长,要先鞠躬,然后再叫李先生。记住,不敢忘咧。"进屋后,我按照外交管事的交代,逐一照办。

李正敏先生抬头看着我,面带笑意,放下手中的茶壶说道:"这女子长得还心疼。"接着又说:"哎,叫啥李先生,弄得那么洋活儿干啥,以后就叫二伯,还亲。"

我小时候也确实乖巧,一听李正敏先生这样说,我赶紧改口叫了声"二伯好"。因为李正敏先生在他家里排行老二,所以就让我叫"二伯"。不承想,我这一叫就叫了一辈子,再没有改过口。我跟李正敏先生的师徒缘分,也就从这一声"二伯"开始,接续了一辈子。

这一声脆甜的"二伯好",好像让李先生很是享受,一直微笑地看着我,一旁的外交管事看到这一幕,也开心地笑着,为自己不错的眼力庆幸,不禁得意道:"我一看就觉得这个娃可以。"

寒暄了几句,李正敏先生问我:"我娃你会唱不?给我唱两句。"

我一个小娃,对当时社会上、戏曲圈子的啥事都不知道,根本没有认识到李先生是秦腔名家、大家。只是觉得他和蔼可亲,像自己家里人一样,真就像是自己的二伯，所以一点都不紧张，也毫不怯场。他让我唱，我啥都没想，张口就来了一段秦腔《探窑》中的唱段："老娘不必泪纷纷，听儿把话说原因。我的父在朝官一品，所生我姐妹共三人……"

李正敏先生一听，自言自语道："嗓音清纯，咬字清晰、长相靓丽。"就这样，阅人无数的李正敏先生，认定我算是个可造之才，一拍桌子说道："可以咧，我娃不用唱咧，要咧。"满脸含笑侧身对外交管事说："那就把娃领到培训班去。"

坐落在西安市西大街桥梓口西边的正艺社，是一个坐东北角，面向西南方向的门面，里边有一个大院子。这里既是培训班练功学戏的场地，也是演出的戏园子。

中华人民共和国成立前西安市各大剧社的演出一般都安排晚场，除非特殊情况安排日场，这一点相较于北京城要宽容许多。在《舞台生活四十年：梅兰芳回忆录》中有这样的记述：

"前清时代，北京的各戏馆，一向规定不准带灯演戏。这是老听戏的都知道的。这样在白天演戏，时间上往往不够支配，因为每天的戏码，总有十几出，也跟现在一样，好角的戏是排在后面的。在夏季天黑得晚，还可以从容唱完，到了冬季天短了，大轴子戏，老是天黑才能上场。政府的禁令，既是不准带灯，馆子方面，根本也就没有灯的设备。那怎么办呢？一般的习惯，点几个火把照着唱，这火把都是用香点的。自然啦，观众就同雾里看花似的，哪能够瞧得很清楚呢。所以就有了这样的事：有些人看过谭老板（谭鑫培）许多次的戏，对他的面貌，还不十分认识，就是这个缘故。"

正因为白天安排的演出场次少，所以，培训班学员的练功时间就相对宽松一些。李正敏先生培训班学员们上课、练功、演出，以及学员所有的吃喝拉撒睡全都在这个院子里。据史料记载，1937年李正敏先生曾收过一期学生，出科后有些留在了社里，有些已离社另寻出路。

对于进了李正敏先生培训班的情况，张彩香老师继续说道：

我当时进的培训班是第二期，一共聘请有三位老师（当时都叫教练，可能第一期也是这三位教练负责教学）。一位是文功教练韩启民，还有一位李步林是教花架功的，再一位武功教练就是吕存孝（艺名叫"墩墩红"），是位个子不太高的小老头儿，专门负责练武功。说起这位"墩墩红"吕存孝，还是我奶奶娘家的一个远房亲戚，论起辈分来还是我舅爷。

进培训班学戏，是我梦寐以求的愿望，但这里的学习和生活状况，却是我万万没有想到的，特别紧张，也非常艰苦。培训班实行全封闭式学习管理，吃的是大锅饭，学习期间学生虽然没有演出任务，以练功和排戏为主，但仅这两项科目，却是相当的辛苦。正艺社的学生就在院子里练功，后面楼上是老师办公和学生晚上睡觉的地方。我们每天早上鸡叫后就起床，除了一天两顿的吃饭时间，整天都在练功和排戏。晚上学生就在院子的后楼上睡觉，有两间屋子供学员休息。地上铺的是麦秸，学生睡的是大通铺。男学生一个屋子，都是十岁左右的孩子。

在正艺社，我有时晚上就从我们睡觉楼上的栏杆里钻出来，坐在敲铙钹的脚边看戏，真把戏看美咧。当时，还没有电灯，晚上练功就是点个清油灯，挂在墙上。走身架时，看不清谁是谁，学生跑一个教练也不知道。昏暗的清油灯下，我们一个个脸都是黑的，老师也只能数人头。因为看戏耽误了练功，我也被老师抓住拿教杆打过："你不去练身架在这看啥呢？"

文功教练韩启民是带班老师，晚上还要负责看管我们这些学生。十几个男孩子，由韩启民从中指定一个人负责管理。这一班就两个女学生，我们两个女孩子，就和他住在另一间屋子里。韩启民在屋里支了张床，把我和另外一个女孩子就安排在他脚下。晚上，我们两个就一人扯着他的一个被角睡觉。

就是在这种环境中，我开始了第一次正式接受秦腔戏曲基本功的学习。每天天还没有放亮，我们就穿好衣服下到院子里练功。吊嗓子的、翻跟头的、耗腿的，干啥的都有。叽叽喳喳，热闹得很……

说到这，我还要特别说一说我的一位师姐，她虽然不是我们这一班的学生，但她对我的影响还是很大的。她就是著名秦腔旦角演员宁秀云。

在西安钟楼西侧路南的正学街，居住着一位人称"宁老四"、以卖炭为业的老人。宁老四老两口无儿无女，领养了一个女儿叫宁秀云。老来得女，老两口喜不自胜，那真是含在嘴里怕化了，捧在手里怕摔了，爱她、宠她，从小就把宁秀云送到学堂念书。宁秀云也十分给养父母争气，学习优秀、相貌秀丽，最后毕业于北院门的一所中学。

学业有成的宁秀云，唯独喜欢唱戏。宁老四老两口没二话，自然不遗余力地支持女儿。天生的一副好嗓子，后天的刻苦训练，使宁秀云才艺兼备。在当时西安秦腔界的女演员当中，有文化、会唱戏的还就数宁秀云咧。她在中华人民共和国成立前就崭露头角，享有美誉。

那时，宁秀云每天都到正艺社去唱戏、练功。上身穿的是花缎子面的棉袄，下身穿的是黑缎子面的棉裤，每次来都好像还带着零食，自由自在地走进正艺社。每次她一进院子，就让正在练功的我走神，不由得多看几眼，一来二往，无形之中，宁秀云就成了我最羡慕的人。人们不是说"榜样的力量是无穷的"吗？这话对我来说一点都不错，确实如此。宁秀云的穿戴、神情举止、美妙的嗓音，就成了我人生当中第一个要"高攀"的对象。我心里拟就的第一个人生目标就是——一定要过上像宁秀云那样有漂亮衣服穿的生活。

茫茫人海中，每个人心里都会存有一个小秘密。

在正艺社学习期间，张彩香遇到了自己人生的第一个榜样——宁秀云，觉得能过上宁秀云那样的生活就是这个世界上最为幸福的人。

人的梦想,往往是从身处的环境和实现自我人生价值开始的,幸福感,往往就在努力接近目标的过程中、在自我理想的实现中,慢慢升腾。梦想也许遥不可及,但能做梦,就有接近和实现梦想的可能,总归比不想做梦的人要好。

宁秀云(1932—1999年),1940年从蒙师吴立民、韩启民学艺,工正小旦。1942年入正艺社拜李正敏为师。1943年受教于惠济民、李逸僧。1952年入易俗社。她的唱腔技巧性强,比较注意字与腔的结合,总是腔随字走,字领腔行,使整个唱腔都为准确地体现人物的思想感情服务。1942年起在三意社、正艺社演出折子戏《断桥》《起解》《三回头》《杨氏婢》《洗衣记》《柜中缘》等,与晋福长多次合作《鸿鸾禧》。代表剧目有《玉虎坠》《游龟山》《双锦衣》《夺锦楼》等。表演鲜活灵动,唱做兼长,20世纪五六十年代,乃易俗社与肖若兰齐名的台柱之一,尤以演现代戏出类拔萃,《妇女代表》《芦荡火种》《红梅岭》《灯笼红》等,均卓尔不群,有"性格演员"之誉。

在正艺社,我每天起早贪黑认真学戏、刻苦练功,就想早点实现自己人生的第一个目标。

但是,现实生活是残酷的,总有不尽如人意的地方。练功的苦我说啥都能忍受,因为我喜欢唱戏,可饿着肚子就别谈什么理想的实现咧。正艺社的学生吃的是大锅饭,好坏且不说,关键是我从进了正艺社就从来没有吃饱过肚子。因为我年龄小、个子矮,又是个女孩子,排队打饭时总是被其他学生挤到最后边。前边大点的学生,拿起舀饭的木头勺子,把下面稠点的苞谷糁子、小米都舀走了。有时吃面条,年龄大点的学生更是老练,把木头勺子伸进锅里，在锅底转一圈，一下就把面绕到木勺的柄上，再反转一圈，面就全部进了自己碗里，排在后边的学生就只剩下喝汤咧。

我每次一见到父亲就哭，说我吃不饱、肚子饿。时间长了，我父亲担心正在长身体的我把身体熬坏了，再加上大负荷量的练功，怕是难以承受。我父亲每天早上都要抽空到正艺社走一趟，给我送点吃的。正艺社木栅栏的大门从里边上了锁，进不去，他也不好每次来都叫门，只能从木桄桄缝隙里给我递一块儿乾州锅盔。

我父亲本想着拿一块儿锅盔，多少能让我将就着垫一垫肚子，不至于因饥饿而无法练功。可谁承想，"狼多肉少"，跟我一起练功学习的这些孩子，每天的活动量都很大，又都处在长身体的年龄。父亲把锅盔递给我，刚一转身，我就像落入狼群，这些小"饿狼"就不约而同地扑向了我手中的乾州锅盔，像鸡啄食一样，这个揪一块儿，那个拧一口儿，转眼工夫，我手里的乾州锅盔，就剩下手掌心大小了。

没有办法，同学要，还不敢不给。那时我只有7岁，跟那些同学比起来要小很多，不给，就要受欺负。不定啥时候，冷不防就会被人从身后给点儿教训。因为老是害怕挨打，我也只好把我父亲拿来的干粮任由同学们分食，自己始终还是个吃不饱。

再见到父亲，我还是不停地哭诉："爸呀，您把锅盔给我拿得太少了，我老吃不饱。"

毕竟还是个孩子，练功的苦能克服，可饥饿却是成人都无法忍受的，更何况一个六七岁的孩子。因为天天吃不饱、挨饿，以至于我见到父亲就哭，但为了女儿学戏不至于半途而废，我父亲也无奈于这种现状，据他所知，好像这样的班社、培训班都面临同样的情况。

我们这一班学生，虽然在学习期间除了练功，也曾排演过一些戏，过年以后就将开始排演正式演出的剧目。我父亲看我实在饿得难受，哭得不行，眼看也就快过春节了，该学的基本功也学得差不多了，在万般无奈之下，我父亲就决定把我从培训班领回家……

就这样，我在正艺社第一次学戏的生活，就在饥饿中结束咧。

虽然离开了正艺社，但戏曲的启蒙教育在心里留下了太多也太深的记忆。多年以后与李正敏先生相遇，我仍然感到很亲切。李先生对我这个学生也还记忆犹新，好像曾经在正艺社学习就跟他结下不解之缘，倾其所有，教授于我，仍是关爱有加。当年李先生是社长，方方面面都得要他操心，经营状况也不是很好，肯定也拿不出更多的钱来贴补培训班，况且那么多学生，他也不可能每一个都关照到。

在正艺社学习期间，虽然也给我排了戏，但我父亲感觉这种戏只是初学阶段的基本程式化版本，还不够档次。从培训班出来，我父亲就想，总不能让女儿学戏的愿望就此搁浅吧？况且我只是难以忍受饥饿的煎熬，对于学戏的念想丝毫没有减退，仍想继续。

在正艺社学习了一个冬天，我父亲又托人介绍，让我进了长安县的"十大股剧团"，也就是"复兴社"。这是一个由10名在当时比较叫得响的秦腔演员，大家集资入股，置办道具、服装、乐器组建的剧团，取名"复兴社"，秦腔艺人王富华是领班。在复兴社，我又当了一年学生。

我童年的学艺经历，用"四处飘荡"来形容，一点都不夸张。

因为我年龄太小，又是一个女孩子，父母不放心我离家太远，独自待在戏班子里。所以，我走到哪，父亲就陪到哪。尽管当时我弟弟将要出生，但父亲还是坚持和我一起来到了复兴社，时时陪伴在我身边。为了不至于在社里吃闲饭惹人闲话，我父亲就想找一个正当理由留下来陪我。看看在社里其他事情自己也插不上手，帮不上忙，就在教练和学生的厨房帮忙烧火，干点杂活，也算是在出力咧。

在长安县的张户寨，有座荒废的庙宇，当地人称"三间庙"。当时复兴社刚成立,经费十分紧张,教练和学生吃住就都在这庙里,这"三间庙"也可以说是复兴社的社址了。在庙里,地下铺些麦秸就是睡觉的床铺,学生们睡的都是通铺,两三个人盖一床被子。我们父女俩就在庙里靠边的角落上,铺些麦秸,再吊个单子隔一下就成了晚上休息的地方。偶尔还有老鼠爬出洞来,四处张望后,曳着尾巴从身边蹿过,消失在阴暗处。为了保护好我,父亲每晚睡觉都守在我身边。

破烂不堪的"三间庙",春秋时节,狂风大作,破庙就像一架开足马力的扬尘器,树叶、尘土转着圈地在庙里飞扬;阴雨天,四处漏风、漏雨;寒冬里,外面下大雪,庙里下小雪,早上起来总得要把被子拿起来先抖一下雪。

就是这种环境,父亲陪着我在长安县复兴社学了整整一年戏。此后,每忆及此,我都不禁涕泪交流。

那时的剧社不像现在,教练就是教练、学生就是学生。在复兴社,为了维持戏班的正常生计,学生要一边学习,一边排戏。教练也要一边教学生学戏、练功,一边排戏、演出、挣钱。每排成一出戏,就要出去走场演出,自己养活自己,条件十分艰苦。

就是在这种与环境和命运的抗争中,后来成就了许多秦腔知名演员,分散于全省各地,成为秦腔界的中坚力量。

我记得当时复兴社排演的有《玉堂春》《起解》《夺锦楼》《五典坡》《别窑》《探窑》《断桥》等剧目,在长安县周边的乡、镇演出,很受欢迎。当然,拉场子登台演出,就不会让还在学习的"生胚子"学生担纲主演。学好演戏技能,打下扎实的基本功,是这些学生的第一要务。我们也就是在正式演出时,帮忙打打杂、跟着在舞台上跑跑龙套,积累一些舞台演出经验。

学戏是一方面,懂规矩同样是一门不可或缺的必修课。要想学好戏、明事理,懂规矩是一个学生首先要学的重要一课。中华人民共和国成立前,在各剧团班社都有很多班规和禁忌,各家不尽相同,但敬庄王爷这最为普遍的一道仪式却基本一致。

说起这敬庄王爷的话头儿，我还有一个亲身经历，第一次见到庄王爷神像，还把我吓得不轻。我离开正艺社之后，还没有进入复兴社之前，也曾跟随我父亲去过几个秦腔班社，想看看能否找寻一家条件相对好一点的培训班学戏。有一次去三意社，在戏台的背后有一个香案。因为我的个子小，后台光线也不好，抬头看见香案上有一座神像，旁边还摆放着许多供品，神像的脸，在忽明忽暗的香火映衬下，不时变换着各种颜色，旁边也没有一个人，着实把我吓了一跳。后来见得多咧，也就见怪不怪了。不过，我发现剧社的演员在上台前都要在戴着皇冠、留有三缕胡须、穿着黄袍、扎着玉带的神像前上香、鞠躬，十分虔诚。我就很好奇，也没有人给我讲，也不好去问。后来慢慢才知道，演员这是在敬秦腔的始祖，这座神像就是庄王爷。在各戏剧班社，都有专人负责给神像续香，怕香火断了，对祖师爷不敬。

秦腔的始祖究竟是谁呢？这在民间有许多版本，但最为普遍的一种说法就是：庄王爷是唐玄宗李隆基。

秦腔戏曲班社多以"庄王"为祖师爷，随班奉祀。庄王爷系一小木像，俊面、三须、赭袍、王冠、皂靴，平常置于大衣箱（戏班专放蟒、袍、褶子的衣箱）中，因此，任何人不能坐在此箱上。在流动演出中，箱倌在后台架起一个小木板作为香案，请庄王爷居中而坐，置香炉，供班社人员焚香跪拜。

班社于农历八月十五日演出时，全体同敬"庄王"：香案前设供桌、献果，由小旦行演员焚香奠酒，社长率演职员及学徒依次排班拈香叩头礼拜。

演员戏演不好，或触犯了班规社条，班社长必挂起"庄王"画方能处理，将犯规者拘至像前责罚。最为严重的惩罚就是捆绑其手脚吊于屋梁（也叫"上二梁"），以根棒责打，待众人求情方予赦免。对越规"跳槽"人员抓回后，也要敬起"庄王"当众讲理，情节严重者将被吊打。

说起班规，这也有很多说法，每一个班社，无论规模大小，都有自己的班规,大同小异。戏曲班社的班规有很多种,对全体学员最为严厉的惩戒就要数"打通堂"了。我在复兴社学戏的时候曾经历过一次,虽然过去了半个多世纪,对当时受到班规惩戒的事,仍记忆犹新,心有余悸。

有一天晚上,复兴社在长安县秦镇广场的戏楼演晚场,我是跑龙套的演员之一。化好妆,穿好戏装,也是实在太困了。当时能困到啥程度,不夸张地说,十秒钟之内如果没有人跟我说话,我站在那都能睡着咧。看看离上场还有点时间,我就想着先稍微眯一会,等到演出时就是睡着了,也会有人来把我叫醒的。所以,也没有考虑太多的后果,就想在后台找个地方眯一下。

唉,咋说毕竟是小娃,晚上睡得晚,早上起得早,白天又是高强度的训练,时时都感觉睡眠严重不足。说是眯一会,眯着眯着,就窝在戏班装道具的大衣箱后边睡着咧。结果该我上场时,到了戏台边候场才发现少了我。一时半会儿又找不到,出场的锣鼓响了起来,演员就得出场、亮相。这下坏了,一登场,台上摆出了"三条腿"。当时的场景,真就像相声大师侯宝林说的相声《空城计》中描述的一般,给司马懿打旗的一个龙套是位来蹭戏被临时拽上台的,由于紧张,又不懂唱戏的套路,站错了位,司马懿两边打旗的一边三个,一边一个,结果弄了个满堂倒彩。而眼前这戏台上,四个人的龙套少了我,临时想换人,可服装还在我身上穿着呢,总不能四个齐整的龙套穿着两种不同服装上场吧?再说,发现我不在,就是找人替补,化妆也来不及。这一亮相,台上是一边两个,一边一个。看到舞台上的这种布阵,观众先是迷惑,随后老戏迷看出了这一天大的漏洞,全场哄堂大笑,倒彩声扰得台上演员很难往下继续演出,越急越乱,弄得班主很没面子。

龙套虽说是不被人重视的杂行,但在舞台演出中,却是不可缺少的部分,几乎每出戏里都有龙套。扮演龙套,能多方面锻炼演员的表演能力。所以,在科班里,学员入科后,启蒙的舞台锻炼,就是跑龙套。少一个龙套,其实并不影响戏剧情节。但观众看戏就图个热闹,真是"耍猴儿不怕人多,看热闹不嫌事大"。

演出时在观众中的反应，注注会出现两种情况：一种是演员演得出神入化，赢得观众的喝彩声，在这种情况下，观众的掌声、喝彩声越大，演员越有精神，唱得也越加卖力；另一种是演员演出时出现失误，观众起哄地喝倒彩，出现这种情况，一些没有经验的演员就会手足无措，不知如何是好。

眼前这种倒彩声造成的混乱景象，等于是砸了戏班的场子，后面的戏都没办法演下去咧。砸了场子，就等于砸了大家的饭碗。后来听人说，把班主气得是七窍生烟，脸都成青的咧。

演出一结束，班主再也按捺不住狂怒的情绪，集合全班社的所有人，四下寻找戏台上缺少的那一条"腿"。有人终于从大衣箱后面把睡眼蒙眬的我拎了出来。

把我找到了，就等于是找到了出气筒咧。当看到大家怒气冲冲的脸色时，"妈呀，惹祸咧"！我当时吓得身子都软咧。结局可想而知，任谁也阻挡不了班社执行班规严厉的处罚。容不得任何人以任何借口推卸责任，一人犯错，就要责罚全体学员，全体挨打，这就叫"打通堂"。

就这样，因为我"眯"这一小觉，复兴社全体学生连带着让打了"通堂"。当天晚上，演出收场之后，复兴社班主把我们所有人都集合起来，开始执行班规。当时不光是我，反正谁挨上就是一顿暴打。一时间，从复兴社落脚的院落里传出阵阵哀号，惨叫声不绝于耳。

"你看着人不在为什么不去找？"

"啪啪……"

"演出前为什么不早早把人盯到位？"

"啪啪啪……"

"人不在为啥不早点告诉我……"

"啪啪啪啪……"

……………

　　护犊之情人皆有之。可任谁也得看看什么情况下能护，什么情况下不能护。眼下这种情况，可是谁也不能出手也不敢出手相护的。我父亲当时就在旁边站着，也只能眼睁睁地看着我挨打。不要说这事是因为我引起的，就算不是我招来的祸端，班主在执行班规时，为了班社的尊严，谁也不敢上前阻拦，因为班规不可逾越，犯了错，就要受到惩罚，班社要想立足，立威最重要。

　　因为这顿"打通堂"是我惹下的祸端，让在复兴社学戏的所有学生都跟着受了罚。有几个更冤枉，当时在台上忙着演戏，好端端地还没弄清楚咋回事，下来就挨了一顿打。当天晚上打是挨了，这些师兄弟，可就把这账全部都记在了我的身上，一连几天，心里的怨气都无法消散。趁教练不留意之际，这个朝我屁股上踹一脚，那个在我头上拍一巴掌，以至于很长一段时间，我都不敢与这些被"冤屈"的同学单独相处，整天都心惊肉跳、提心吊胆的。

　　这样的日子持续了有很长一段时间，我不仅让"通堂"打怕咧，也让同学们冷不丁的"暗算"打怕咧。从那以后，我就长了记性。同时，也学得温顺乖巧了许多，再没有惹出啥事来。随着时间的推移，同学们把我该打的也打咧、该踢的也踢咧，心里的怨气渐渐散完咧。毕竟是孩子，也不会把这仇跟我记一辈子，慢慢地把这事也就忘咧。这样，这场风波才算慢慢平息下去，这件事也才像噩梦一样结束。

　　复兴社不像西安城里的剧团，有一个固定的练功、演出场地，到时候光卖票演出就行咧。复兴社为了维持班社的正常开销，要不停地派人出去联系演出事宜。联系好了，整个班社就要进行一次集体"迁徙"。每次剧社转台口行军的时候，一般雇车拉的都是服装道具和大家的行李卷，人都是随车步行。我们转一次台口，因为人多，那阵势也大得很。排起长队，顺着路边行走。我个子小，排在队伍的前头，行军时往往就走不快。每当这时，队伍后边的男同学就非常心躁，嫌我走得慢，不光在队伍后面不停地起哄、喊叫，有时，还交替着跑到前面以武力招呼我。这时,剧社里几位身强力壮、体质较好的武功教练及唱花脸的演员就看不过眼了,不定谁就会把我架到脖子上,让我抱住他的头,扛着我行军。一般剧社转台口走长路,我都是这样过来的。所以,在我的记忆中,小的时候还从来没有感觉到走路有多累。

冬去春来,寒冬酷暑,日复一日地练功、排戏,使我渐渐适应了戏班里的生活。

成长的快乐就是:让你难过的事情,有一天你必定会笑着说出来。张彩香老师这些记忆中的往事,在今天说来是那样的酣畅、幸福。

在近乎魔鬼般的训练生活中,张彩香老师渐渐长大、成熟了许多,在教练的严厉教化中,使她对秦腔的理解也逐渐入了些门道,"严"字当中也饱含了深深的爱意,不然,她也不会坚持下来。

然而,意想不到的事情往往就发生在不经意间……

我在经受了许多磨难之后,慢慢适应了戏班的生活,和戏班的老师、同学们也都相处得很融洽,而且还有父亲在身边陪着。所以,我一天到晚很快乐。谁也想不到,一场意外,结束了这种快乐的生活。

由于受家庭教育的影响,我从小就懂得尊敬师长。复兴社的琴师是位盲人,每当开饭时,我总是先给琴师把饭打上,然后才自己打饭吃。

一次,我刚给琴师把饭盛上,因为后边排队打饭的学生拥挤吵闹,碰到了我的胳膊,端着沉重大瓷碗的手一下没拿住,一碗刚从锅里舀出来的、冒着腾腾热气的玉米糁子稀饭,就全部扣在了脚面上,我顿时一声惨叫……

周围的老师、同学一看,都吓得呆立着,不知道咋办才好。

我父亲在灶上正忙活,听到我的哭喊声急忙跑了过来,看到我疼得单脚在原地跳着打转转,眼前的景象让他也是慌了手脚,连忙去脱我脚上的鞋。谁知,脚面上的一层皮和鞋一起被活脱脱地带了下来……

鞋一脱下来,把我疼得差点昏死过去,哭都没有声了。就听着周围众人七嘴八舌，这个说"快给娃脚上撒些盐……"、那个说"抹些酱油……"。众人说的这些"土方子"管不管用暂且不说，问题是，这些现在看来极为平常的生活必需品，当时到哪去找？剧社的灶上即使有，也不过丁点而已，怎么能覆盖我的脚面。我父亲想尽一切办法想缓解我的疼痛，却也无能为力，只能从地上抓起一把"面面土"撒在我的脚面上。但这一切都无济于事，对于我来说，当时只剩下撕心裂肺的疼咧。

我父亲看着我的脚被烫成了这副模样，心疼得话都不会说咧。当时长安县根本谈不上什么医疗条件，甚至连最简单的烫伤处理药物都没有。这个样子，别说唱戏咧，正常生活都困难，再在这里待下去也没啥意义了。他只好雇了一辆架子车，把我从长安县拉回西安家中疗伤。

"事功易，成功难；成功易，终功难。"学艺的道路就像在攀爬一座座看不到顶点的阶梯，每一步都饱含了拼搏的艰辛。张彩香老师的第二次学艺，在经历了一年春夏秋冬、雨雪寒暑的艰苦磨砺之后，就以这种惨痛的代价宣告结束。

未曾登台先成"名"

张彩香老师讲述的这已是几十年前的往事了,虽然时过境迁,可我心里仍有一种锥心之痛。放在今天,任何遭此劫难的人,一定会第一时间被送到医院住院治疗。可张老师说……

唉,还住院治疗呢,我又不是大小姐,命没有那么金贵。就是把脚烫了一下嘛,又要不了命。一进西安市,哪也没去,我父亲直接就把我拉回家咧。我母亲见家里来了一辆架子车,不知道咋咧,急忙拉开门看,当看到我的脚被烫得面目全非,红肿得都没有个脚的样子时,不由得就放声大哭,边哭边埋怨我父亲,"你还天天守着娃,咋都没把娃照看好,你看让女子受的这罪"。哭了一阵子,我母亲像想起了啥,也不哭咧,把眼泪一抹,火急火燎地就冲出了家门。她来到西九府街(今称青年路)的吕祖庙,跟庙里的住持求来了一些敬神淌下来的蜡油,一是祈求神灵保佑女儿脚早点好,二是听人说,蜡油敷在烫伤处能凉一些,可以减少些疼痛……

从长安县回到西安,就到了1944年的年底。我的脚被烫成这样,甭说唱戏，行走都十分困难，我就在家静养了三个多月，慢慢脚伤好一点，我又想出去唱戏咧。

我有一位姨表舅，叫武新民，小名叫唐唐，我就把这位表舅叫唐唐舅。武新民在西安市邮电局工作，是一位忠实的秦腔票友，人也长得英俊潇洒，很有气派，闲暇时也跟着李正

武新民《拷红》之红娘

武新民（生卒年不详），乳名唐唐，邮电局职工，"西京秦剧研究会"中坚，是一位忠实的秦腔票友，跟李正敏先生学戏。表演也追步名旦宋上华，扮相端庄灵秀，为行家所称道，其唱功相当出色，全本的《铡美案》，独力担当秦香莲，游刃有余。在当时西安秦腔票界颇有名气。杨文颖所撰《西安秦腔票友谱》有介绍。

敏先生学戏。他虽然不是秦腔正式演员，但唱戏的行头等装备却是一应俱全，在当时西安的秦腔票界颇有名气。这位唐唐舅十分喜爱我，曾向我父母提出要把我过继给他。因为我们家也就这一个宝贝女儿，所以没有答应。但这并没有妨碍他对我的喜爱，只要有时间，不管到哪去学戏、唱戏，他都要把我这个外甥女带上。

我虽然进了两个培训班，也就是跟着老师学些段段唱，练一练舞台基本功。脑子里根本也没有秦腔要按照什么板眼去唱这个概念。当时，我所会唱的那些唱段，有许多都是从培训班和这位唐唐舅口传学来的。教一句、唱一句，两三遍下来，就会了。

我的这位唐唐舅，除了正常上班，常年交际于秦腔各剧社，与当时各个剧社的人情关系都相当不错。我后来才知道，当初去正艺社学艺，就是这位姨表舅从中给搭的桥。三个多月之后，我脚上的烫伤基本好利索了，唐唐舅

就把我带着四处唱堂会。只要有机会，他就极力把我这个外甥女引荐给剧社去表演，让我有机会在戏台上亮一嗓子，长长见识。我出去唱戏，清唱时身上也没有一件鲜亮点的衣服，穿的一身黑色学生服也是唐唐舅给我缝的，他待我真像是亲骨肉一般。

唱堂会、登台献艺，对张彩香来说可是不小的考验。没有人给完整地排过一出戏，舞台上动作咋施展、怎么表演……可以说一切都没有一个完整的套路，更没有一点舞台经验。然而，她一个8岁的小姑娘就敢在这种情况下去唱堂会。回忆起这段往事，张彩香老师仍然为当时的情形感到后怕，她说："我当时为啥敢去唱？人说'艺高人胆大'，而我也只能用所谓'胆大不知羞'来解释。"

对于初次登台唱戏的情形，张彩香老师回忆道：

我第一次登台演戏是在三意社，也是唐唐舅推荐的。我父亲带着我，找到了一位与三意社老板浪熟的远房亲戚，姓倪，叫倪景林，也是一位非常爱戏的人。我也叫他舅。至于倪景林和三意社老板是啥关系我就不知道了，肯定浪熟，要不然也不会爽快地答应帮忙。在倪景林舅舅的引领下，我们父女俩来到了三意社，面见三意社社长苏育民。

当年三意社剧场，坐落于今天骡马市步行街正中路东。雕漆的大红门十分漂亮，进了大门，观众脸朝西，演员脸朝东，是那种典型的老式舞台，舞台两边是看戏的楼台，舞台后面供奉有庄王爷的神像。我就是在这儿第一次看见庄王爷神像的，当时还不明白三意社剧场后面咋像个庙一样，还有神像。舞台后院，还有一个供演员喝水的大铜壶，壶体下半截能塞进木炭烧水，有点像火锅的结构，用现在的眼光看，这个大铜壶可是古董级的宝物。

来到三意社社长的办公室，我父亲与社长苏育民商定，让我先演三个晚上，每天晚上一折戏，看看效果再商定后面的续约。我因为年龄小，只知道唱戏，其他啥也不知道，啥也不管。跟着我爸来到三意社，我也并不知道要三意社,其前身是"西安长庆社",1915年由民间艺人苏长泰创建,社址初在西安骡马市梨园会馆,1920年租骡马市药材会馆为固定剧场。1921年改名为西安三意剧社。该社早期聘请的秦腔名家有陆顺子、李云亭、张寿全、王德孝、王文鹏、安鸿印等,在传授传统戏、培养人才方面影响深远。自1930年起,秦腔改革家李逸僧、戏曲教育家封至模、剧作家袁多寿等,先后在此任编剧、导演,艺术质量有了进一步提升。先后出科10期学生,有450余人,著名者有阎国斌、李桂芳、苏哲民、苏育民、苏蕊娥、周辅国、王辅生、李夕岚、肖玉玲等。1951年,部分演员支援西藏秦腔剧团。1956年,董化清等63人支援组建白水县剧团。1960年,改称西安秦腔剧院二团。十数年后改为西安秦腔剧院有限责任公司三意社分公司。现剧院撤销,恢复了三意社原名。

三意社老照片

见的是三意社的社长,反正人家叫唱戏就唱戏,也不知道害怕。

一切商议妥当,我们父女俩就和倪景林舅舅,一起准备离开三意社回家。

离开社长苏育民的办公室,在倪景林舅舅的引领下,我们一行三人又在三意社的院子里四处看了看,这才从剧场院子往大门走。在直通大门的长廊道口,三意社写流水戏牌的先生正在写当天的演出戏牌,几个已经写好的戏牌摆放在地上。我们在院子里转的时候,老先生已经得到苏育民社长的通知,让我今天晚上就开始演戏。所以,老先生见我们已经谈妥了演出事宜,准备往外走,就想着要把晚上演出的戏牌尽快写出来挂出去。见到我们三个人,他就招呼我父亲:"你引着娃走呀?"

我们三个人一边往外走,我父亲一边应承道:"嗯,走呀,先生你忙着。"

老先生说:"社长刚说咧,让娃今晚上就演,娃叫个啥么?我要出戏牌呀。"

当时我们已经与老先生擦身而过,走在内侧的倪景林舅舅回头就说了一句:"哦,娃叫张海祥。"说完,我们三人就走出了三意社的大门。

结果,写戏牌的老先生可能耳朵有点背,把话听岔了,把"海祥"听成了"彩香"。我们知道,但凡耳朵有点背的人,一般情况下都不愿意反复问一句话,怕惹人厌。所以,这位老先生当时没听清,也没有再跟上话头追问第二遍。就根据自己听来的音,手随意动,在戏牌上写下了"张彩香"三个字。

我父亲和倪景林舅舅,谁也没把这事放在心上,我们就抓紧时间回家,准备晚上演出的事情去了。

我们三人刚离开不远,这边三意社的门口可就挂出了"张彩香"演出的戏牌。

夜幕降临,三意社门口看戏的人络绎不绝。看到有新人演出,人们纷纷买了看戏的签子(戏票)进里走。等晚上我们赶到三意

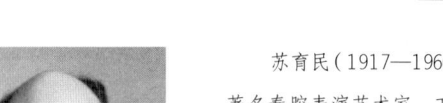

苏育民(1917—1966年),著名秦腔表演艺术家,工文武小生兼须生,乳名三意,号勇三,三意社创始人苏长泰之三子。其"苏家戏"与"何家戏"(何振中、旦角)、"敏家戏"(李正敏、旦角)齐名。自幼为其兄苏哲民配戏,十四岁即离开学校随三意社跟班学艺。他表演娴熟规矩,运用自如,干净利落。嗓子清脆饱满,唱腔悦耳动听,有金声玉振之美。1938年出任三意社社长,主理社务,兼任演员。1952年参加了全国第一届戏曲观摩演出,获演员一等奖;1958年参加拍摄秦腔电影艺术片《火焰驹》;1960年西安市将易俗社、尚友社、三意社合并,成立西安市秦腔剧院,被任命为副院长。代表剧目有《打柴劝弟》《激友》《游西湖》《悔路·杀房》《卧薪尝胆》《马义滚钉板》《闯新府》《伐子都》《杀庙》《将相和》《苏武牧羊》《赵氏孤儿》等。戏剧评论家杨文颖先生曾赋诗赞曰:"百年一人,圣像一尊。"与"衰派老生一绝"的刘毓中,乃20世纪秦腔界公认的旗帜性人物。京剧大师梅兰芳先生亦对其才艺极为赞赏。

社门口一看，贴出的竟然是"张彩香"的戏牌，一问才知道是老先生写岔咧。重换一张戏牌倒也不费事，重写一张挂出去就行咧。关键是有的人是冲着戏牌上的新人才买票进来的，你一换，这些人不明就里，恐怕就不愿意了，又要喊叫着解释半天。看来眼前的一切已经无法挽回了，顺其自然吧。我父亲心想：先将就着吧，等唱完今晚的戏再说，反正是个小娃，也无所谓什么正名不正名。

当晚，我在三意社剧场演出了第一场折子戏——《探窑》。这个戏当时也没有啥复杂动作，一出来就唱，唱完注凳子上一坐，接下来再注母亲跟前一跪，再唱，唱完，演出就算完咧。

戏一开场，就听后台一声插白："三姑娘开门来，太夫人到了。""来了、来了。"叫个板，演员随后就出场……"耳听窑外有人唤，不知何人来叩门。"

过去的舞台上没有幕布，就在舞台正面两侧挂个"二帘子"。演出时戏台上都有一个管前场的，就是检场的人，负责舞台上摆放桌椅板凳之类的物件。

一声叫板过后，检场的把二帘子挑起，我两只手交叉抱着两个肩膀头，一副可怜兮兮地样子就从二帘子里面注台上走。从没有登过台的我，凭着自己平时看戏的感觉，走到舞台中央的桌子后面就站定不动，开始唱咧。站在舞台一侧检场的老汉一看，赶忙在一旁悄声说："我娃你注前边走，叫桌子把你都挡住咧，台底下人都看不见你咧。"

我听到旁边检场的人对我的提醒，也没停下唱，还一边唱一边注桌子前面挪动，一点没有分散注意力，影响演出。看我那样子，倒像是有着多年舞台经验的老演员，应对自如。你从检场提醒我的话这一点也能想象到，我当时不仅年龄小，个子也小，也就比舞台的桌子高出半个头，一个普普通通的桌子都能把我挡住。

我因为个子小，再加上剧场照明的局限，在台下的观众就只能看到一个小脑袋在桌子后面晃来晃去。听到检场的提醒，我边唱边慢慢移步到桌子前方，观众这才看清我这个唱戏的小姑娘。

因为电灯没有普及，过去的剧场里大都是用汽灯，开演之前由专人负责给汽灯的油壶里加满煤油，打足气，再套上石棉罩，煤油在气压的作用下，从石棉罩内渗出，这时就可以用火把灯罩点燃，瞬间，石棉灯罩就会发出明亮的白光，再罩上玻璃罩，周围如同白昼。在舞台的台口，一边用绳子拉上去挂上一个，整个舞台和池座都照亮了。

就在我唱完这一整段折子戏，停顿下来一愣神的工夫，台下瞬间爆发出热烈的掌声和叫好声。

这个效果我没有想到，也让所有人都始料未及。

接着第二天演出了折子戏——《断桥》，同样是在舞台上走过来、走过去，转着圈唱，没有过多的动作。但当我在二帘子里头唱了"遇天兵打一仗提心在口……"一句时，好家伙，台下的观众还没见着我人，掌声、叫好声就如潮水般地响起。我唱到中间还把词给唱错了，有一句戏词应该是"青儿，大胆……"我说了个"官人，大胆……"，就听见下面的观众说："娃把词忘咧。"就这，观众也原谅我咧，没有给我喝倒彩。你说怪不怪，这才是第二天登台演出，一边演，底下观众说的啥，我都还能分出精力去听，兴许生来就是个吃开口饭的。

第三天演出折子戏——《起解》……

我在三意社三天的演出，结果场场爆棚……

我在三意社台上演出，我父亲就在台下观看，我的一举一动他尽收眼底。开始时还在为我紧张，怕演不好，慢慢观众的掌声和叫好声就打消了他的顾虑。我平时也没有正规地演过戏，在家也就随随便便唱一唱。我唱戏到底是个啥水平？这三天他看了戏以后，我的本事在他心中算是有了底儿，况且他还是个顶级戏迷。一高兴，给我把名字改回来的心思也没有咧，反而觉得"张彩香"这个名字也不错，就一直这样叫开咧。

看我演戏得到了广大戏迷的认可，社长苏育民非常满意，执意要把我留在三意社。与我父亲商议，让我在三意社待三年，好好培养，学三年戏。三年学生出来，然后就给发工资。吃住全由三意社管，不用自己掏钱。因为三意社自创建起就坚持科班培养学员，使优秀演员层出不穷，将学员训练班作为剧社演员的活水源头，发现可造之才，就不遗余力地全力接纳。可我父亲觉得我太小，眉眼也就刚到台上的桌子上边一点儿。况且从正艺社出来，又经历了复兴社的那场磨难，如果再到三意社学习，怕我受不了。来三意社演出，也只是想看看我到底有没有当演员的天赋，有没有发展前途，现在收到了他想要的效果，心里也就踏实了。所以，就婉言谢绝了社长苏育民的好意。收好了我三天演出的钱，我爸带着我离开了三意社，准备回家另作打算。

当时，跟我一起在三意社唱戏的还有李夕岚。李夕岚比我大两岁，但也不过是个十岁左右的娃，李夕岚是由她哥领着去的三意社。社长苏育民向李夕岚的哥哥也

李夕岚（1934—2022年），一级演员。1947年在易俗社学艺，曾师从郑香亭、葛益民。1948年复入三意社，师从韩辅华、姚鼎铭，工小旦、青衣兼老旦。由于她的虚心学习和刻苦钻研，技艺提高很快，初登舞台便为观众所瞩目。李夕岚总是力求把人物的喜怒哀乐表现得强弱适度、恰到好处。她设计唱腔时博采众长，不拘一格，经常采用嗑梆子唱法来丰富表现力，善于吸收晋剧、豫剧、河北梆子等剧种的长处来丰富自己。被称为三意社20世纪50年代的"一号坤伶"。1956年参加陕西省第一届戏剧观摩演出获演员一等奖，1960年参加陕西省青年演员会演，获演员奖。代表剧目《罗汉钱》《杨门女将》《狸猫换太子》《红珊瑚》等，以唱见长，从青年至老年，一直兼演老旦，声情并茂，老到从容，评论家杨文颖先生因其唱功过人，誉其为"王牌老旦"。

开出了同样的条件之后,她哥当时为她做主,就应允同意,立下了字据。

张彩香老师三意社三天的演出,不仅使张父看到了女儿的潜力,同时也收获了一个在陕西秦腔界叫响了近七十年的名字。唱响三意社,对张彩香老师来说仅仅是个开端,她像一颗萌动在沃土中的幼芽,生生不息,顽强地与命运抗争,期待着破土而出、茁壮成长。

幸遇良师惠济民

三意社演出的反响,让张彩香老师和她的父亲始料未及。那么,张彩香老师在三意社演出之后,到底选择了怎样的发展路径?

是一直在唱堂会,抑或是找一家合适的剧社当专职演员?

张彩香老师继续说道:

在三意社演完了三场戏,回到家里,我父亲可真是为我唱戏天赋感到由衷的高兴,小小年纪,第一次登台唱戏就连连获得满堂彩,继续发展下去,前途真是难以估量。一般我出去唱戏都在晚上,也不影响我爸和我唐唐舅他们白天上班,于是在他们的引领下,我便开始在西安各剧场串场,搭班唱堂会。

几年下来,我唱戏也获得了不菲收入,让我父亲喜出望外。可时间一长,我父亲看到我翻来覆去在台上就只会唱那几个折子戏,没有新的唱段补充,更别谈什么舞台动作咧。这样长此以往,恐怕难以让我的演技有所提高。他又想到,我在正艺社、复兴社的两次学艺经历,虽然是跟过两个训练班,但严格来说都不算是出科的学生。经过三番五次的思量,总感到不能就此耽误了我继续学戏的前程。可培训班人多嘈杂，想要在众多的学员中脱颖而出，实在是太难咧。没有真正学到几出戏，可苦倒没少受，光这样咋行？应该让自己女儿唱戏的水平再好好提高提高，不如给女儿专门请一个老师，单独传授唱戏的技巧。于是，我爸就联系上了在尚友社担任导演的惠济民先生，请惠先生到家里来给我授课、排戏。

这一年，我13岁，从六七岁开始进入唱戏这个行当，应该说，我在这个圈子里搭班唱戏也有几年的时间咧。从正艺社、复兴社、三意社，再到各种堂会，说起来这些年也唱过一些折子戏，一些名家唱段和经典剧目倒也张口就能唱。但是，在戏台上转着圈唱戏，毕竟只是业余水平，要想入流，还是要跟名家多学习，野路子终是上不了大场面的。

正因为我父亲的深思熟虑，才有了这一长远打算，我也才能在少年时期，就在良师、名师的指导下，打下坚实的戏曲基础。

惠济民先生家里人口多，全靠他一个人养家糊口。无奈之下，他只有起早贪黑地外出多做一份工。我父亲当时跟惠先生商定，一个月以四袋面的报酬，请先生给我排戏。因为那时市面上使用的都是国民党政府出的纸币——金圆券，这种钱币贬值得浪厉害，所以当时人们除了喜欢硬通货——银圆，都不愿意使用这种纸币交易，大多以实物来定工钱（在三原唱戏给的戏份就是棉花，去陇东唱戏的定钱是麦子），我父亲就跟惠先生定下一个月四袋面，一天给我排两个钟头的戏。

惠先生当时接了三家给人排戏这样的活计，他把一天的时间都仔细计算好咧，给这个排完，紧接着就赶去给下一个排，把排戏的时间和路途上用的时间都掐算得十分精准。不管刮风下雨，惠先生从来没有误过一个场子的排演，尽心尽力、尽职尽责。先到西大街正学街给宁秀云排戏，然后再到老关庙给我排，再从老关庙到莲湖公园东门外封至模先生办的戏剧专修班去排戏。那时交通也不方便，全靠快五十岁的惠先生用两条腿东西奔波，晴天一身汗，雨天一身泥，生活真是——"衣食皆辛苦"。

我还在正艺社学习的时候，宁秀云就已经在跟惠先生学戏。她演的《杀狗劝妻》就是惠先生排的。惠济民先生给我排的剧目，也是从《杀狗劝妻》开始的，接着又传授了《拾玉镯》。就是这两部戏，为我打下了良好的戏曲功底。秦腔的经典剧目谁都想演，但真正能演出人物确实要有一定的艺术见解和要求，正因为惠先生的严格和精雕细琢，才让我把这两出戏学得扎实、吃得透，得到了观众的认可。这两出戏后来成了我的看家戏，受益终身。

自从跟着惠济民先生学戏，我好像才真正开了窍，有了唱戏的感觉，进入了戏剧角色。也只有这个时候，我好像才明白，唱戏是怎么一回事。我当时就在心里想，以前在戏台上哪叫唱戏，也就是在舞台上转圈圈，只要嗓子好，能唱就行，无所谓表演。不过也难怪，那时好像所有学习唱戏、启蒙的孩子都是这样在唱。好在那时观众到戏园子都只为听戏，对于演员的扮相、动作倒也没有太多的挑剔。有些观众，坐在台下索性闭上眼睛，手里跟着台

惠济民（1903—1976年），秦腔著名导演。幼入榛苓社学艺，习旦角，出科后，随该社在关中各县演出，后因嗓子失润，改做导演。先后在大荔牖民社、高陵化民社、汉中新汉社任教，后任尚友社导演。中华人民共和国成立后受邀给各剧团排戏、办班，培养学生，发现并培养了大批的秦腔人才。1952年以观摩代表的身份，赴京参加了第一届全国戏曲观摩演出大会。1956年在陕西省第一届戏剧观摩演出大会上，他导演的《三上轿》获导演一等奖。1957年，由他执导的《火焰驹》，在长春电影制片厂拍摄成电影艺术片后，深得广大观众的喜爱，成为名副其实的经典作品。1958年调陕西省戏曲学校任艺术指导。几十年的导演生涯，使他能根据剧中人物特征，深刻揭示人物的内心世界，准确表现出人物的性格特点。所排剧目有《西厢记》《梁山伯与祝英台》《三娘教子》《三上轿》等。门生有马振华、宁秀云、王玉琴、李爱云、张彩香等。马振华在秦腔男旦中，亦属风流人物，20世纪40年代曾走红西安，50年代援藏，曾为西藏秦剧团团长，为秦腔在西藏的传播厥功至伟。

上的节奏拍着板眼,细细品味台上演员的一腔一调,一字一音。听到兴处,犹如猛然惊醒一般,大声喝一个彩,来抒发心中的快意。剧场内外有这样的说法:"唱戏的是疯子,听戏的是傻子。"描绘的就是台上台下的这般情景。

戏曲导演,既是导演又是教练。既可以给演员教唱腔、身段,又能从内心调动你的潜能,激发你对人物的理解。戏曲导演从一个身段、一个表演,你心态应该怎么反应、你的台词应该怎么说,更全面地启发演员。这一点,也是我在上海学习了两年戏曲导演之后,才深有感悟的。惠先生就是从点滴入手,细致入微地对学生施教,深得人们的尊敬。所以,在秦腔界,惠济民先生一直被尊称为教练,他的学生也从来不叫他导演,叫了一辈子惠教练。

惠先生第一天来我家,他先测试了一下我的戏曲基本功。在对我有一个基本了解之后,就因人施教,开始手把手地教我。他教我的第一出戏就是《杀狗劝妻》,剧中曹庄之妻焦氏,按行当是花旦应工,是个侧重表演泼辣刁钻、机警善变的人物形象。从这部戏开始,他把一些戏曲的基本功都融入教戏当中,举一反三,反复给我讲解。到后来我演戏,碰到类似的情节段落,我都能想起惠先生当年的教诲。

秦腔《杀狗劝妻》是一出经典传统剧目(现在的秦腔剧本已经将前面一段删除了,觉着前边的戏太长,只从曹庄挑柴担上……开始),仅这一折戏中旦角焦氏的动作表情,惠先

《杀狗劝妻》讲述了曹庄为照料年迈的母亲,辞官后以打柴度日。一天,曹庄上山打柴,焦氏趁曹庄不在,大吃大喝,却不顾婆母。曹母饥饿难耐,向焦氏讨口饭吃,反遭焦氏打骂。曹庄回家后,曹母向曹庄诉苦,曹庄怒气冲冲指责焦氏,焦氏胡搅蛮缠、耍赖使泼,引得曹庄火起,操刀相向,焦氏见势不妙,一边求饶认错,一边躲闪逃避。适有家犬跑来,曹庄怒气冲冲,一刀将狗砍死。焦氏经此一事,幡然悔悟,改变了对婆母的态度,从此一家人和睦相处。这出戏,蒲剧、川剧都有,但艺术处理各异,秦腔的演出亦各有不同。

生就给我反复地教，反复地练。要在全剧三十分钟的时间里，将焦氏从刁蛮霸道、无视纲常的泼妇，经过丈夫激愤杀狗幡然惊醒，转变为遵守妇道的心理变化全然表现出来。惠先生当年对这部戏的编排讲解过程，我至今仍记忆犹新……

惠先生说："要心随意动，表演要分成四个步骤来层层递进，但也要注意相互之间的关联，切记不可脱节。眼神、面部表情、手指的动作，要完全跟随焦氏心态的变化展开。第一步，焦氏刁钻、好吃懒做，要表现出她慵懒、刻薄的神态；第二步，焦氏虐待婆母，在丈夫面前胡搅蛮缠，要通过狠辣的眼神、撒泼的举止、不肖的言语表现出来；第三步，丈夫杀狗，焦氏受到惊吓，要把她惶恐不安、坐卧不宁的内心变化，通过跌坐地上、来回转圈，看着丈夫眼色行事来展现；第四步，表演转变过程时，不能一下就完全达到温顺贤惠的状态，要把焦氏对丈夫、对婆母态度的几次反复过程，通过言语和动作表情交代清楚，这样才符合焦氏在全剧中的性格特征。"

惠先生还把"没有钱就杀婆娘哩！""把喔挨刀子的还硬气的，就说你没钱不会寻个有钱的嘛！""就这你还没有哩！伸手来，这个钱给咱娘买上两根葱，这个钱给咱娘买点豆腐，这个钱吗，你在大街市上，从东走到西，从西走到东，爱吃啥买啥，吃个零嘴，回来给我婆娘捎点瓜子儿……"这些台词一字一句讲给我听，他说："你要通过语气的递进演化，把焦氏的变化层层剥离，展示给观众，这样才能把全剧跌宕起伏的情节完美地表演出来……"

"我这下厨灶，忙忙擀细面……""嗒嗒嗒……哐哐令哐一哐哐……"惠先生嘴里打着锣鼓点，就开始让我跑圆场，围着我们家的院子转圈跑。惠先生跟着我一起跑，边跑边观察我的动作、表情。

"停！这里不对，应该这样，要把内心的情绪带出来，重来一遍！"

一天当中，惠先生仅给我排戏，就不知道跟我一起跑多少路、做多少这样重复的动作、说多少相同的话。何况他还有其他的几个地方要去排戏，去讲解，还要做着同样的动作，说同样的话，你想想，这一天到晚要多么辛苦。

在给我排戏的过程中，惠先生更是从点滴入手，严格要求，比正规的培训班还严。一个转身、一趟碎步、跑圆场、一个身段、一个手腕……必须做到位，绝不允许打马虎眼，得过且过。惠先生对我说："现在把动作做不到位，唱的音把握不准，以后发现问题再改就难咧。因为已经成了习惯咧，由不得你，随意就把这个动作做出去了、就把这一个音调唱出去了。有句话叫积习难返，就是这个道理。所以，你在初学的时候，一定要养成好的习惯。"这么多年过去了，惠先生说的这些话我仍然没有忘记，对我以后学戏也确实帮助很大。

惠先生给我教戏，不是嘴上说说，而是亲身示范。"咣！"这样一下、"呛！"那样一下，每一个动作、身段都十分的严谨。一个动作一个动作地教，一句唱腔一句唱腔地练。道白，哪一句要轻，哪一个字要重；唱腔，哪一个音符要婉转悠扬，哪一句起落要干脆利落；动作，哪一招要细腻，哪一式要粗犷；表情，哪一笑要含蓄，哪一哭要夸张。在每一个字的动作配合上，应该哪一个指头怎样指下去，或挑上来，他都要求得非常严谨。必须是这个字，绝对不是那个字。在一句唱词七个字里的第六个字，动作应该怎么做，绝对不是第七个字才开始做。一出戏就是如此细腻地传授，有的时候，一个动作，一排就是一天或者几天，而且绝不允许偷工减料。你想，我一个小娃，重复练一个动作，几遍就烦咧，做起来就不是很认真，这在惠先生眼里是绝对通不过的，必须完整地做到位，让他满意咧，他才开始给我教下一个动作。

我们知道，身段，是戏曲演员塑造角色必备的基础技能，通过演员形体来表现情节、表达人物思想情感的外部动作。在不同的戏曲人物中，有不同的行当身段，有文有武不同性质的身段，有结合一定情节表演性的身段，有结合道具、服饰组成的身段，有通过武打、技巧构成的身段，等等。也正因为惠先生在我学戏初期就打下了规范的戏曲身段基础，使我对每部戏的时代背景、人物所处的特定环境、角色的典型性格等给予了更多的关注，养成了爱思考、善揣摩的良好习惯，也使我少走了许多弯路。

得益于惠先生这位老师的教导，使张彩香在一开始打基础的时候，从唱腔到动作，都以一丝不苟来严格要求，成就了她在以后的艺术道路上，能规范、细腻、准确地把握和表现所饰演的每一个角色。

张老师，您跟惠先生学完《杀狗劝妻》之后，学的是哪一出戏？

惠先生给我教的第二出戏是《拾玉镯》，这是个三小戏，以旦角为主，几乎将秦腔花旦最基本的程式动作都融入其中，虽没有显著的戏剧化矛盾冲突，没有过多的唱腔，但必须要通过演员独具特色的道白，非常传神且极其丰富的程式化表演，才能表现出人物的性格，一个天真无邪的少女形象才能完整地刻画出来。表演不仅具有花旦的共性，又在特定的情景中表现出剧中人物的特性，演员要力争做到"神"与"形"相结合，"虚"与"实"相交融，才能表现出活泼可爱、娇俏灵动的气质及风采，使人物性格更加丰富鲜活，带给观众强烈的审美感受。

孙玉姣这个角色以做工为主，表演夸张，借助手帕等道具的运用，来烘托人物，对演员的表情和眼神要求很高，表演富于变化。在传授这出戏时，惠先生着重启发我，要注意孙玉姣"三拾玉镯"时的心理变化和面部表情。把紧张、羞怯、扭捏、悬疑、惊恐、壮胆、惊喜等状态的转换与衔接，通过动作与神态，层层递进地表现出来。

惠先生说："一拾玉镯时，要把少

《拾玉镯》表现的是一对青年男女恋爱的故事。少女孙玉姣坐在门前绣花，被青年傅朋看见了。傅朋爱慕上孙玉姣，便以买鸡为名，和孙玉姣搭起话来，傅朋的潇洒多情也打动了孙玉姣。傅朋遂在孙家门前有意放一玉镯。小姑娘心领神会，三起三落忐忑含羞地拾起了它，表示愿意接受傅朋的情意。两个人的心态举动都被刘媒婆看在眼里，她便出头来撮合这件趣事。

女在屋内听见敲门声，紧张复杂的心理状态表现出来。听见敲门声，孙玉姣打开门来观望，一看无人，两手一摊，示意刚才敲门的人为何不见了，表现一种不解的神情。低头思索，慢步正欲回屋，不料一脚踩下去，发现了玉镯。想到可能是傅朋留下的，正要弯腰拾起，转念一想又觉得不妥，便急忙起身回屋。二拾玉镯时，要把孙玉姣心中那种欲罢不能的神情表现出来。不敢去捡拾玉镯，但又害怕被别人拿走，正在左右为难地摆弄手绢。忽然心生一计，一边四处观望，一边故意出门把手绢丢放在玉镯之上，之后立刻跑回原处，用双手遮住娇羞的脸。稍一定神，见四周无人，又回头观瞧玉镯，之后会心一笑。这第三次拾玉镯，也是最后一拾，孙玉姣见已达到预期的效果，看看四周无人，双手一拍，侧身碎步移向玉镯，极度紧张地观察着周围的动静，右手同时拾起玉镯，然后飞快地跑回家中，惊魂未定地靠在桌子上喘气。孙玉姣这三次面对玉镯时的心情各异，既要独立呈现，又必须一气呵成，达到和谐统一。所有的动作、表情，都需要演员根据自己对人物的理解来展现。"

惠先生就是通过对剧中人物内心世界的剖析，深入浅出地反复给我讲解、示范，而不仅仅局限于一招一式、一字一音，不以呆板地教会学会为目的，更不是应付差事。虽然受年龄和舞台经验的局限，当时难以理解这些编排意图，但我每演一次这出戏，就会对惠先生的话加深一层理解，我逐渐领悟到，只有完整把握剧中人物的性格特征，台词、唱腔、动作才会准确做到位。《拾玉镯》是我演得最多、与角色年龄差距最大的一出戏，最后一次演我已经44岁了，还在演16岁的孙玉姣。正由于此，也使我对惠先生的教导经久难忘，以至于到了老年，惠先生讲解示范时的语态、神情，依然铭记在心，时时回味咀嚼。

戏曲行中有句话叫"一招鲜，吃遍天"。蕴含的意思是：师傅或教练在传授演艺技巧给别人时，总难免要留一手。如果别人都学会了，那无形之中就相当于砸了自己的饭碗，他也就到该卷铺盖回家的时候了，所谓"教会了徒弟，饿死了师傅"。但是惠先生在传授技艺时，总是倾其所有，毫无保留，更让我感戴难忘。

我自己是个啥样子我知道，先天条件并不完美，爹妈就给了这么个身架子，也不十分漂亮，就是个粗线条。所饰演的戏曲角色，放在别人身上，可能演唱起来并不费劲，但对我来讲，那就得比别人多费几倍的劲。但是，恩师惠先生在我还是少年时传授给我的这两出戏，能成为我的看家戏，虽说是我自己刻苦努力，下了一定的功夫，但更多的是惠先生所付出的心血，这一点，我终生难忘。

张彩香老师的感慨不无道理，她这一生，在秦腔艺术的道路上是幸运的，开始学戏时就能投师惠先生，遇到那么多关心她、爱护她，培养她成长的好老师、好教练，用她自己的话说："这在陕西秦腔界女演员中也是屈指可数的。"所以，张老师的心情我完全能够理解，她现在唯一的心愿，就是能在有生之年把前辈的教诲和自己的舞台经验传下去，能使秦腔艺术传承发展，内心也就满足了。

在跟着惠先生学戏期间，我唐唐舅看我跟着秦腔名家惠先生学戏，进步浪快，非常高兴，也不时地给我开"小灶"教戏，使我能演出的剧目也丰

马振华（生卒年不详），陕西蓝田人。著名秦腔演员，工旦角，以花旦见长。自幼酷爱秦腔，后师从著名导演惠济民，跟随惠济民在富平正风社、大荔蒲民社学艺。所塑造的《打金枝》中的唐君瑞、《蝴蝶杯·洞房》中的卢凤英、《梅龙镇》中的李凤姐、《拾玉镯》的孙玉姣、《苏三起解》中的苏三等舞台形象，性格迥异，表演精彩，观众为之倾倒。有谚语云：马振华的身段，张镜堂的眼，李正敏的唱腔没弹嫌。

富了许多。我这个外甥女的进步，让唐唐舅倍感有面子。所以，时常带我到各处去展示，进一步丰富我的舞台经验。在唐唐舅的关顾下，西安菊花园张凤翔公馆、南院门五洲大药房、盐店街五省会馆等许多地方我都去搭班子唱过，长安县、户县、咸阳、蒲城、蓝田等地也都跑过。在西安北关的华声社，惠先生的大弟子马振华当领班，也叫我去唱过《走南洋》。慢慢地也就唱出了点名气。

当年，张凤翔老先生非常喜欢戏曲，尤其是秦腔。易俗社的一些知名演员，经常被邀请到菊花园的张府做客。那些秦腔名角的即兴演唱，高亢、委婉之声都曾在这里回荡。我也在这里唱过戏，还结识了不少戏剧界的名宿名伶。因为这里不是剧场，没有固定的戏台，看戏的人围一个场子，就能欣赏演员的唱腔、唱段。有趣的是，当时因为我个子太小，原本应该站在琴师旁边清唱，但后边的人就看不见个人影，在众人的一致提议下，我就总被抱到桌子上给大家演唱，在这独有的小舞台上，有模有样地展现演技，众人不时爆发出热烈的掌声和喝彩，其乐融融。

张彩香老师跟随惠先生一边学戏，一边跟随唐唐舅外出唱戏，并且很快得到了广大戏迷的认可，各大剧社也十分愿意她来献艺。这种搭班子唱戏的过程，持续了大概有一年的时间，在惠先生的严格教诲下，她现学现演，进步很快，成了远近闻名的童伶名角。

命运多舛的"大华社"

张老师,您离开正艺社之后,除了跟惠先生学戏,再就是唱堂会、搭班演戏。那么,是什么原因促使您又重新回到了李正敏先生的身边呢?

我作为正艺社第二期培训班的学生,只学了一个冬天,因为老是吃不饱,忍饥挨饿的,没办法,还没有出科就离开了正艺社。后来,我父亲就请惠先生专门在我家教戏。可以说,这一阶段,我进步还是比较大的。所以,我就一边跟惠先生学戏,我父亲和唐唐舅也一边带着我四处跑江湖演戏。

当年的正艺社主要靠李正敏先生支撑,他既是社长又是主要演员。虽然和他搭班子的有许多知名演员,但剧社仍然显得势单力薄。因为缺少一定的经济基础,尤其是西大街桥梓口当时相对偏僻,看戏的人就更少。剧社经营举步维艰,不堪重负。后来,正艺社地盘又被人强行占有了,无奈之下,只好移转到蒲城县、大荔县,到县城乡镇巡回演出,维持演员的生活。1946年左右,正艺社宣告解散。正艺社解散后,李正敏开办剧社的夙愿并没有泯灭,随后,他又和封至模先生创办了大华社,自任理事长、导演兼主演。"大华"

是取李正敏先生的字而得名。李正敏的学名叫正堂，字艺华，艺名叫李正敏，是他考入正俗社学艺时起的。他既然脱离了"正俗社"，也不想再去重新打出"正艺社"的招牌，就在桥梓口正街，原来正艺社剧场的原址上打出了"大华社"的旗号。

西安是千年古都，北方各种戏曲种类都曾在此汇聚。抗日战争期间，西安市各种形式的戏曲班社很多，豫剧、蒲剧、京剧、评剧等不少戏班子纷纷集于古城。有走江湖四处游荡的，还有业余爱好者自己组织起来的票友班社。当时比较有名的业余剧团——皓皓剧团，就曾红极一时。东大街骡马市街口华华钟表行老板王伯平，是山西人，非常喜爱秦腔，他就是皓皓剧团的成员，曾在《起解》中饰演崇公道，与当时较有名气的秦腔演员余巧云同台演出，在戏迷中有一定影响。人们对戏曲的热衷、演出市场的繁荣可见一斑。李正敏先生在正艺社解散之后，心有不甘，又会集各方名流，重打锣鼓另开张，重新打造了一个"大华社"。综观当时的社会环境，这件事的成型，倒也在情理之中。

在西安秦腔圈子里的人，都知道谁能唱，谁不能唱。大华社开张后，李先生四处联络秦腔名家，找演员壮大班社。板胡名琴师王东生先生，那时

余巧云（1932—2019年），原名余葆贞、余宝珍，一级演员，国家级非物质文化遗产项目秦腔代表性传承人。工正旦、小旦，以正旦见长。得吴立民传艺，受到王文鹏、晋福长、刘毓中、苏育民等前辈指点，先后在三意社、尚友社、易风社参演，中华人民共和国成立后到渭南市秦腔一团，有"东府明珠"之誉。代表作有《秦香莲》《五典坡》《白玉钿》《安安送米》等。

正给李正敏先生拉板胡。李先生就让他来与我父亲商议，想让我去大华社唱戏。念及李先生的名望和过往的交情，我父亲就同意了。

至此，我的人生也开始了一个新的转折。

打从一开始登台唱戏，我父亲就像我的经纪人一样，决定着我的生活起居和演艺发展。我则什么也不用操心，有我父亲坐镇，我只管唱好戏就行了。

王东生（1918—1998年），著名秦腔板胡琴师。在半个世纪的艺术生涯中，广征博采、精益求精，是秦腔文、武场的艺术多面手。其演奏风格刚柔相济、潇洒大方。他的包腔技巧既水乳交融又错落有致，深为广大观众和行家所推崇，是众所公认的继秦腔音乐人师荆生彦之后的板胡第二把。在唱腔伴奏、乐制改革上均取得了可喜成就。自1952年起任西北戏曲研究院乐队队长至终老。

新开张的大华社，一度呈现出繁华的景象。整日演员、戏迷进进出出，络绎不绝。李正敏对前来加盟的演员也是关爱有加，在大华社演戏的演员王慧芳和王斌喜结良缘的当天，大华社安排演出《棒打薄情郎》（京剧名《金玉奴》），连演五场，作为贺礼，演出所得全部送给这对新婚夫妇。王慧芳比我大两岁，最后从铜川剧团退休。

我离开正艺社，已经有好几年的时间了，虽然现在剧社的名称改了，但还是在原址上，在这里学习、生活了一个冬天，这里是我步入秦腔行列的第一站。重回故地，一切都是那么亲切，一切仿佛就在昨天，李步林给扳腿、下腰；韩启民教唱腔；墩墩红教毯子功……戏曲基本功就是在这里练的，有苦、有累、更有收获。基础打不好，一些唱腔音色把握不准，基本的舞台动作你不解决，那么戏你就唱不成。也正因为前期打下的基础，我才能一步一步走到今天。

这是自我离开这里之后，第一次以演员的身份在这儿登台。在大华社，李正敏先生同样是老板、演员一肩挑，非常辛苦，李先生又给我排了几出戏，也看到了我这些年的不断成长。

焦晓春（1935—1988年），女，工须生。1946年入周至宜春剧社学艺，拜李琼中为师。1947年入泾阳县民声社，拜黄正德为师。1948年先后在大华社、三意社搭班演出。1949年在咸阳吴化社搭班。1953年入兴平县人民剧团。1956年获陕西省第一届戏剧观摩演出演员一等奖。1960年陕西省戏曲青年演员会演获演员奖。代表剧目有《葫芦峪》《辕门斩子》《洪羊峪》《伯牙奉琴》等。

真是天有不测风云……

那天，晚场是焦晓春演本戏《葫芦峪》。当时，大华社每天的戏单都由李正敏先生拍板，因为《葫芦峪》这个戏全是男角，李先生可能觉得太过单一，就让我在前面演旦角戏《杀狗劝妻》，算是做个引场（开锣戏）。我刚演完不大工夫，《葫芦峪》就登台亮相了，饰演诸葛亮的焦晓春刚唱了一句："我营下走出了少将天宝，倒叫山人把心担……"谁能想到，戏台旁边二楼坐席的一根支撑柱，因为年久失修，"轰隆"一声，二楼从中间塌陷了，整个楼台随即倾倒下来，椽木横卧，尘土飞扬，观众顿时乱成一团，四处奔逃……

李正敏先生因此差点摊上官司，而焦晓春却名声大噪。各种传说沸沸扬扬，"观众为看焦晓春的《葫芦峪》，把楼都挤塌了……""焦晓春的《葫芦峪》一嗓子把戏台给唱倒了……"以讹传讹，越传越神……

中华人民共和国成立前，在西安市各个剧场、班社，逢有演出，在现场都设"弹压席"。就是在观众席的后面摆一个四方桌子，每天给摆些瓜子，放上一壶茶，四个警察就在那坐着，相当于是镇场子的。当晚，大华社的这一声巨响，闹出的动静震动了西安，在演出时楼倒了，那可是大事。因为原因不明，现场维持治安的警察，马上就把老板李正敏先生给带走了。

我在后台还没有来得及卸妆，院子里的这一声巨响，把人吓得魂都要掉了，我父亲好不容易从混乱的人群中找到我。此时我像是刚从土堆里钻出来的，只有一双大眼睛还"扑闪、扑闪"，要不是自己的女儿，外人还真无法辨认。我父亲也顾不了许多，让我赶紧到王慧芳家里躲躲。王慧芳是独生女，家离正艺社不远，我印象是从桥梓口往南走的第五家还是第六家，我就和王慧芳还有她父母待在家。我父亲跟大华社的几个人商议，着急地四下寻人托关系，想着怎么去警察局把事情说清楚，赶紧把李正敏先生先保出来。

"这戏台子倒了，是因为年久失修，支撑的柱子朽了，这谁能想得到，又不是谁掀倒的，凭啥要把人抓到警察局去？""不定叫老板在里面受啥罪呢。""李先生生性儒雅，哪经过这种场面，再把他吓出毛病可咋办？"我父亲和几个人越说越觉得应该尽快去把李先生从警察局给弄出来。

经过我父亲他们几个人的一番交涉，和对事发情形的详细描述，警察局经过现场勘查，认定这起事故不是人为的，好在当时现场也没有人员伤亡。所以，在第二天凌晨两点来钟，警察局就把李正敏先生给放了。还好，一切都相安无事，只是给大华社造成了不小的财产损失。

众人把李正敏先生接到王慧芳家里，李先生坐在凳子上，脸色苍白，仍然没有从惊恐中缓过神来。王慧芳倒了一杯茶，我父亲接了茶杯递过去问："你还吃不？"李先生摇摇头，端起杯子喝了口茶……

待李先生稍微安定了一下心绪，大家就问他被带到警察局的情况。

"警察把你带走咋弄咧？""打你了吗？"……

"警察也没有为难我,让我坐在一间屋子里,问我为啥事前没有好好检查一下,要是经常检查,就不会出现这种情况。我说这是租借的地方,谁能想到会出现这事吗?我也不想出事呀!"

李先生回答着问题,大家又劝慰了半晌,让他休息,社里的事缓几天再说。

这件事总算是告一段落了,看见李先生平安地回来了,大家才把心放下。等我和父亲离开王慧芳家,从桥梓口穿过洒金桥什字,回到老关庙的家时,天都快亮咧。

大华社经历了戏台倒塌事件之后,元气大伤,也让李正敏先生失去了将大华社经营下去的信心,自此,就再也没有开过门。

正艺社、大华社的结局可以说是历史造成的,在萧条纷乱的社会环境下,私人挑班办社的几乎都难逃这样或那样的厄运。

1948年大华社倒闭,李正敏先生也不演戏咧,去了大荔给农民教自乐班。随后,他就参加了解放军第一野战军政治部宣传队,一野主力西进时他自动离职。回来后,就来到位于大荔县城东部的朝邑镇组团,另搭江湖班社,在渭北各地巡回演折子戏,维持生活。1952年,朝邑的剧团经过整顿,接管后定名为"群众剧团",李正敏先生任副团长。

1952年,第一届全国戏曲观摩演出大会期间,李正敏先生作为观摩团成员,随西北戏曲演出团一起进京演出。1953年,进入西北戏曲研究院(今陕西省戏曲研究院前身),担任训练班主任,后又任院里二团的团长。

我在大华社才唱了两个多月的戏,就亲身经历了大华社的倒塌事故。这次事件之后,我父亲也是心有余悸,很长一段时间就让我在家待着,不再出去唱戏咧。后来随着时间的推移,慢慢也把这事淡忘了。我父亲又带着我跑蓝田、三原演戏。当时就带了一个板胡琴师王东生先生,我演一场人家给四块现洋,我父亲就分给王东生先生一块现洋。因为有一起跑江湖的经历,因此，我一直把王东生先生叫"东生爸"，我还有小的时候跟王东生先生照的相。负责给我穿戏装，管头搭匣子的是李正敏先生在正俗社的同班同学王正嘉先生，三场演出我父亲付给他一块现洋。

从正艺社到大华社，李正敏先生挑班办社的秦腔之路，在走过了十年的风雨历程之后，随着大华社一声突如其来的巨响而宣告结束。张彩香老师第二次进入李正敏的剧社唱戏，也以这样的结局告一段落。这可真是——人的命运跌宕起伏，班社同样是命运多舛。

亡命"陇东"

张彩香老师小小年纪，在西安秦腔界已小有名声。1948年春节前夕，甘肃陇东董志塬有一个财主，叫闫永勤。因为喜欢秦腔，就自己成立了一个戏班，想要在大年初一开张，就派人到西安来聘演员，实际上就是给戏班创招牌，请人捧场扩大影响，就如同现在，一个地方举行重大活动，花重金请明星到场造势一样。张彩香老师被来的人选中，于是就有了这次陇东之行。不承想，一次普普通通的跑江湖演出，竟演绎出穿冰河、钻地洞、骑战马、扒火车，飞奔逃命等一连串惊险……

张彩香老师述说了当年的那段经历。

我也不知道甘肃的闫永勤戏班通过什么关系，就找到了我父亲，要让我去他们戏班唱戏，说好只唱一个月，先给两担麦子做定金，去之后唱戏的薪酬以现洋结算。虽然远一点，但我父亲对他们开出的条件很满意，经过协商，就定好日子让我去董志塬唱戏，来人放下两担麦子的定金，叮嘱我父亲尽快启程，他们会在半路上迎接。收了定金，达成了口头协议，就要履行诺言。

我父亲安顿好家里事务，就准备带着我动身赶往甘肃。

甘肃，简称陇。地域辽阔，境内有陇东、陇南、陇西等地域划分。陇东，位于甘肃省最东部，陕西、甘肃、宁夏三省区的交会处，东接陕西省延安市，南与甘肃省泾川县及陕西长武、彬县、旬邑县相连，北邻陕西省榆林市及宁夏吴忠市，西与宁夏固原市接壤。陇东虽与陕西交界，但民风、民俗迥异，古往今来，只有秦腔将两地民情融为一体，不分彼此。特别是泾河、渭河流域，秦腔更成为维系两地交往的纽带。

在一个冬日暖阳的日子里，我父亲就带着我上路了。鸡叫头遍，我们已经出了西安城。头一次离家远行，沿途的山山水水、树木林草，对从小在城里长大的我来说，都是那么新鲜和亲切，蜿蜒的羊肠小道，远处飘散的几缕炊烟和偶尔传来的狗叫声，身后探出头的太阳，一路跟随着我们前行的脚步，周围的一切与喧嚣的西安城宛如两个世界，一切都是那么的生动、恬静。虽然已经进入冬季，山川衰草萋萋，显现出荒芜凄凉的景象，但这却挡不住我对大千世界的好奇，不时地走走停停，看看这，瞧瞧那。我虽然从小在城市长大，也是父母的心尖子，但一点小姐脾性都没有，再加上这些年来练功的锻炼，爬坡过坎毫不含糊。看到和父亲落下一段距离，再小跑着追赶上去，父女俩就像是出门游玩一般。甘肃陇东的董志塬，具有独特的黄土情韵，虽然塬高土厚，但雨量充沛，日照充足，气候温和，素有"陇东粮仓"的美称。

从西安经咸阳、乾县、永寿、彬县、长武，一路往西，我们父女俩就靠两条腿，一路跋涉，走到了甘肃境内。要到董志塬，必须要经过泾河。泾河是渭河的一级支流，也是黄河的一大支流。当时正值隆冬，河面上结了厚厚一层冰，但并没有将河水完全封住，清澈透明的冰层下，河水还在"哗哗"地流淌，站在冰面上往脚下看，就会给人眩晕的感觉。我以前并没有见过这样的自然景象，从没见过这么大一片冰面。我刚迈步就赶紧退了回来，伫立在河岸边久久地发呆，不敢再走上冰面。

前来迎接我们父女的脚夫已在河岸边等候多时，就等我们过了河一起赶注闫家，他们看到我犹犹豫豫不敢过河，显得异常焦急。

我父亲看我不敢过河，就说："来，我把你背上过。"

背上过？两个人那不是分量更重了，冰层咋能承受得起？河面浪宽，冰层又不厚，冰下的河水急速地流着。大人迈开大步跑快一点，即使把冰踩碎了也不要紧，再跨一步也就跑过去了。但背上一个人怎么能跑得动？稍有闪失，就会一起掉入河中，数九天，冰冷的河水，如果掉下去后果可就不堪设想了。

河对岸的脚夫一听，怕我父亲真要背着我过河，急忙喊道："你一个人过，冰面都受不住，再把娃背上，俩人都得掉到河里去。"

我原本就害怕，再听了大人们的对话，心脏更是"咚咚咚"的犹如打鼓一般，一阵急似一阵跳个不停。吓得一会站立、一会蹲到地上，就是不敢挪动脚步踏上冰面，看着那冰、那水，就浑身哆嗦。

脚夫们看到这种情形也感到无奈，虽然心急火燎，但他们也不敢把我背上过河，只能慢慢地劝解我："我娃，你胆子咋这么小的。你不能这样，就不能立在噢，站在河边上越看头越晕，你更不敢过咧。我们年年一到冬天都是这样子，但是都能过，你甭害怕……"又对我父亲说："你给我娃说，过，没关系！这要是不过河了咋弄呀，这又没有别的路可走，你们还能再掉头回西安去？你们不过河，我们回去咋跟东家说呀？"

我父亲是当过兵的，虽然疼爱我，但在许多事情上对我的要求还是十分严格的，一点都不马虎。听到河对岸的脚夫们说出这样的话，他就感到这些人好像有些蔑视自己的意思，心头火"噌"地直往头顶上冒，火暴脾气再也无法按捺，也容不得多考虑别的，他来到我背后，朝我屁股冷不丁蹬了一脚，"过……"。

我没想到不敢过河竟然惹父亲生这么大的气，没有任何防备，就挨了一脚。借着我父亲脚上的力道，我连跑带爬，就趔趄地到了河对岸，过去半天我都惊魂未定。

就这样，我们父女俩一路磕磕绊绊，来到了闫家大院，开始了在闫家戏班的唱戏生涯。

来到闫家，把住的安顿好，我们才发现，闫家还请来一位西安晓钟社的演员，这位老师叫个啥我现在记不起来了。不过，看着我父亲挺高兴的，这在异地他乡有个乡党，也算有了一个伙伴，有啥事相互之间可以照应一下。

我们在闫家戏班唱戏其实很单纯。在春节戏班正式开张之后，从初一唱到十五，闫家着实在当地红火了一把，也给闫老爷子挣足了面子。之后就慢慢闲了下来，偶尔给闫家人唱上几个折子戏、去周边乡镇演戏，扩大一下影响。我在闫家戏班把惠先生排的《杀狗劝妻》《拾玉镯》，李正敏先生教的以及跟唐唐舅和在复兴社学来的《女起解》《夺锦楼》《五典坡》《别窑》《探窑》《断桥》等几出戏，反复演出了好几遍，一起在闫家唱戏的晓钟社老师，也不时给予指点，这样的日子倒也过得轻松自在。原本说好只唱一个月，但闫家老爷子看当地的戏迷很喜欢看我，也就把我当成戏班的"台柱子"一般，极力挽留。我父亲想想，反正回去也没什么事，既然这么远的来了，多待些日子也没有啥，就答应下来，我们没走，晓钟社的老师也没走。时间一久，我们父女俩倒也有点"乐不思蜀"的感觉。这一待，在闫家戏班就待了三个月。

一天，几个荷枪实弹，骑着高头大马，穿着军装、帽子上顶着青天白日徽章的军人来到闫家。闫家人不知道这些人是来干啥的，等他们下马后，就赶紧迎进了上房。这几个人一进屋子就对闫永勤说，部队要开庆功会，他们打听过了，这十里八乡就闫家这么一个戏班子。所以，要让闫家戏班去给部队唱戏。说明来意，几个人喝了口茶水，把带来的一些银圆往桌子上一放，再没多言，转身就出了上房，来到门口等候。看样子，就没有跟闫家人商量的意思，根本就容不得你说个"不"字。

见此情景，闫永勤也很无奈，只得跟我爸和晓钟社的老师说明了情况，并承诺不会有事的，去唱完一场就回来。我父亲心里明白，如果真要得罪了这些当兵的是什么后果，反正也就去唱一场戏，倒也无妨。况且，看这些人只是叫去唱戏，也没有其他恶意。事情已经到了眼前，也不容多想，更无法回避，只好应允。我父亲就和晓钟社的老师拿上演戏的行头，带着我出了闫家大门。

这几个当兵的也是有备而来，来时就一起牵来了几匹马，其中有一匹小红马让我骑，看样子路还不近。我从来没有骑过马，心里不免有些害怕。这头一回骑马，怎么能爬到马背上都不知道，就围着这匹马转圈。我父亲就在旁边站着，过河时挨的那一脚，让我想起来就心惊肉跳，啥也不敢说。好歹被几个人扶上马之后，我就趴在马背上，死死抓住缰绳不敢松手，一路颠簸就来到了这支部队的营地。

我这头一次出远门，还把啥都经过咧。有的人可能一辈子都不会有这样的经历。先是过冰溜子，现在又是骑马。要不是有我父亲在跟前，我早就打退堂鼓咧，还能去赶这个时髦？

这几个当兵的引着过了几道岗哨，进入部队驻扎腹地才发现，是在一个山沟沟里，只见坡上沟下到处都是马，我从来没有见过这么多的马匹，很是好奇。事后我才知道，原来，这里是马步芳的一个骑兵营地，他的士兵大多是西北人，为了提高士气，就把闫家戏班请来鼓舞官兵。

看到戏台下黑压压抱着长枪、提着马刀的士兵，我不由得一阵紧张，再加上来时骑马受的惊吓，心里"突突突"地安稳不下来。我父亲一边给我化妆，一边安慰我。慢慢地，前面几折子戏唱完之后，看看台下的反应，跟剧场也没有啥区别，我才恢复正常。走上戏台，就完全进入了演出状态，沉稳地将《拾玉镯》《杀狗劝妻》两个折子戏唱了一遍，赢得了台下阵阵欢呼。总算安安稳稳把戏唱完咧，没有出啥纰漏。

戏唱完咧，闫永勤刚松了一口气，正准备招呼我们离开，可没承想，一个军官走过来对闫永勤说："闫掌柜，戏唱得不错，弟兄们很高兴，我们长官也很满意，让你们明天再过来唱个《别窑》。"

闫永勤一听这话，吓得当时差点没坐到地上。说起来，这闫永勤也是个老实本分的庄稼人，他倒不是怕给这些当兵的唱戏不给赏钱，而是心里另有芥蒂。自古"兵匪一家"，在当地，闫永勤是个富户，平时没少受土匪的敲诈盘剥。受够了土匪祸害的闫永勤，实在不愿意和这些当兵的打交道，有理说不清，也没地方去说。万一他们要有别的企图，硬要把我父女留在部队上唱戏，万一……他实在不敢再想下去。他与我父亲还有晓钟社的老师是有合约的，要是在他的地盘上出点什么意外，他可是没法交代了。

闫永勤嘴上唯唯诺诺地答应着，心里却在盘算着如何躲过这一劫……

回家的路上，闫永勤骑在马上一直低头不语，暗自思忖着。回到家里，他就对我父亲和晓钟社的老师说："刚才的话你们也听到咧，让你们明天再去唱个《别窑》。依着我的意思，你们明天不能再去咧，说啥都不能再去唱咧。我看这些人也不是善茬，万一他们一高兴要把你们带上走可咋办呀？咱先想办法，把明天的这场戏躲过了再另做打算。不过周围都是他们的人，他们又有马，现在跑是跑不出去咧。人家骑马，一眨眼工夫就能把你们撵上。明天你们就委屈一下，在我家地洞里先躲一躲，过了明天，咱再做打算，你们看咋样？""行，就按你说的办，我们都听你的。"我父亲和晓钟社的老师均点头表示赞同。

在陇东一带的偏僻山区，因为经常闹匪患。所以，家家户户都在家里挖有藏身的地洞，虽然里边面积不是很大，倒也能应急躲藏一下。

第二天一早，闫永勤就把我们父女俩和晓钟社的老师，叫到了他的屋里，先把炕席一揭，又在炕角掀开一块盖板，一个洞口就显露出来咧，闫永勤急忙让我们三个人钻了进去，并把服装行头和简单的道具一并都塞进了地洞，又重新盖好盖板、铺好炕席。

进了地洞，里面可就没有外面宽松咧，狭窄的空间，只能容得下三四个人，静静地坐在地上，没有一点活动余地，而且黑黢黢的啥也看不见。

在地洞里，空间狭小，再加上一股浓重的炕洞子烟油子味。一进去，我就被熏得一个劲地咳嗽，我父亲怕暴露了藏身的地方，赶忙呵斥，"咳啥呢，憋住"。我虽然看不见父亲的脸色，但他严厉的语调还是把我吓得不轻。这咳嗽又不是我故意的，说不咳就不咳咧？没办法，我只好用手捂着嘴硬憋住，不再发出声响。

下午时分，几个当兵的又牵着马来到闫家，闫永勤早就想好了托词，急忙上前对来人说道："老总，你们是来接人去唱戏的吧？哎呀，不凑巧得浪，唱戏的那几个人，昨天回来就走咧。这可实在对不起咧，他们家里来人捎信说有急事，昨天就回西安咧。"

这些兵进到屋里四处看了看，确实再没有旁人，倒也没有过多责难闫永勤，出门骑马扬长而去。我们藏在地洞里，也听到有人进到了屋里，吓得好像心脏都停止跳动了，一动也不敢动。我想闫永勤当时肯定也吓得冷汗直流，万一让这些当兵的把我们从地洞里找出来，恐怕他们一家都难活咧。

也不知道在地洞里待了有多长时间，天黑之后，闫永勤估摸着那些当兵的不会再回来咧，才将我们三个人从地洞里叫出来，总算是躲过了这一难。

经过这一番折腾，我父亲越想越感到后怕。他就打定主意，要瞅机会赶紧离开这里回西安，想想出来也有三个多月的时间咧，也该回家咧。

过了午夜时分，感觉人们都睡熟了，我父亲悄悄把我和晓钟社的老师叫起来，给我穿戴好之后，又把自己的腰带紧了紧，把唱戏的行头和道具往身后一绑，摸着黑，我们蹑手蹑脚就出了闫家大院。

要说我父亲还是多了个心眼，当时西安城四周都有当兵的，路上盘查的关卡重重。那时候也没有身份证，这行头等于就是身份证明，铺盖卷可以不拿，没有这唱戏的行头到时就怕说不清、道不明，进不了西安城。

出了闫家大院，我们深一脚、浅一脚地往村东头走去。

穿过村子，刚一走出镇子，借着微微星光，我爸和那位晓钟社的老师一对视，二话不说，非常默契地一左一右，一人架起我一个胳膊，就一路狂奔起来，我的耳边只有"呼呼"的风声和零星的狗叫声，那会啥也管不了咧，从午夜一直跑到天亮，片刻不敢停歇。

起初我还不知道为啥连话都不说，只是个跑，跑着跑着，慢慢我就明白了，这是在逃命啊！

我被父亲和晓钟社老师架着，脚不沾地，跑了没有百十里也差不多，这才看见来时结了冰的那条河。

我虽然一步路也没有走，可当我被放到地上时，也累得喘不上气，瘫在地上，被架过的两条胳膊根本就放不下来，好像都不是我的咧，浑身像散了架一样。

我们歇了一会，喘了口气，才踉跄地来到河边，掬了几捧河水喝下去，定了定神，就想着要怎样才能过河，只有过了河才能安全一点。

此时已经快到了麦收季节，河水已经解冻，水深浪急，伴随着流水的低闷喘息声和水花相互击打，汹涌地向前滚淌，煞是骇人。

来时河面上有冰，人还能勉强从冰上走过。现在，河面上的冰已经全部融化，急流足以把人冲走，如果不依靠过河工具，要想过去是根本不可能的。

这里就是泾川的瑶池，传说中西王母举办蟠桃会，大宴群仙的地方。放眼四望，环境幽雅，绿树成荫，水从山间的石隙中漫出，流向泾河，形成瑶池沟流域自然景色。两边山道峰峦叠嶂，曲径通幽，山花异株，争奇斗艳，美不胜收。特别是山腰的"夜月亭"，更具特色，古时就已成为泾州八景之一。

然而，我们此时全然没有了闲情逸致，根本顾不上欣赏这美丽的自然风光，关键是怎么想办法过河，逃命要紧。我父亲以他军人的机敏，四处搜寻着过河的途径。不远处的岸边，影影绰绰好像停泊有一条船，我父亲连忙招呼着向前奔去。走近一看，果然是条渡船，似乎是平时摆渡用的。看看船上没人，我们也容不得多想，解开缆绳就相继上了船。

刚一上船，还没站稳，好家伙，就听一阵"踢踢踏踏"急促的脚步声传来，眼见着从河堤岸上冲下来了四五个衣衫不整、敞胸露怀的士兵。手里端着枪，一边叫喊着，一边向渡船奔跑过来。我父亲和晓钟社的老师都没有划过船，干着急也没法离开岸边，无奈之下，只好静静地等待这几个当兵的发落。到了近前，几个人一跃上了船，其中一个把枪栓"哗啦"一拉，枪口就对着我爸，"你们跑啥呢？喊着呢，你们还想跑？不想活咧吗？"

我哪见过这种阵势，当时差点没被吓死，枪口都顶到我父亲的胸口上了，这要动一下手指头……

晓钟社的老师也被吓得脸色苍白，呆立在船头，不敢吭声。

我父亲到底是当过兵的人，没有显出太多慌乱，先把我拉到他的身后，然后对当兵的说："老总，我不会开船，我们也是想过河回家呀，才看见人家这搮个烂船，还不知道漏不漏，我们想过去呢，看除了这烂船再没有其他办法，那还不把人淹咧。是这，你们也要过的话，咱就一块试一下，只要船不漏，不是大家都过去咧。"好像就多说了这几句话，才让这些当兵的怒气平息一点，惊慌的神色也稍稍退去一些，枪才从我爸的胸口拿开。不然，真差点叫他们一枪把我父亲打死。

还好，船虽然破旧，总算能用，这当兵的也急着要过河，几个人七手八脚，费了九牛二虎之力，才平安过了河。众人下了船，我父亲还不忘把渡船的缆绳固定在岸边，以防被水冲走。他知道，这条船，也许就是船主养家糊口的唯一。我父亲拴好了船，那几个当兵的早跑得没了踪影。

原来，这几个人是马步芳的兵，被解放军打得四处逃命，如惊弓之鸟，慌不择路，见到生人，心里难免生出种种猜疑。过了河，他们才感到心里安稳一点了，就急忙找地方躲藏去了，也顾不上为难我们。

看着当兵的走远了，我父亲拿出干粮分给我和晓钟社的老师，我们吃饱喝足了，才起身继续赶路。其实，我父亲早就为离开闫家戏班做了准备。平时，每天吃饭时，就偷偷藏起块干粮，回到住的屋里就掰开，怕时间长了捂坏咧，然后一块块晾干，所做的这一切，就为这不辞而别做准备。临走，这些干粮储备当然要带上。一路上，饿了就啃几口干馍馍、喝口河里的水，累了就在路边的草窝里歇一会。因为是一路在逃命，我们凭着自己的两条腿，在两三天的时间里，竟一路奔逃了几百里，真可以说是亡命天涯。

上了一座塬，眼看快到乾县时，一脚踏上坚实的故土，我们心里踏实了许多。我父亲站在塬上，一动不动。我不知道他咋咧，也不敢问。过了片刻，我父亲才转过身子，面向西，"扑通"一声，不管不顾地就跪在了地上，我和晓钟社老师被他这一反常举动吓了一跳。只见我父亲向着来的方向磕了个头，说道："吓死我咧，我这回要把女子丢了可咋办呀？我这一辈子都不来了，再也不到甘肃来了。甭说把我咋咧，我就这一个女娃，再给我爸、我妈把娃丢咧，或者娃出点啥事，回去还不把我砸死到喔。不来咧、再不来咧！"说完，又转过身子对我说道："女子，记住，你以后也不许来！不许再到甘肃来！这地方就来不成么。"

后来，不管是谁跟我父亲说去甘肃唱戏，他都是一句话："不去，给多少钱都不去，就不要跟我提'甘肃'两个字！喔是个啥地方嘛，差一点把命都丢到喔咧，不去！说啥都不去！"

父亲劫后余生说的这话我一直记着，多年来，我也一直谨遵我父亲的教诲，演戏只到宝鸡，过了宝鸡就绝对不去，说啥也不去。

从长武、彬县，再到乾县一路下来，我们都快累散架了，再加上又惊又吓，精神和体力已经达到了极限，真是走一步想歇两步，实在是再难以抬腿迈步。

进了乾县境内，路过一个镇子，在镇子的东头，我父亲看到路边有个车马店，感觉危险已经过去，就招呼我和晓钟社老师进去，准备住上一个晚上。

此时，快到麦收农忙时节，过往行人比较少，车马店里也比较清静。店里有位老奶奶，看见我头发蓬乱，嘴唇干裂，身上满是泥污，忙端来一盆水让我洗洗。简单梳理一番之后，我又恢复了原来的模样。老奶奶看到一个如此俊俏的小姑娘，累得都快没有人样了，心生怜悯，又急忙倒了一碗热水、拿出了些干粮给我吃。我感觉好像几天都没有吃到热乎的东西咧，看见老奶奶手里冒着热气的开水，也顾不得经过我父亲的同意，不由得伸手就接了过来，向老奶奶道完谢，就着干粮，狼吞虎咽地吃了起来。吃完、喝完就再也睁不开眼睛咧，碗还拿在手里，身子一歪，倒头就睡到第二天。

天渐渐放亮，我父亲结了账，我们继续赶路。

出了乾县，来到了咸阳，这离家越近，两条腿却越沉。三个人都疲惫不堪，虽然睡了一晚上，恢复了一些。但这几天体能透支得太厉害，近乎全部耗尽，一时半会儿难以完全复原，真是举步维艰。我父亲边走边思量，这样啥时能走回家，眼前的情况他也无可奈何。猛然间，我父亲远远看到身边左侧，好像有条火车轨道向东边延伸。因为实在是走不动了，我们就跌跌绊绊地朝前靠近。果然是一条铁路，我们走到道基旁，沿着铁轨一边走，一边回头张望，期盼着有经过的火车。不大工夫，还真碰到了一列运煤车，因为那时火车的速度都比较慢，我们三个没费多大力气就攀了上去。被风吹起的煤灰，立即扑满了我们的身上、脸上，一个个就像是黑脸包公，当时可管不了那么多啦，不管怎样，这总可以少走几十里路。

火车走走停停，比走路也快不到哪里去，只是省了不少的脚力。好容易到了西安三桥附近，火车又停了下来，我父亲看到"三桥"的站牌，猛然一惊，忙招呼我们快点下车，我和晓钟社老师不明就里，但也不敢犹豫，相继下了火车。站在铁路边，我父亲解释道："马上就快到西安咧，进了站就查得严咧，让站上的人把咱逮住可就麻烦咧，不是补票就是罚款，现在下来还不迟。"

听父亲这样一说，我和晓钟社老师不禁再次被他的机敏折服，这一路要是没有父亲相伴相随，还不知道会出现啥状况呢，真是不幸中的万幸！

我们几个下了火车，迅速离开了轨道，继续向着西安方向挪动着沉重的脚步。好容易从三桥走到西门外，准备进城时，眼看着家门就近在咫尺，却被驻守西安的国民党士兵拦住，不让进城，当兵的喊道："上峰有令，只许出，不准进！"

然而，这一切好像早在父亲的预料之中，也没有让这几个狐假虎威的兵吓住，上前对士兵说道："老总，我们是去甘肃唱戏的，家就在城里，这才回来，你不让我们进去，我们上哪去呀？"说完，使个眼色，和晓钟社老师把身上的戏装包袱解了下来，摊到地上让当兵的检查。

士兵看看打开的包袱里确实只有一些戏装而已，再看看我们三个蓬头垢面的狼狈相，表明我们没有说谎，一个士兵接过我父亲悄悄递过来的大洋，就放我们进了城。

这九死一生的经历，让我终生难忘。

张彩香老师和父亲的陇东之行，竟然如此惊心动魄，这只有在电视剧中才能看到的情节，曾经真真实实发生在张老师的身上。为了生计，亡命天涯，生活的不易，确实令人难以想象。

张老师的这次陇东之行，真可算是捡回了一条命，那是不是也挣回了一些钱？

我爸带着我和晓钟社的老师，真可以说是捡了一条命回来，回到家中几天都缓不过劲来，这次到底挣了多少钱，开始我还真不知道，因为这就不是我操心的事情。

进城之后，我们与晓钟社老师就分了手，各自回家。一进家门，我和我爸就瘫坐在凳子上。我母亲看见离家几个月的丈夫和女儿回来咧，喜出望外，赶紧沏茶、张罗做饭。我爷爷、奶奶拉着我的手，一边抚摸、端详，一边擦拭着眼泪。我父亲坐下喝了口茶，定了定神，就起身来到床边，把缠在腰上的宽带解了下来，用牙咬断缝在腰带一端的结扣，扯开密密麻麻的针线，提起腰带"哗啦啦"往床上一倒，银圆一下堆在了床上。全家人见状都愣住咧，"妈呀，这么多！"……还好，看样子这次陇东之行收获真不小。

原来，当初闫家来人请我去唱戏，送来的两担麦子只是定金，在闫家戏班唱戏，所结算的薪酬都是银圆。我父亲怕带个钱袋子"丁零当啷"乱响，惹人注目，引祸上身，那这一趟陇东之行可就全打水漂了。于是，他就把在闫家戏班挣来的银圆，一部分缝在自己的腰带里，走到哪里都紧紧地勒在身上，晚上睡觉则解下来垫在头下，睡着了也踏实。另一部分则放进了我穿的黑大衣里，他把我的大衣下摆撕开，把银圆放进去，再一针一线严严实实地缝好，让我穿上，晚上把大衣叠好让我当枕头。而这一切，都是在晚上我熟睡之后做的，并没有跟我说，所以，看到眼前的这一幕我也十分吃惊。

"祸兮福所倚"，一场劫后余生，挣回来不少银子，收获满满，也算有失有得。

我们回到西安已经是1949年5月8日，西安城外枪炮声不绝于耳，城里的国民党守军如惊弓之鸟，城里一片死寂……人们都感到像是有什么大事要发生，纷纷躲在家里不敢出门。

西安城内往日演出市场的热闹景象已不复存在，临近解放，各戏曲团体遭到盘剥勒索，苛捐杂税名目繁多，如娱乐税、印花税、义务警察捐、基干民兵服装捐、慰劳鞋袜捐、柴炭捐、训练捐、清洁捐等。闹得人心惶惶，晚上出门看戏的人也越来越少，各演出剧团要么是勉强维持，要么干脆关门大吉，整个西安戏曲演出市场空前萧条。

在这种情形之下，我父亲就没再叫我出去演戏，一家人守在一起不敢迈出家门半步。

张彩香老师甘肃陇东的逃亡经历，让我现在听起来都感觉胆战心惊。动荡的社会，给上一辈人们的生活带来了太多的艰辛和无奈。西安的解放，迎来了新生活的曙光，张彩香老师和秦腔艺人们，也迎来了艺术生命的春天。

"拳脚"教育见良苦用心

随着年龄的增长,张彩香老师在四处飘荡的生活中一天天长大,成长道路上机缘巧合的种种经历,如同踏上取经征途的玄奘大师,所遭遇的种种磨难,使她逐渐成熟起来,也更加坚定了她在秦腔戏曲道路上的求索信心。

张彩香老师从学艺伊始,她父亲就一直陪伴在左右,言传身教,可以说父亲是对她影响最大的人。严格的教育,略显"另类"的管教方式,"望子成龙"之心,在她的心中留下了深深的印记。

从我记事起,跟我在一起待得时间最长的就是我的父亲,他不仅领着我去看戏,还陪着我学戏。在外人的眼里,我父亲就是我的树荫,我走到哪里,他就跟随到哪里。我没有受过学校的正规教育,我父亲不仅是慈祥的家长,照应我的生活起居,更是一位严厉的师长,教我知识、教我做人,完全沿袭了家族传承下来的家规、古训,引领我走上艺术道路。我的祖辈从唐朝开始就在宫廷作画,我父亲更是继承了祖辈传下来的技艺,一直刻苦研习绘画技巧,并以此为生,养家糊口。绘画与戏曲虽属两个艺术门类,但对艺术精益求精的追求却是相同的。我父亲正是在这种对艺术孜孜追求的传统观念主导下,对我学艺的要求也是近乎苛刻,那不是一般的严格,完全就是"拳脚"教育,他也许是认定"不打不成才"的信条吧。

在我的记忆中,当初不愿意去上学、天天逃学都没有被父亲责罚,但在演戏过程中却经常被打骂,可以说幼年学艺生涯是在父亲的"拳脚"下一步一步走过来的。

因为演出基本都在晚上,所以,我父亲下班后的主要工作就是陪我去演戏。我父亲本身就是一个忠实的秦腔戏迷,不是一般看热闹的戏迷,他常常是在"看门道",一发现我唱戏出现问题,就及时提出来加以纠正。在父亲这半个"专家"的指点下,我唱戏出现的一些小毛病倒也能及时纠正过来,舞台上渐渐成熟的表演,也得到了广大戏迷的喜爱和认可。

那时,我基本上都是搭班唱折子戏,还不能挑大梁唱本戏。经过惠先生的严格调教,我的戏路逐渐扩展,也慢慢上了台阶。约我去唱戏的戏班也多了起来,但也是"唱"无定所,用现在的话说就是四处"走穴"。

我父亲说清朝末年,南院门为陕西巡抚衙门所在地,是西安的行政中心,人烟相对稠密,是府第公馆林立的"富人区"。在当时不仅是繁华的商业区,也是西安政治、经济、文化的"晴雨表"。坐落在南院门街心花园东北角,以出售西药闻名的"世界大药房"和"五洲大药房",四层的钢筋混凝土楼房,当时是西安城内最显眼的建筑,人们称之为"洋楼"。北边是"亨得利""亨达利"两家钟表行,西南角是"上海王明山五金店",东南角是"鑫记帽店",这些店铺在当时西安都属于龙头老大。近郊的农民但凡有机会进城,都要到南院门看"洋楼"。当时曾流传有一段民谣:"绸缎布匹老九章,钟表眼镜大西洋,五洲世界大药房,金银首饰老凤祥。购置鞋帽鸿安祥,要买百货慧丰祥,南华公司吃洋糖,想生贵子藻露堂。"这些店铺为扩大影响,就经常请人在门前表演社戏(古音读"乎")、唱堂会,我就曾去五洲大药房唱过。一次，因为表演出色，赢得了现场阵阵喝彩，老板在演出结束时，送给我一块瑞士手表。我十分欣喜，回到家就给我父亲咧。他也非常高兴，作为女儿成长的见证，手表整天就戴在手腕上，并不时翻袖子亮胳膊，照相时更予以特别关照。

在大家关爱的赞许和掌声中，我渐渐有些飘飘然，孩童的玩性也逐渐显露出来。毕竟我当时只有十三四岁，难失少年天然本色。再者，平时所唱的那些戏早已烂熟于心，所以，玩耍的天性就慢慢占了上风。

我和肖若兰是从小在一起练功、玩耍的好姐妹。肖若兰的父亲肖笙易先生也是著名秦腔演员，对她练功抓得非常紧，每次吃完饭，稍事休息，就叫她走台步、跑圆场。这时我父亲也不急慢，有样学样，紧接着召唤起我："去，和你姐练功去！"

有大人在，我和肖若兰丝毫不敢偷懒，但一脱离父辈的视线，我们两人可就完全解脱了。一次，我们俩相约去看电影，估算着

肖若兰（1934—1996年），著名秦腔表演艺术家，工旦角。幼年曾为易俗社七期学生的父亲肖笙易学艺，人称"八岁红"。随父在咸阳的益民社、西安的晓钟社、尚友社、秦声社，三原的明正社搭班演戏。1951年入易俗社，曾受教于郑香亭、封至模、王天民、李正敏等。她广泛涉猎、学习名家之长，充分利用自己的天赋扬长避短，行腔委婉，韵味淳郁，尤以润腔技巧见功夫，增添了唱腔的绮丽色彩，独辟蹊径、自成一家。1956年，获得首届陕西省戏曲观摩大赛表演一等奖。以《三滴血》《双锦衣》《夺锦楼》《游龟山》等著称。晚年的《于无声处》选段可谓"声情并茂，炉火纯青"，无愧于评论家杨文颖先生所断言："肖若兰演唱的最高境界和凸显其艺术风貌的代表作，诚非此段莫属。"

离晚上演出时间还早,就跑到西大街大明宫电影院看了场电影。从电影院一出来,一看天色,坏咧!这怕是要把晚上的演出误咧!

出了电影院,我们俩一路小跑往剧场赶。晚上的演出在盐店街的五省会馆(原八旗会馆)。好在电影院离剧场不远,等我们俩气喘吁吁地跑进剧场低头喘息之际,恍惚间两个人影挡住了去路,定睛一看,"妈呀!"顿时吓得腿都软咧,一人扶着剧场大门一边的门框,大气都不敢出,只是呆呆站着……

我们两位父亲怒目圆睁,看着我们呆若木鸡的样子,随即,二话不说,各自拎起自己的女儿就是一顿暴揍,惊吓中的我俩,被打得趴在地上抱在一起痛哭不止,父亲们却呵斥道:"还不赶紧去化妆!"我们俩这才想起来还要演出,赶忙拍拍身上的土、擦干泪跑到后台。

肖若兰的父亲是唱青衣的,她的妆都是由她父亲给化。我的妆自己可以化,大头则需要我父亲帮忙包。

剧场老板因为找不到我和肖若兰,临时在她的戏前边加了一个折戏,她演出的《走南阳》被压后,等她化完妆,也就刚好能接上出场。我演的《三堂会审》在肖若兰的后面,稍微有些缓冲时间,还好,紧三火四地准备停当,有时间喘口气。一场风波就在两人挨了一顿暴揍后平息了下来。

打是挨了,但第二天我们两人见了面,心里的委屈涌了上来,抱在一起又大哭一场,并相约去照一张相,为挨打留个纪念,牢牢记住。

就这样,两人抹了抹眼泪,手拉手来到了南院门的大芳照相馆。镜头前,我们姐妹俩满腹的委屈还没有化解,脸上布满阴云,就留下了一张满是哭相的合照。多年以后,我们再碰到一起,这段往事仍难以忘怀。

我在学戏的时候,因为学得认真,肯下苦功,还从来没有让老师打骂过,但我父亲却因为我没有唱好戏、表演不到位经常打我。

一次,演出《三堂会审》,我演的苏三,跪在堂下受审,其中有大段的唱是要跪在舞台上完成的。跪着演唱,给气息调节增加了很大难度,本身就是对演员基本功的一个考验。再者，当时的舞台并不像现在，木地板上还铺有地毯，干净平整。那时就是土台子，疙疙瘩瘩，石子等杂物散落在戏台上也是常有的事。况且这段戏有半个多小时，没有一定功底的演员很难坚持下来。我演完戏，观众的掌声刚一停歇，待我走下舞台，还没回过神，我父亲上来就是一巴掌："跪着胡拧扯啥呢？"

我一愣神，等反应过来就赶忙辩解："今天练功腿受伤咧，在台上跪的时候膝盖底下有个啥东西垫着，疼得狠……"

"跪不下去你来演的啥戏，不嫌丢人吗？"接着又少不了一顿训斥……

类似这样在舞台上出现的问题，休想逃过我父亲的"火眼金睛"。而且，他是我逢演必看的"艺术总监"，只要发现稍有差池就难免责罚。有时我在舞台上出现失误自己还能意识到，而大多数则完全是在无意识中出现的，就这也难逃下台后的一顿责骂。

演出中出现问题要挨打，生活中不听话更要严厉惩罚。

我父亲曾多次告诫我，不让我跟男孩子在一起玩。

因为我父亲和王东生关系好，离开了大华社以后，王东生跟父亲说，李先生让我给他在《玉虎坠》里配演王娟娟，在盐店街五省会馆演出。有一次，演出晚场，提前走完了场子就没事咧。我和几个男孩子，趴在戏楼的木地板上玩羊拐骨，正玩得兴高采烈，被我父亲看见咧。我父亲一声没吭，走过来一下把我提溜起来就掼在地上，我一下就蒙了，抬起头看看我爸怒气冲冲的样子，不知道哪里又做错了，不管三七二十一，爬起来夺门而逃，一溜烟地跑回了家。

回到家里，我才想起父亲曾经说过"不要跟男孩子在一起玩"的话，但打也挨了，还跑离了演出场地，这要是被父亲抓住，恐怕又是一顿暴揍。索性一不做二不休，先向母亲告一状再说。我拉起裤管，让母亲看刚才被父亲打伤的腿，母亲见状很是心疼，怕我父亲找回来再打我，就把我藏在了邻居家里。我父亲怒气未消,一路找回了家,进门就问:"女子呢?"母亲则说:"你不是把娃领出去了吗,咋还回来跟我要娃呢?"

我父亲在家里四处寻找也没找到人,没办法,只好重新回到五省会馆,告诉老板"女子让我打跑咧,晚上的戏没法演了"。接着,又给五省会馆的老板赔了半天不是,并为此赔了一笔违约的钱。

我因祸得福,从这次以后,我父亲就再也没有打过我,还对我格外的关心、照顾。我在台上演戏,父亲就在台下泡好茶,等我下场就先把茶递过来,再和风细雨地评价演出得失。我父亲似乎一下子意识到,女儿大咧,不能再发火动武咧。武力,只是解决问题最直接的手段,却不是解决问题最好的方法,关爱之情也由此勃然而生。

每个人的成长道路上,都有离不开护佑在侧的人。张彩香老师的父亲,用"拳脚教育"这种特殊的方式,激励着女儿学艺、做人,其良苦用心可见一斑,这看似简单粗暴,却融入了多少关爱和希冀。时至今日,回首往事,张彩香老师仍不无感慨,对父亲的敬爱油然而生,她深感,这样的父爱是世间少有的。

进京会演

张老师,您渐渐也唱出了名气,随着西安解放,您一直在西安唱戏,全家人都在西安,又是怎么来到渭南的呢?

西安解放后,我又搭班唱了一段时间的戏。但时间不长,我父亲就给我找寻了一个固定的演出剧社。随着公私合营私人剧社的改制,再想随便凭自己的意愿去别的剧社唱戏就非常困难了,阴差阳错,我父亲这一次的决定就把我永远稳定在了渭南。

1950年7月,原西安易俗社职员刘孝坤来到渭南,与人集资合股,在1949年渭南商界人士和戏曲爱好者韩子芬、张子明等人创办,因管理不善停业的渭南人民剧社基础上继续开办,取名渭南新民社。一直跟我父亲关系很好的板胡名家王东生先生,他感觉渭南的艺术氛围和待遇都不错,就跟我父亲商议,想让我也来渭南唱戏。团长刘孝坤也对我父亲许以高额报酬——一个月29袋面。我父亲被打动咧,就带着全家来到了渭南落脚,自己也在新民社做起了美工。没承想,这次的决定竟然影响了全家人和我的一生,我曾三次想离开渭南都未能如愿。这是后话。

渭南市秦腔剧团

20世纪40年代的西安，可以说秦腔名家云集，竞争激烈。处在这种环境之中，我父亲当时考虑，我才十几岁，在西安发展下去难以显山露水，不如另寻一个偏一些的地方，也许还能很快出人头地。我过去曾经在渭南周边跑江湖唱过戏，在这里还是有一些观众基础的，就这样，我们全家来到渭南，我在这还真是开辟了一方艺术天地，加之频繁地演出，很快就提高了知名度，在渭南及三原、蒲城、蓝田、长安、户县等地颇受广大观众喜爱，也成为新民剧团的主要演员。

渭南军分区副司令员马华亭，是当年智取华山那支部队的团首长，他非常爱戏，新民剧团开始时的食物供应都是渭南军分区予以保障。（渭南最早的电影院——解放影剧院就是他1950年带领战士修建的。随着东风大街的命名，解放影剧院更名为东风电影院。）因为马华亭司令员爱戏，也爱看我的戏，后来他转业到陕西省农业厅畜牧局当了局长，只要我在西安演出，他都每场必渭南新民社自创办伊始,因为广泛吸纳了众多当时的秦腔名伶,风生水起,在渭南地区独树一帜。

1954年4月,新民社由私营改为民营公助,定名渭南县新民剧团。

1959年1月,渭南大县成立,新民剧团改为渭南县戏曲剧院一团。

1960年3月,由渭南县戏曲剧院一团、合并文光剧团为渭南戏曲剧院秦腔团。大县撤销后,又改称渭南县秦腔剧团。

1963年1月,渭南专区戏曲管理委员会成立,该团编制为渭南专区秦腔一团。为加强力量,又合并了渭南县演员训练班。

1971年,改制为渭南地区文工团二队。

1979年4月,渭南地区文工团二队撤销,恢复渭南地区秦腔一团名称。

1988年,改为渭南地区秦腔剧团,1995年7月更名为渭南市秦腔剧团至今。

1950年新民剧团招聘了刘毓中、邓维民、孟遏云、余巧云、张彩香、田正武等知名演员。

1956年6月,以《铡美案》代表渭南地区参加陕西省戏曲会演获演出奖,申正坤获导演奖,余巧云获一等奖,田正武、张彩香获二等奖,周尚义、赵定国、张全民获三等奖。

1963年,以《年青的一代》参加渭南专区现代戏会演,演员余巧云、张彩香、于光彦、晋易、田正武等受到了嘉奖。

1964年,以《银光重放》代表专区参加了陕西省第二届戏剧观摩演出大会,主要演员有张彩香、负安民、闫瑞民、彭淑兰等。

张彩香演出《铡美案》获二等奖证章

到。因此,他和我父亲也来往密切,把我当作自己的女儿一样看待,曾经跟我父亲打招呼:"老张,我跟你说,你可不能像旧社会那样,随便找个人把女子给嫁了,选好了人,必须经我同意。"

渭南人大常委会主任也对我说:"你不要跟着去唱红白喜事的堂会,弄那个事干啥？你正儿八经地好好研究戏，搞你的戏，就不要去引那个头儿。"我在心里早就有底线，于是说："主任，您放心，我父亲早就叮嘱过，这也是我做人起码的原则。"我至今仍遵守他们的教诲，不挣那个钱，一次也不去，坚决不去。

不夸张地说，我在渭南还是备受宠爱的。

我在渭南地区的名声与日俱增，逐渐传到了西安。1952年，为筹备参加首届全国戏曲会演，渭南新民社（渭南秦腔剧团的前身）的琴师王东生、演员余巧云、田正武和我被西北戏曲研究院函调到西安，为排演进京会演的剧目做前期的准备工作，所有从西北各地调来的演员就全部集中在戏曲研究院排戏。

1952年9月25日，由西安易俗社、西北戏曲研究院、香玉剧社，以及从本省和甘肃等地选调的田德年、刘毓中、刘全禄、刘易平、姚裕国、李正敏、王天民、王景民、苏育民、黄俊耀、宋上华、史雷、张新华、常香玉、孟遏云、张云、杨金凤、杜锦玉、贺铭等主要演员，组成西北戏曲演出团，带着秦腔《一家人》《游龟山》《卖画劈门》《拷红》《打柴劝弟》，豫剧《花木兰》，迷胡《十二把镰刀》《大家喜欢》等剧目赴京参加首届全国戏曲会演。

1952年国庆节当天，在天安门广场，举行了中华人民共和国成立后的第4次国庆阅兵。阅兵式结束后，举行了盛大的群众游行。由5000人组成的文艺大队，在著名文艺家老舍、田汉、曹禺等带领下，步入广场，把广场上欢腾的气氛推向高潮。我和西北戏曲演出团的所有演员一起，参加了庆典游行活动。演出团的前辈们高举着"西北代表团"的硕大横幅，当时我只有17岁，穿着由文旅部（原文化部）给我们发的裙子，和李应真、肖若兰、陈静梅三个年龄、个头相仿的女孩子，各拉一条横幅的牵引绸带，走在西北戏曲演出团最前面。看到毛主席在天安门城楼挥动着手臂，我感到自己无比幸福，这一刻，让我终生难忘。

在此次进京演出的《拷红》中，宋上华饰演红娘，我饰演莺莺。在会演期间，这戏还在中南海怀仁堂小剧场，为毛主席等党和国家领导人做了汇报演出。《拷红》是封至模先生排的戏，在演出团众多演员中，封先生独具慧眼，觉得我从扮相到气质，演莺莺很合适，就选定我为宋上华配演莺莺。虽然跟秦腔名家同台演出令我心里很忐忑，但能得到封先生的青睐还是由衷地感到喜悦。

一天，西北演出团接到通知，安排《拷红》《打柴劝弟》进中南海怀仁堂小剧场演出。经过严格检查之后，除演出道具和服装外，其他私人物品全部留在中南

封至模（1893—1974年），本名挺楷，西安市人。戏剧教育家、剧作家、导表演艺术家。创作改编剧目《蝶哭花笑》《富贵寿考》《山河破碎》《还我河山》等50余出。专著有《秦腔概述》《秦腔艺人考略》《中国戏曲表演艺术》《中国戏曲大辞典》等。曾创办《西安夏声剧校》《陕西省戏剧专修班》《上林剧院》等。

宋上华（1918—2002年），著名秦腔表演艺术家，主工花旦，兼演青衣。12岁入西安易俗社学艺，是易俗社第九期学员，受教于郑香亭、陈雨农、封至模。在继承秦腔传统艺术的基础上，兼取各家之长，20世纪40年代，逐渐成为名闻西北的著名秦腔演员。长于做工戏，细腻柔和、活泼大方，塑造人物，个性鲜明，如红娘的乖巧伶俐、焦氏的泼辣善变、刘翠屏的文静端庄等。代表作品有《拷红》《杀狗劝妻》《龙门寺》《奇双会》等。

海门口统一保管，然后给每人发了一个身份牌，在中南海工作人员的带领下，我们走进了中南海小剧场开始化妆、准备，穿戴齐整了，我还悄悄从幕缝看毛主席来了没有。

毛主席和中央首长相继就座，演出顺利进行。

我在舞台上没有丝毫懈怠，全神贯注进入角色，能为毛主席和中央首长演出，对我来说是莫大的荣幸和一生的荣耀。

此次进京，我太幸运了，两次进入中南海小剧场。第一次是作为演员，给中央领导演戏，第二次则是作为观众，欣赏了一台世界高水平的芭蕾舞演出。

苏联作为友好国家，派出莫斯科大剧院芭蕾舞团在国庆期间访问中国，由加林娜·乌兰诺娃领衔在中南海小剧场举行首演。当时，文化和旅游部给参加全国戏曲会演的代表团都发了两张票，安排各演出团的正、副团长前注观看。西北演出团团长柯仲平（西北艺术学院院长、西北文联主席、全国戏曲会演西北代表团团长）临时有事，提前回了西安，副团长马健翎就把两张票都给了西北演出团的李应真，李应真把我叫上做伴，马健翎团长还给找了一辆车，把我们送进了中南海。

我在西安和渭南哪看过这样的演出，这平生还是第一次欣赏这么高水平的芭蕾舞演出，加林娜·乌兰诺娃精湛的《天鹅湖》表演，确实令人如痴如醉，以至于演出结束后，怎么回到旅馆的我都不知道，完全陶醉在她的艺术氛围之中，难以自拔。作为苏联最伟大的芭蕾舞演员，加林娜·乌兰诺娃的表演富于抒情诗意，刻画人物细腻，善于表现复杂的人物性格。在她的表演中，使舞蹈技艺、戏剧表演、造型姿态三者水乳交融，又都服从于形象塑造的要求。俄罗斯著名电影艺术大师爱森斯坦称："她强大无比，她是艺术的灵魂。她本身就是诗，就是音乐。"

在我的成长经历中，领导和前辈的关爱始终伴随着我，激励着我不断进步。会演期间，时任政务院（后为国务院）秘书长专程来北京人民剧院看望西北代表团全体演职人员。当天晚上，西北演出团安排的剧目是《游龟山》。对当时的情景，我现在仍记忆犹新。秘书长和蔼可亲，平易近人，他在后台化妆间与大家亲切交谈，详细询问大家在北京的生活和演出情况，适应不适应北京的生活和气候，上台演出紧不紧张……大家愉快地畅谈着，见此情景，我原有的一丝拘谨也烟消云散了。秘书长来到我的身旁，抚摸着我头上戴的花说："小姑娘，你看你这花没有戴好，有点歪了。"我竟然随口说道："这是化妆师给我戴的，你不要给我弄乱咧。"这一番无拘无束、不管不顾的话语惹得大家哄堂大笑。

会演期间，在王府井大街的长安剧场，著名京剧艺术大师、四大名旦之一的程砚秋先生，观看了西北演出团午场演出的《辕门斩子》，刘易平先生饰演杨六郎，我饰演穆桂英。演出结束后，程先生来到后台，摸着我的头问道："你多大了？"我答道："17。"程先生转过头对史雷说："这个小鬼戏演得很有气势，把穆桂英演活了，不可多得，很有前途，你们要好好培养。"

当时我并没有觉得这些关心、呵护自己的前辈官有多大，名气有多大，只是深切感到这是长辈对自己的一种

程砚秋（1904—1958年），原名承麟，满族索绰罗氏，属正黄旗。北京人，后改为汉姓程，初名程菊侬，后改艳秋，字玉霜。1932年起更名砚秋，改字御霜。著名京剧艺术大师，京剧四大名旦之一，程派艺术的创始人。他讲究音韵，注重四声，并根据自己嗓音特点，创造出了一种幽咽婉转、曲折委婉、若断若续、抑扬顿挫的唱腔，形成独特的风格，世称程派。他演的剧目大多反映旧社会妇女的悲惨命运，如《青霜剑》《窦娥冤》《碧玉簪》《梅妃》等，成功地塑造了一批悲剧人物形象。他创作的角色，典雅娴静，恰如霜天白菊，有一种清峻之美。他以擅演悲剧著称，但他并不光演悲剧，《锁麟囊》就是另一类型的代表作。

鼓励和爱护,这些温暖的话语,也一直在激励着我唱好戏、演好戏。

在北京会演时,《游龟山·藏舟》是作为参赛剧目演出的,剧中胡凤莲分为A、B角,肖若兰是A角,余巧云是B角,正式参赛是肖若兰演的。还有现代戏《大家喜欢》,这个戏是展览节目,也分了A、B角。A角是黄俊耀的爱人田壮华,在戏中扮演王三宝的老婆李玉贞;B角是余巧云,正式演出是田壮华演的。我在剧中演那个送饭的,我和孟(遏云)大姐在舞台上

刘易平(1908—1997年),陕西长安人。入秦钟社学艺,师承刘立杰、刘毓中,工须生。1943年在兰州原新声社基础上组建新秦社,任社长。曾在甘肃、宁夏固原精诚剧社搭班演出。代表剧目有《辕门斩子》《忠报国》《取都城》《葫芦峪》等。1953年调入西北戏曲研究院,后改省属,以唱功闻名。

孟遏云(1923—1982年),陕西长安县斗门镇人。幼年从父亲孟广华(易俗社二期学生)学艺,工正旦。20世纪40年代曾在平凉平乐社、西安尚友社等搭班演出。1951年经师子敬先生推荐,西北局习仲勋书记特批,加盟易俗社。代表剧目有《五典坡》《玉堂春》《游龟山》《火焰驹》《三滴血》等,戏剧评论家杨文颖先生称其为"'乾旦'转向'坤旦',承前启后的制高点和里程碑"。由于出道成名较早,风神独具,成为秦腔女伶的"大姐大",颇负盛名。

唱着"担上个担呀软呀软溜溜……",这个戏后来还灌了唱片。

结束了北京的会演活动,各演出团在返回时都接受了沿途巡演的任务,西北演出团的巡演路线是天津、石家庄、西安。

《大家喜欢》,1944年,马健翎编剧。剧情写二流子王三宝好吃懒做,抽烟赌钱,打婆娘骂娃。乡长和冯二婶劝他学好,他却不思悔改。三宝输了钱,又发了烟瘾,厚着脸到表兄石万名家告借,遭拒绝,回家便偷婆姨李玉贞纺的棉线。乡长、冯二婶为了让他学好,便让李玉贞带着孩子羊娃暂去娘家劳动生产。乡长硬是拉着三宝上山开荒,使他逐渐戒了赌,戒了烟瘾,变成一个热爱劳动的新人。后来,三宝高高兴兴地把婆姨娃娃从丈人家接回,并备了酒菜请乡长和冯二婶一起吃了顿团圆饭,乡长夸,二婶赞,婆姨娃娃笑满面,大家喜欢。

巡演首站到了天津,我们晚上演出,白天没事,但规定谁也不能到处乱跑,怕人生地不熟走迷了路。

这天,西北演出团的领导都被请去观看天津文工团演出的话剧《曙光照耀着莫斯科》。我和余巧云在宾馆房间闲极无聊,就从居住的国际饭店溜上了大街,漫无目的就走到了当时天津最大的商贸中心——劝业场。在路边看到劝业场楼上剧院演《红楼梦》的戏牌,我们俩不约而同地就随着人流走进电梯,在楼上剧院门口买了票,进去看完戏又随着人流走下楼来。因为上楼是乘电梯,下楼是走下来的,完全是两条路线,出来就迷了路。天津的街道狭窄得像是迷宫,不像西安的街道端南端北浪规整,特别是劝业场又是人流密集区,街道两旁店铺门脸和门前的幌子,看着差不多一个模样,我俩怎么也找不到演出团住的国际饭店咧,在劝业场的周围来回转悠,找不到正像上,真把人急得都快要尿裤子咧,把洋相可是出美咧,也是一时心急,竟忘记了向路人打问一下。

正在我俩不知所措之际,迎面碰上了演出团去看话剧散场回来的史雷、黄俊耀等人，他们还问："瓜女子，你们这是要干啥去？"我们说："迷路了，不得回去了！"这话把他们全逗笑了，总算是可以跟着他们回宾馆，不用流落街头了。这虽然解了我们迷路的围，却招来了演出团的严厉批评，第二天从吃完早饭开始，一连开了三天的批评与自我批评民主生活会。

黄俊耀（1917—2001年），剧作家。曾任陕甘宁边区陇东地区文工团团长、西北军政委员会戏曲改进处、西北文旅部（原西北文化部）艺术处副处长，陕西省戏曲剧院副院长、省戏曲研究院院长。中国剧协常务理事，中国现代戏研究会主席，陕西省文联主席、名誉主席。创作剧目有《抗战三回头》《陆进宝》《官逼民反》《潞安州》《三娅娌》《阎王寨》《肃奸图》《再上前线》《血训图》。改编与合作创作有《粮食》《曲江歌女》《两颗铃》《游西湖》《雷锋》《女巡按》等。

民主生活会上，大家你一言我一语，矛头直对我和余巧云，什么"无组织无纪律""自由散漫""目无组织"等，所有能关联到"上纲上线"的词汇，一股脑倾泻而来，演出团责令我俩写出书面检查，并把我交由杜锦玉（来自西北文工团的演员）单独看管。杜锦玉大姐是组长，她原来一个人睡一个双人床，自从把我交给她看管，就让我和她睡一张床上。她出去不管到哪，都把我带上，我要是想出去，必须跟她请假。不过经历了那次以后，我也是又惊又怕，再加上还让开了三天批评会，所以，一直到结束石家庄的巡回演出，我再也没有单独出去过。

出门一路平安无事，这眼看快要到家门口咧，却无端惹出这么个麻烦，我心里好不冤屈。不仅如此，一路上每到开会时，李应真都要把这档子事重新提出来数落一番,当时我真是把李应真恨得透透的。另外,她还批评演出团的小资产阶级氛围太浓,演员之间都是以什么"伯伯""大爷""姐姐""妹妹"相称。可能当时我也比较活泼一点,嘴也甜,不叫人不答话,"伯伯"咧"姐姐"咧常挂嘴边。所以,她就针对我:"你什么作风?革命大家庭,什么二伯咧、大姐咧,姐咧妹子咧,革命同志,为什么要那样叫?哪有一点革命组织严肃的感觉。"并提议,以后在演出团不允许再这样称呼,必须以"同志"相称。我心里本来就不舒服,老翻旧账先不说,还不让"伯伯""姐姐"这样叫,我张彩香把李正敏先生这些前辈都叫了这么多年了,你现在让我改口,我怎么改?"李正敏同志……"怎么能叫得出口?凡此种种批评的言语,让我非常反感,更是憋屈得不行。有几次,一听到李应真的发言,我心里恨得就想站起来,跟她撕破脸皮大干一场。演出团回到西安后,笼罩在我身上的阴影还没有终结,这些罗织起来的"罪名"还形成了文字,全部给我写进鉴定材料,说我在演出、尊重前辈等其他方面都做得很好,缺点还是自由散漫、无组织无纪律。

现在想想,李

李应真(1937—1971年),工青衣兼闺阁旦、花旦。与段林菊、马蓝鱼、李瑞芳一起被戏称为陕西省戏曲研究院的"四大名旦"。1948年参加陕甘宁边区民众剧团。西安解放后,随剧团转入西北戏曲研究院、陕西省戏曲剧院。1952年第一届全国戏曲观摩演出以饰演《游龟山》中的胡凤莲受到赞赏。曾荣获西北文旅部(原西北文化部)颁发的演员甲等奖。1956年,陕西省第一届戏曲观摩演出大会饰演《断桥》中的白云仙,获演员二等奖。1957年随陕西省秦腔电影剧团赴长春电影制片厂,拍摄第一部秦腔彩色艺术片《火焰驹》。其台风清丽,扮相俊秀,身段优美,感情奔放,颇具人缘。

应真是从延安来的演员，从小接受的是红色教育，思想进步，对生活在城市中的这些演员"不守规矩、自由散漫"的现象，看不惯也属正常，从她心里来说，也是想维系像在延安时期一样的革命大家庭环境，只是，这种批评对我来说就感到太偏执了。我从小在"拳脚"教育下成长，家庭教育非常严格，孰好孰坏还是能分辨清楚的，这次犯错也是偶然的，反复说，就实在让人无法接受。不过，我们两人心中也都没有恶意，去除了这些芥蒂，从北京回来后不久，我们就重归于好，像亲姐妹一样。回到西安李先生给她排过《白玉钿》，可惜就演过一场，后来她得病去北京住院了，再下来就没有人排咧，真是遗憾。李应真是一位非常有才华的演员，可惜英年早逝，年仅34岁就去世了。当时，我听到这个噩耗，为少了一个好姐妹，秦腔界失去了一位人才，心里着实难受了很长一段时间。

我从来没有经历过党政组织的严格约束，要说因为一件事情犯了错，批评教育一下也就罢了，没完没了地批评不说，最后还白纸黑字写进了鉴定当中，还要回去交给团里，让我实在难以接受。我父亲从小就把我管得很严，有时候在台上演出，他如果感觉到哪里没做好，一下台就冷不丁给一巴掌。在没任何防备的情况下，有时一下就被打蒙了，这种事情就太多了。而这次，不就因为和余巧云没请假出去看了场戏嘛，批评一下也就罢了，还从天津一直说到西安，也不知道余巧云对这事是咋想的，反正我实在想不通。我拿着鉴定，越看心里越不是滋味，气不打一处来，强烈的自尊心驱使我一怒之下，把盖有鲜红大印的鉴定撕了个粉碎，扔垃圾桶咧！

不过，这事也使我因祸得福。一来是我吸取教训，再也不敢不请假到处乱跑咧，二来，我结识了杜锦玉大姐，这一路，杜大姐对我的照顾真是无微不至。杜大姐这次演出的剧目是《大家喜欢》和《一家人》，还是演出团专门负责10名女演员的组长。演出团把我交给她之后，她处处尽心，就连睡觉都把我拉在身边，还每天教我认字，学拼音，学文化，完全把我当成一个孩子来关心照顾,这一切让我至今难忘。因为杜大姐在西安(后来听说她调往北京,在中央民族歌舞团担任独唱演员),我在渭南,从北京回来后,我们见面的机会就很少了,但我心里一直挂念着这位对我关爱有加的好大姐。

当时刘毓中、何振中、刘易平、李正敏、苏育民、宋上华是作为演出团里的观摩团成员一同赴京的。这些老艺术家虽然没有参赛节目,却都有展演节目,有时还安排我们几个年轻演员给老先生们配戏,像刘易平先生、宋上华先生的剧目,我都给配演过。给前辈们当配角时的不俗表现,深得老先生们的喜爱和夸奖。

在1952年进京会演之前,秦腔演员化妆用的都是水彩,从准备进京开始,化妆就使用油彩咧。我们年轻演员接受能力强,很快就掌握了油彩的化妆技巧,而许多前辈一时半会还不容易适应。像李正敏先生当时就抹不了油彩,没办法,只好求助于年轻人。

我那时正值青春年华,又生性活泼、乐于助人,再加上对秦腔艺术和戏曲前辈心存敬畏,勤学爱问,孜孜以求,很是得演出团老艺术家们的喜爱。我们西北戏曲演出团,到北京去演出的有孟遏云、杨金凤、杜锦玉、贺铭、李应真、

杜锦玉(1926—?),西北文工团歌唱家。民歌大师张天恩的弟子,1949年张天恩将自己编创的民歌《赶牲灵》教唱给杜锦玉。1956年8月,杜锦玉参加全国第一届音乐周,在北京演唱了《赶牲灵》,制成唱片发行,是最早留下这首陕西民歌经典《赶牲灵》录音的人。后调往北京,在中央民族歌舞团担任过独唱演员、合唱队队长。杜锦玉以《赶牲灵》这首民歌风靡海内外,被誉为陕北民歌《赶牲灵》的"第一唱"。

田壮华、余巧云、陈静梅、肖若兰，加上我一共十个女演员，大部分都是年轻演员。李正敏先生跟我比较熟，他不叫别人，就爱叫我给他化油彩，常以长辈的口吻说："我娃呀，你来给二伯把这一抹。"我非常乐意为前辈们帮忙，但也不忘趁机"讨价还价"逗逗趣儿，"二伯，给您抹可以，那我有个要求，人家晚上发的苹果您得给我。""行，发的啥我都不吃，给俺瓜女子。"我印象最深的是李先生演《五典坡》，就是从这部戏开始我给他化妆的，从北京到回来后，演出团在新城广场的汇报演出，一直都是我给他化妆。

我在《五典坡·算粮》中饰演了大姐一角，还有"三妹妹不要这样讲，姐姐有话听心上，啥事就该你做主……"这几句唱。我们那时主要就是给李正敏先生配戏，有时也给何振中先生配戏，当然也配合其他前辈们的演出。

在北京参加会演期间，每天晚上都会为演员准备消夜。用小纸盒配装好，品种大致就是两块蛋糕、一个梨，或一个苹果、一个橘子，每人一份。也就是从我向李正敏开出"条件"的那天开始，只要发了吃的，李正敏先生就都留给了我。会演期间，文旅部（原文化部）还给所有演员每人发了一件大衣，男女全部一种样式，只有大小之分，大衣的口袋很大。我还有一张穿着这个大衣的照片，回来后就把大衣送给我舅了，我舅穿上倒像一件短大衣。李正敏先生每次把发的东西，不是直接装进我的大衣口袋，就是先留着再给我，有时给了东西转身就走，微微一笑，也不多说话。那时刚解放，各种食品供应都相对匮乏，这些宵夜的品种虽然不多，但也算是稀罕东西，李正敏先生把他那份全给了我，其中包含更多的是李先生对晚辈的关爱。

给李正敏先生抹油彩开了个头儿，其他几位前辈也纷纷让我给抹油彩，一时间我还忙得不亦乐乎。在没有演出时，我也闲不下来，这些前辈以前也没有几个人来过北京，走到哪都喜欢把我叫上，一来害怕上街迷路，二来也喜欢让我在他们之间调节调节气氛。在几位前辈的提议下，我还在北京留下了几张反串的剧装照。

我现在回想起注事，总是不禁为当时的单纯、幼稚感到愧疚，我当时咋就是个直心眼，那么傻，李先生把他的点心、水果给我，我就拿上了。有时候李先生忘了给，我竟还去要，咋不知道问问先生吃不吃，或者给先生留一点，唱完戏吃。人家把我当娃对待，我也就一点都不客气，也难怪大家把我叫个"瓜女子"，我可真是"瓜"着呢。

这一路的演出，我可是收获了不少水果、点心，但同时"瓜女子"这个名号就从那时起，秦腔界前辈和同辈，还有孟遏云、杨金凤等老大姐都一直传叫着，有时甚至在大街上见了面，大老远的就喊"瓜女子"，然后相拥在一起。

进京会演结束回到西安，西北戏曲研究院没让我回渭南，想把我留下来，派副院长任应凯、黄俊耀等人不停地跟我谈话、商议、做工作，就想把我调来。甚至还觉得，这工作可能不是一朝一夕能做通的，就以各种名义把我在西北戏曲研究院留了一年多，同时提出，"渭南给你多少钱，院里就给你发多少钱，你就来吧"。那时，刚刚成立的西北戏曲研究院，演员行当还不齐整，也缺少顶门立户的人手，所以在到处网罗人才。

就这样，我没名没分地在西北戏曲研究院待了一年多。在我临回渭南的前一天，黄俊耀副院长仍心有不甘，和我谈了一个晚上，第二天把我送到火车上，黄院长在站台上还对我说："回去跟你爸说（都知道我的一切是由我父亲决定的），你不在渭南干咧，你要来戏曲研究院，跟你爸说，咱这啥都给你安排好……"

戏曲研究院领导的诚心深深地打动了我，不由得回忆起与大家相处的欢乐时光，泪水再也控制不住地流了下来……站台上黄院长仍在不停地对我说着："女子，回去跟你爸说好就来哦……"

演出团从1952年国庆节前离开西安，到12月20日返回西安，历时两个多月。回到西安后，又在皇城外西南角（新城广场）搭了一个坐西朝东的简易大戏台，观众的场子也很大，作为给家乡父老作汇报演出的场地。

我们从北京回来都在戏曲研究院住着，演出的时候我们都坐着大轿车去看。当时，还演出了《闯新府》这个戏，我也去看咧，刘毓中饰演刘备、苏育民饰演赵云、何振中饰演孙尚香，三位当时秦腔界各行当最顶尖的艺术家联袂演出了该剧，这也是目前我看到的苏育民先生为数不多的武生作品，和他的小生、须生、老生表演风格有明显区别，气象神色特别引人注目。据识家言，在秦腔中，苏家的赵云，不敢称"空前"，"绝后"则属既成事实，引人叹惋怀想。

等我回到渭南家中，马上就要到1953年春节咧……

这一趟离家，从备演剧目到进京会演，再到留置在西北戏曲研究院，前后有一年多的时间，久别亲人，我心中的思念之情可想而知。虽然非常辛苦，但对我来说，不仅开阔了眼界，向前辈们学到了许多东西，同时也获得了前辈、同行的信赖和喜爱，可以说收获不小。

我回到渭南后，戏曲研究院又派人来继续做我的工作，我这才敢跟我父亲把这事说透。谁知一说，我父亲可能觉得他们的名头大，竟然同意咧，还把我的户口也转到了西安。随后，我父亲就去跟新民社刘孝坤社长说了此事，这下渭南的领导们可不干了，刘孝坤社长再也控制不住自己的激动，"噌"地从椅子上站起来，大声对我父亲说："甫吉，你要嫌咱这儿钱少，我再给你加钱。把人借给他研究院进京会演，挣了荣誉不说，他们还谋得远，还

《闯新府》是秦腔传统本戏《锦绣图》（又称《大回荆州》，京剧称《龙凤呈祥》）中的一场，是根据《三国演义》第五十四回中刘备过江迎娶孙权之妹——孙尚香的故事而改编的。武生、须生、正旦精彩对手戏，武生唱念、功架最为吃重。戏中故事发生在元旦节，又有龙凤呈祥之意，因此常作为节日期间的应景佳剧。

想刘备借荆州——有借无还咧。这事跟他们没啥商量的，叫他戏曲研究院想都别想。"也不管我父亲同意不同意，二话不说，刘孝坤社长当下就派杨复兴，从西安把我的户口给迁回了渭南。

开始，我父亲对这事还是很生气的，这都解放咧，你还把我女儿把着，不让去另谋高就，你刘孝坤也有点太霸道了吧？！

渭南新民社刘孝坤社长堵住了戏曲研究院这一头儿，西安另外几个剧团的人马也都没闲着，仍在加大对我的攻势，希望我能到他们的剧团去。

1953年，刚成立的陕西省秦腔实验剧团同时派谭增成、王小民私下里跟我商议，不停地做我的工作，让我来剧团唱戏。

后来我父亲又征求了苏育民社长的意见，回来就说："我问了三三（苏育民的小名）咧，你现在这年龄，正需要上舞台多锻炼、多演戏呢，需要丰富自己的舞台经验，要好好地下大力气学戏演戏才行，演不上戏学不成戏咋行呀？不能好高骛远，看着是一朵花，放到瓶子里，搁几天叶子就掉光咧。"

……

最后，大家都白忙活一场，谁也没能把我从渭南调走。这次以后，历届的渭南秦腔剧团领导都把我"看管"得浪紧，哪怕朽到这儿，谁也甭想把他们的"台柱子"给挖走咧。

"文化大革命"后，有一次我去省文化局开会，在文化局招待所碰到了谭增成，说着说着就聊起了近况，当时我在"文化大革命"中所受的不公正待遇还没完全落实政策，就对谭增成说：渭南剧团在"文化大革命"期间批判我、下放到工厂劳动改造，到现在还没有给我落实政策，还在扣我工资，我现在吃饭都成问题。谭增成还开玩笑说："那时候让你到戏曲研究院来你不来，你要来了谁整你？谁让你待在渭南，你看一下把你整成这样子。"

唉，谁也没有想到，谁又能想得到，去北京参加个会演，屁股后头会带来这么多杂七杂八的事，不知道给我增添了多少不必要的烦恼，真是从豆蔻年华到现在白发苍苍，光剩下演曹庄他妈了，忙活了一辈子，熬煎了一辈子，也没能再回西安。

　　成长过程中，老一辈艺术家的关爱和呵护，从生活到舞台，倾注了多少无言的爱，这些也成了张彩香老师时时鞭策自己刻苦学艺的无形动力。

一枝一叶总关情

张老师,您开始学艺就在李正敏先生的正艺社,后来又在大华社演出,1952 年到北京参加会演,又给李正敏先生等秦腔前辈配戏。可以说,你们之间有过三次近距离的接触,也建立了一段难以割舍的师生情缘。那么,在您的印象中,李正敏先生对秦腔艺术的创新发展,有什么独到之处?在您的内心深处,又是怎样理解"秦腔正宗"的深刻含义呢?

我以前和李正敏先生在一起的时候,对这些问题还真没有考虑太多。2015 年 4 月,由陕西省文化厅主办、陕西省振兴秦腔办公室承办,邀请专家学者、李先生亲属、学生和戏迷进行座谈,纪念"秦腔正宗"李正敏先生 100 周年诞辰,深切缅怀李正敏先生为秦腔艺术做出的巨大贡献。我也接到了邀请,当时我就把跟李正敏先生学戏的点点滴滴,细细地在脑子里回忆了一遍,想把这些往事记录下来,写成一篇文章,以表达我对先生的怀念。我的大儿子汪小南十分理解我的心思,依我口述,执笔写了一篇纪念文章,开篇还写了首诗。但是,我看了以后,不是很满意,感觉旁枝末节叙述得过多,没有抓住根本，不是我想象的那种风格。因为大儿子在西安，改写文章不太方便，本想让我的小儿子汪小东再根据我的意思做个修改，后来，一个是小儿子太忙，二是考虑到这弟兄俩虽然文笔不错，但文风却截然不同，这一想法也就只好作罢，但这件事却一直压在我心上。没办法，只好自己的事情自己干，提笔写成《感念李正敏先生》一文，算是了却了心愿。

要说李正敏先生的艺术成就和人格魅力，用真、善、美就能完全包括。

首先是真，这体现在他对秦腔艺术的真心追求。

其次是善，这主要表现在他对人、对事，心地特别善良。

再次就是美，美和真是相互贯穿、相互联系的，就是李先生塑造的人物形象很美、舞台造型很美，他创造的唱腔——"敏腔"同样很美。

那篇文章限于篇幅，我心里有很多话都没有说出来，今天，就展开来，把这三个方面好好说说。先说这个"真"。李先生挚爱秦腔，对秦腔艺术是真爱，并且，为秦腔奉献了一生的精力。当年在正艺社和大华社时，一年365天，正艺社如果唱200场戏，除了有病实在演不成咧除外，其他时间，他会毫不含糊地场场都演。今天晚上是《五典坡》前本，明晚就是《五典坡》后本、后天就是《白玉钿》，大后天又成了《重合别》，接下去又是《玉堂春》……成功塑造了《白玉钿》的尚飞琼、《玉堂春》的苏三、《二度梅》的陈杏元、《白兔记》的李三娘、《五典坡》的王宝钏等艺术形象。我还在李先生演的《玉堂春》里饰演过端盘子倒酒的丫头，《玉虎坠》里配演过王娟娟。李先生能演的戏很多，正艺社也全凭他的影响力努力地支撑着。演出之余，他还要培养接班人，正艺社的东边有个篮球场大小的院子，学生娃睡觉的地方在这里走北边的楼上，就像易俗社剧场二楼那样子，不过是封闭起来的，条件艰苦，也就这么大个环境，竟然教了两期的学生，有五六十人。现在回想起来，李先生太不容易了，一个剧团五六十人，一班学生二三十人，剧团的演员和学生，加起来有百十号人，都得指望他养活。俗话说"要生气领班戏"，如果没有他挂头牌，那晚上的戏票就没人买咧，所以，他也必须得多演。一有闲暇时间，他总要来培训班把学生看看，问候一下，有时还亲自传授一下演技。

李先生一个从狄寨塬走出来的农民子弟，就是后来成为一个大牌演员，又是办剧社又是培养学生的能有多少钱？这里面既有他夫人高小霞女士对他全部的爱和支持，也有他岳父高德庵先生的慷慨资助。办剧社、办培训班最主要的就是他对秦腔的真爱，因为爱，他把自己的一切都交给了秦腔，从这一点来说，我认为李先生还是教育家。在秦腔演员中，自己又演戏又开办戏校的人还真没有几个，一个地方戏演员，办剧团、办戏校，培养演员，这多不容易。

再说这个"善"。我觉得，真正体现在李先生身上的"善"，就是他做人、做事是个"善"人，平易近人、与人为善，不给人摆秦腔大家、名演员的架子。即便是失去长子、媳妇重病在身、大华社倒塌，这一连串的人生变故全都压在身上，他也只是把这些不愉快不如意放在心里，从来没有表露出烦躁，或者是借故发火、出气，释放心中的压力，我没见他给谁耍过啥态度。那时候，农村来的、在戏院门口卖搅团的、卖油塔儿的、卖萝卜丝夹馍的、晚上看戏的，凡是认识他的，都直接喊"李正敏""李老板"，而他也不管是谁，都很和善礼貌地应答，不像现在有些人，本事不咋样，势还扎得大。

李先生不管是在生活中，还是在戏台上，他的"势"都大得很，就是"气场"大得很。但是，他的这种"势"却不让人害怕，不让人觉得他不好接触。他常穿着一件藏青色长袍，戴礼帽、戴墨镜、穿皮鞋，绑裤口扎的带带都是缎子做的。李先生从车家巷家里去上班的时候，坐的是马拉的轿车，轿帘子注下一吊，到了剧场门口挑帘下车，让人看着很有气势。李先生对乐队也懂，还能司鼓敲戏，有时一折戏、一本戏地注下敲，他敲戏的时候就这一身打扮，坐在台口那气势就是不一般。就是在倒霉的时候这棱口儿（派头）也没有倒，在大荔、朝邑教自乐班的时候，还是这个样子，相当注意形象。

我在李先生跟前说话，从没感到过害怕，也没觉得他是了不起的名人，总感觉很亲切、很松弛，没有啥不能说的。这也许就是第一次见他的时候，他对我说的那句话："叫啥李先生，弄得那么洋活干啥，以后就叫二伯，还亲。"从此打破了我和他之间的界限，拉近了我们之间的距离，让我觉得他就是自己的"二伯"，就是自己的家人。进京会演的时候，演出团和观摩团的住宿不在一起，但演出或排练时总能见面。他给我的水果糕点老在口袋装

靖正恭（1912—1995年），秦腔表演艺术家。1925年进入正俗社，师承名家党甘亭、梁箴、高登岳、王兴博、王德荣等，工小生。1949年后，曾任兰州新光社和文光社社长、市戏校副校长、市秦剧团团长等职。他与李正敏同为正俗社佼佼者，相互辅佐，一生一旦，合作默契，联袂合演的《白玉楼》《白玉瑱》《白玉梅》《二度梅》《青年镜》等，很早便蜚声西安剧坛，被冠以"双璧"的美名。甘肃省第一届戏剧会演时，曾荣获演员一等奖，对秦腔在甘、新等地的交流传播和繁荣发展做出了积极的贡献。

荆永福（1903—1967年），艺名敬亭，著名秦腔司鼓。出身于乐人世家，幼承家学，秦腔古典管弦乐曲（亦称吹鼓乐）演奏专家，是秦腔乐坛上的全才。继承了秦腔打击乐的丰富遗产，能熟练地演奏秦腔锣鼓经。伴奏技艺娴熟自如，鼓点刚劲有力，和板胡相辅相成，浑然一体。20世纪30年代，与胞弟荆生庠入正俗社，为秦腔正宗李正敏伴奏。艺术上志同道合、配合默契，结为知音，驰名秦腔界。

着，化完妆，我就理所当然地从他口袋里拿走。有时见少了个苹果，缺了个橘子，或是少了个啥吃的，我还问："您今天咋给我才发了俩？"李先生就说："让别人拿去咧，下回给你补上。"李先生对我确实关爱有加、非同一般。

给李先生配戏的小生名家靖正恭先生，扮相漂亮，

荆生彦（1913—1960年），西安市人，秦腔音乐家、演奏家。原名生炎，字香亭。出身于乐人世家，幼承家学，吹拉弹唱、文武场面无所不能。20世纪30年代入西安正俗社。1935年上海百代公司为李正敏录制《探窑》《赶坡》《二度梅》等8张唱片，就是荆生彦操琴，名声大振，享誉秦中。在长期艺术实践中，经反复研究，他改造了板胡的形制，丰富了弓法和指法，使之成为秦腔的主奏乐器。在演奏上，增加了换把，创造了"掘弓""垫弓""抽弓""搂弦"等技法，突出了板胡浑厚高昂等特点，为秦腔改革特别是创立"敏腔"做出了重大贡献。先后参加《火焰驹》《游西湖》等戏的音乐唱腔设计，戏剧评论家杨文颖先生特撰专文为荆公正名，谓曰"秦腔音乐大师"。

曾在《白玉钿》《陈杏元和番》《白玉楼》《白玉梅》《二度梅》《青年镜》等戏中合作。李先生和板胡琴师王东生也有很好的合作，特别是和名琴师荆生彦先生、名鼓师荆永福先生两兄弟，更是情同手足，配合默契，相得益彰，在秦腔界传为佳话。凡此种种，跟李先生有过合作的人，他都对其十分尊重，就是吃饭穿衣这类小事，也总是谦让挂念，所以说，李先生为人很善良。

再说这个"美"。对李正敏先生的唱腔，我还真是下了功夫做过认真研究的。我原来有个小录音机，反复听他的唱腔，从没感到过厌烦。就拿他在《二进宫》中扮演李艳妃的唱腔"莫不是老儿有灾恙，又不是不肯保家邦。徐小姐你在宫门望，有大祸就在今夜……"来说，这个"夜"字就很讲究，"夜"

唱得浪低，完了才是"……晚上……"，我觉得这才叫'敏腔'。就像这快速行腔，我就想啥时候见了吴复兴，要跟他好好探讨一下。吴复兴还真不错，他在秦腔音乐方面是有研究、有贡献的，没几个人能达到这种程度，我是挺佩服他的。我们作为李先生的学生，就想从声腔上认真研究探讨一下，咋样才能传承、规范"敏腔"，不要让有的人随意摆弄，实际上哪有一点"敏腔"的意思。李先生当年录了八张唱片，现在有的人写文章说是李正敏的学生，但把唱腔拿出来对比一下，看像不像、是不是"敏腔"，我看还是歇了吧，不要弄得非驴非马混淆视听。

还有《河湾洗衣》中田赛花的唱腔："又只见渔翁一老汉，戴草笠，执钓竿，身披蓑衣他提鱼篮，他面带笑，他性儿欢，打下鱼儿鲜，揽在了筐内边。执竿提篮转也转回还。哎，哎，去奔了他家园，转回还。"都是浪讲究的。他的这种快速行腔在秦腔原来是没有的。李先生的行腔浪快，但还在节奏里边，不像有的演员，"哼哼哼"只按着节奏注下唱。《二进宫》中李艳妃有一段快板，"莫不是老儿有灾恙……"的"恙"之后的就是行腔。在《大登殿》中王宝钏的唱腔："金牌调、银牌宣，口儿里宣我王宝钏，行来在九龙口用目观

吴复兴（1943—2016年），秦腔音乐家。1958年师从荆生彦、王东生、李正敏等学习戏曲音乐，1973年受教于西安音乐学院屠冶玖教授、上海音乐学院刘如曾教授学习作曲，代表作品有秦腔《洪湖赤卫队》《祝福》《楼台会》《千古一帝》《花烛恨》《寒窑记》《锁麟囊》《王宝钏》《西域情》《大河情》等。致力于对秦腔名家唱腔艺术的研究，建立音、像资料和文字档案。为普及戏曲知识、提高艺术素养做出了自己的努力。

看,又只见平郎丈夫端端正正、正正端端、端端正正驾坐在金銮。……"这还不像《河湾洗衣》中的唱腔,这么快的板,这里边词都有韵呢,但李先生唱的快板感觉浪润乎,现在还真找不出来在快速唱腔里行腔的,还真没有一个旦角演员能达到李先生这样的水平。

李先生的唱腔极富感染力,极具特色,举世公认,被尊称为"敏腔"。李先生创造的"敏腔"是秦腔的艺术瑰宝,如何尊重、继承秦腔传统,让优秀艺术大放异彩,避免舞台上"洒狗血"肆意妄为,是值得我们认真研究和反思的。

再看李正敏先生的舞台造型。他的表演,为什么能得到观众的厚爱,那就是他的舞台艺术浪讲究整体美感。在《陈杏元和番》中,他演陈杏元,靖正恭饰演英俊的梅良玉,李先生的步伐体现出一个是"紧"、一个是"平",他身材高挑儿,台步平稳,身段自然大方。其中上马那段,给人留下极深印象,陈杏元带了四个女兵上场,五个人都披着斗篷,斗篷上缝的电光片纹饰。当时没有电,正艺社剧场在后台演员化妆的地方挂了一盏汽灯,弹压席上方挂了一盏汽灯,舞台台口挂了三盏汽灯,四个女兵摆队,陈杏元在中间提鞭上马,就那打扮、那气势,在汽灯的照射下,太有冲击力咧。

《五典坡》是李先生的代表作,他对王宝钏的穿戴都是严格按剧情精心设计的。《别窑》一场,王宝钏穿的葱花绿的缎子彩鞋、粉红缨子,穿的裙子、袄子,包大头,然后旁边吊一缕儿头发,唱的是【拦头】。从戏的情节发展来说,薛平贵马上就走,况且都被把后军督府改成先行官了,这去得晚了还要挨板子。王宝钏此时此刻的心情是

秦腔传统本戏《杏元和番》,又名《二度梅》《和番祭梅》等,内容取材于《二度玉蟹记全传》、清代天花主人《二度梅传》等,含折子戏《重台》《落花国》《渔舟记》《花亭相会》。是生、旦唱做并重戏。

很复杂的，既有新婚之后的难舍难分，又有对薛平贵处境的担忧，因此，贯穿于整个人物的就是伤心、不安和不舍，这时就容不得她慢慢地唱，李先生从剧情出发，以唱做并重的表演处理，把王宝钏内心的矛盾纠结，形神兼备地展现出来，真切感人。现在演的《别窑》，把戏的贯穿动作和整体节奏弄乱了，自然难以达到李先生那样感人的效果。

到了《探窑》，王宝钏穿的是蓝鞋、白缨子，那时候没有油彩，用的是水彩。李先生就拿清油把脸上的粉一擦，黑褶子一穿，头发一拢一搭，一个人的病态就活脱脱地呈现出来了，人物造型非常准确传神，把王宝钏贫病交加的生活境况，真实地展现在人们面前，没有只顾"头面"漂亮，而不顾人物形象。当唱到"……世人都想把官坐，谁是牵马绳镫的人"时把人物内心的苦闷与挣扎表现得淋漓尽致。

李先生确实有真才实学，不是一个没有功底的人。他的圆场跟别人不一样，我还真没有看谁那样走。他是两个胳膊挺直，穿着袄子、裙子往前跑，谁也没有那个身段，这个身段不能像《拾玉镯》穿上袄子、裤子那种跑，他那两个手垂下去，一直垂到大腿，两个肩头跟胳膊揉着往前跑，我看秦腔的戏里就没有那种跑法，京剧也没有。

李正敏先生每次唱《五典坡》前本，从《花园》到《飘彩》再到《探窑》，服装的讲究和漂亮，现在也不多见。就拿《探窑》来说，现在不管谁演都不像那么回事，光是在头上缠个布带子，那就是王宝钏咧？那不是，这样的装扮咋能是王宝钏？在人物造型上就和李先生差了很大一截子，更不要说唱了。当然，关于这些，还需要我们坐下来好好研究探讨一番，绝不是简单几句话就能断清的，要继承李先生的秦腔表演艺术，还真需要好好做些研究和探讨工作。不光是唱腔，还有表演，对人物的塑造等各个方面，需要我们好好继承学习。

李正敏先生正艺社两期的学生都是以"艺"字冠名。第一期的几个学生，像王艺润、吴艺慧、童艺民等出科以后一直在演出。特别是有个叫李艺平的学生，唱胡子生，对李先生崇拜得浪，演出的剧目有《奉瑶琴》《忠义侠》《辕门斩子》等，曾在西安红过一阵子，后来得了肺结核，嗓子塌了没声咧，就跟王东生先生一起来了渭南学习敲鼓。第二期的学生，我印象中有唱武生的田艺勇，小名叫"连仔"，后来和焦晓春结婚了。唱须生的田艺胜，唱小生的田艺俊——我叫俊琪哥。因受战乱的影响，正艺社后期长年流落外县，影响了学生的演出和训练，所以，正艺社培养的两批学生中，享大名者不多，但这些后来散落于各个秦腔社团的学生，都为秦腔艺术的发展做出了自己的贡献。

我现在还清楚地记得，当年有幸和几位前辈，在盐店街的五省会馆同台演出。李正敏先生演冯娘子、乔新贤演冯彦、杨义忠演冯彦儿子、我演王娟娟、陈西秦演马武。李正敏先生更是在无言之中，默默地关注着我的成长，有意地不断给我加大戏码，培养我、磨炼我，就是在演出间隙也借机给我说戏，指导调教。

"急忙忙没在庵中把衣换……"一个亮相，乐队的铜器就"／Dㄨ Dㄨ Dㄨ／匡匡才匡／衣才匡匡／才匡衣才／匡o／／……，"进去把裙子一扎，下来就是【浪头】，"／拉打／匡匡／才才打／匡才打／匡才／匡匡才才才／……"两个人就开始套开八字。李先生演的冯娘子穿的藏青色，我演的王娟娟一身白，李先生一边套着八字，一边跟我说："我娃注大了走哦，走宽一点哦……走稳……""／拉打……匡匡尺尺……匡尺……／"一边演着一边说，"走大一点、走宽一点、走稳健"。李正敏先生是个全才，不仅会唱戏，还会打板，嘴里"再走，走大一点，把脚步放开……"就藏在铜器里，观众还看不出来，就这样见缝插针说戏。

1953年从北京回来以后，我和李先生见得就少咧，因为剧团演出忙得浪，经常是一天两场，哪还有个机会去戏曲剧院把李先生看一下，没有这个机会，这个机会太少咧!现在回顾一下,李先生后期也是很无奈的,他不是没有想法的,在戏曲剧院的那段时间,虽然也教了几个学生,但也唱不来他的唱腔韵味,演员声不行就根本弄不成,最后也没有弄出个啥结果,我想可能他觉得就没谁能拿得动"敏腔",所以也没有留下一个真正能继承"敏腔"的学生。

学习和继承李先生的表演艺术,必须扑下身来认真对待、认真研究,准确把握人物特色,而不是随手拈来,任意发挥。你再是个什么大牌演员,对待别人的代表作品,也要尊重一点,要么不演,要演就先虚心看看别人是怎么驾驭角色的。有一次我见了剧作家王禾,我们曾有过合作,他的学养和艺术鉴赏很不一般,绝非时下一级编剧能比,唱词写得相当漂亮。他对我说:"你看,现在把李先生的经典戏《白玉钿·店遇》都演成啥咧,尚飞琼的几句唱:'忽听那边喊冤枉,轻移莲步近纸墙。湿破小隙将他望,却怎么才是梦中郎!……'都不知道这几句是个啥意思、啥情感,把个尚飞琼演得哪有个大家闺秀的样子。这些细节李先生演得那么好,难道就不会好好学学再演吗?"看来,李先生的作品还是给很多人留下了深刻印象,也得到了大家认可,但要是再不认真学习研究,好好培养后辈演员,以后恐怕就很难再看到类似李先生演出的经典之作了。现在探讨研究李先生的代表作,就要问人家为啥要那样子处理人物?人家演得好,你就可以充分地发

王禾(1936—2018年),陕西蒲城人。1960年陕西师范大学毕业,毕业后在白水中学任教。1972年调至白水县文化馆任创作辅导干部。1980年调渭南地区创作研究室。主要作品有《李十三评传》(与人合作),剧本有《碧血芳魂》《李师师》《皇帝与村女》《宰相刘罗锅》等,以及长篇小说《古槐》。

挥想象来分析、来评说，比如探讨《白玉钿》就光说《店遇》，说《五典坡》就光说《别窑》或者《探窑》，现在就没有人愿下功夫弄这事情，要说一个东西就把它谈透，这样才行，如果是泛泛地去说，肯定讲不出来个子丑寅卯。

李先生在《别窑》或者《探窑》里边不光是唱腔，人家的那种声情并茂，例如："……世人都想把官坐，谁是牵马缒镫的人！"李先生每唱完这句就是一个通堂好！关键是李先生对人物的把握、对情感的发挥，才把观众感动咧。

李先生当年演《五典坡》前后本嫌戏长，不均衡，前本长后本短，就把《闹窑》和《鸿雁捎书》去掉了，嫌《闹窑》俩丑角闹腾的时间太长。李先生演《五典坡》如果带《鸿雁捎书》，肯定是在《别窑》和《探窑》之间，《别窑》之后薛平贵误卯被责打贬为先行，挨打疼痛难忍这儿还有一大段表演，接下来才是《鸿雁捎书》，你要是在《探窑》之后接《鸿雁捎书》情理上就不通。现在就是要恢复《鸿雁捎书》，也应该是按照李先生演的接在《别窑》之后，所以说，对于传统经典剧目的改编一定要讲究，一定要树立样板，这可是秦腔的看家戏。你看人家国外对有些作品就不太改动，像莎士比亚、契诃夫的作品，你说你能不按《李尔王》的本子演，话剧演员在这点上还是体现出素养，知道《哈姆雷特》的独白有多漂亮，所以不轻易动。王瑶卿先生有"戏怎么好怎么改，不是怎么改怎么好"的箴言，梅兰芳先生也有"移步不换形"的真髓，传统戏咋样改才能情节人物合乎情理，又能出人意料之外，丰富塑造人物的艺术手法，才能让观众欣赏戏曲之美，受到感动和教化。如果改得情理不通，演得不伦不类，所谓创新就是徒劳的。

1933年，陕西秦腔五大班会集西安，竞相表演擅长剧目，《民意报》借此机会举办活动，评选生、旦、净、丑各行当前四名的演员，结果，李正敏以《五典坡》中王宝钏的杰出表演，列为旦角榜首，誉满三秦。1935年，由陕西籍电影明星周伯勋先生推荐，百代公司邀请李正敏先生赴上海录制秦腔唱片，灌制了《赶坡》《探窑》《白玉钿》《二度梅》《断桥》《走雪》《血泪鸳鸯传》《玉堂春会审》等八张唱片，每张唱片前均由周伯勋录播"百代公司特请秦腔正宗李正敏先生唱……"，年仅 20 岁的李正敏先生成为秦腔史上灌制唱片最多的艺术家。这八张唱片既是早期的秦腔唱片，也是民国时期在陕西、甘肃及西北地区最有影响的秦腔唱片，更是我们今天研究秦腔传统唱腔的珍贵资料。

在长达四十六年的舞台生涯中，李正敏先生先后演了一百多出本戏、折子戏。他一生执着地追求艺术，苦学苦钻，逐渐形成了自己的独特艺术风格，把秦腔艺术推到了一个新的高度。著名戏剧家封至模先生在 1932 年撰写的《陕西四年来之戏剧》一文中说："盖李之长在唱，彼时正嗓音完整，精神饱满，兼善运用，每唱一曲，虽大段亦一气呵成，耳音为之一快。"他把自己的一生都毫无保留地奉献给了秦腔戏曲事业，创立了独具特色的"敏腔"艺术，为发展秦腔艺术做出了巨大贡献。

李正敏先生赢得了张彩香老师等众多的秦腔人的尊重和爱戴，在"秦腔正宗"的名号下，"真善美"其实就是最真切的概括。

人生一知己

张彩香老师二十岁出头就成为渭南新民社的台柱子，深受观众喜爱，但除了事业，人生的另一半就是家庭生活。到了谈婚论嫁的年龄，常年排戏、巡演，整日在舞台上忙忙碌碌的她，却无暇顾及自己的私事。

张老师，既然渭南新民社不愿意让您离开，那您也就只有一心一意安心在渭南成家立业了。

确实，我当时可以说是事业有起色，但成家的事我还从来没有考虑过。一个是我觉得自己还小，再一个，我的心思一天都在演戏上，根本没有时间去考虑个人问题。跟我爱人认识，也是机缘巧合，通过别人介绍的。我爱人汪浔是上海人，1952年毕业于中央戏剧学院华东分院（上海戏剧学院前身）表导系，曾跟随院长谢晋拍过电影。他学习成绩优秀，思想进步。在学校时他就是青年团员，为了响应祖国号召支援大西北，一毕业就毅然决然地报名来到了陕西，报到后被分配到了陕西省文化局艺术处。上班后不久，即被派往渭南进行"艺术改造培训"，即"艺人改造培训"。这项工作在渭南开展了三个月，渭南方面负责这项工作的是专区文联的秘书长东侠轩。这三个月的相处，东侠轩秘书长对汪浔的印象非常好。感觉这个小伙子人很不错，有文化，知书达礼，待人接物也很好，非常喜欢他。

东侠轩的爱人和我同在渭南新民

汪浔（1927—2005年），上海人，1952年毕业于中央戏剧学院华东分院（上海戏剧学院前身）表导系，学习成绩优秀。1953年响应支援大西北号召，报名来陕西，被分配到省文化局艺术处。1958年曾任京剧大师尚小云先生秘书。1985年调渭南专区创作研究室任副主任。参与《中国戏曲志陕西分卷·渭南卷》《陕西戏剧志·渭南卷》的编撰工作，成绩突出。合作剧目有《秦王剑》。

社当演员，关系处得非常好，平时她就像对待自己的妹妹一样处处照顾着我。

东侠轩在工作中碰到了汪浔这么好的一个小伙子，回到家里就和他爱人说起了此事。汪浔因为独身一人在渭南，东侠轩就经常邀请他来家里做客，东侠轩的爱人对汪浔的印象也非常好。张彩香、汪浔，一个未嫁、一个单身。一来二去，他们夫妻俩就想给我们撮合一下。

当时，我正在北京参加全国戏曲会演，回来后又被西北戏曲研究院留了一段时间。东侠轩先和汪浔提起了这件事，汪浔因为还没有见过我本人，就答应先见个面。

有一天，东侠轩听说去北京参加会演的演员要回来了，就约汪浔一起去渭南火车站接人。谁知，戏曲研究院想把我留下，就找了个借口临时改变了行程。当时通信很不方便，东侠轩没有接到通知，带着汪浔赶到火车站，结果回来的人说我被戏曲研究院留下咧，俩人满头大汗白跑了一趟。

我在戏曲研究院一待就是一年多,对于家里发生的这些事一点也不知道。这时,汪浔在渭南协助开展的"艺人改造培训"工作也告一段落,做完总结就告别东侠轩夫妇,返回省文化局艺术处上班。

汪浔虽然回到了西安,和我同在一座城市,但因为牵线的东侠轩夫妇在渭南,况且,我还不知道这件事,汪浔自己又不好冒昧地找上门去,自然还是无法相见、相识。不久,我在省戏曲研究院的留置结束后,就回了渭南,一段姻缘的开始就此错过……

我回到渭南后不久,渭南新民社又来到西安巡演了一段时间。有一天,著名京剧演员童芷苓来西安演出《秋江》,正巧东侠轩在西安办事,汪浔就买了票请东秘书长看戏,还请他把我一起叫上,意思是借此机会俩人见个面。在南院门的西头,路北有一座新声剧场(1957年拆除重建,1959年建成后更名为东风剧院),当晚童芷苓的京剧《秋江》就是在这个剧场演出的。我和汪浔也是在这里第一次见了面,彼此印象都不错。

我看完戏之后就回到了住宿的旅馆,因为巡演任务已经完成,第二天,新民社的演员就要回渭南了,我要回旅馆,抓紧时间收拾收拾东西,也没有过多的言语,我们俩人就分了手。

在头天晚上看戏时,我随口说出在西安的巡演完了,明天要回渭南。虽是无意说出的一句话,但听者却用了心。第二天一大早,汪浔就来到了旅馆,要送我去车站。那个年代,住旅馆要自带行李、洗漱用具,汪浔拿着我的行李,我们沿端履门、新城广场、解放路,一路交谈着走到火车站。

虽然我们才是第二次见面,但是都有一种相见恨晚的感觉。到了火车站,两人依依不舍,分手之际,汪浔拿出了一本书送给我。我接过书一看,是刚刚出版发行的,由华南人民剧团著名戏剧家陈卓猷撰写的《演员创造论》。我对汪浔说:"你送我这干啥?我文化程度不行,基本就是个文盲,看不懂这么厚的书。"汪浔说:"没事,你学学嘛。"

我听汪浔这样说，也不好再驳他的面子，就郑重地将书装进书包，两人就此道别。

说起这本《演员创造论》，也算是汪浔和我的爱情信物，可惜在"文化大革命"期间丢失啦，我很心疼。你看能不能想办法，帮我在哪买上这个书？

看着老人满眼的期待，我一口答应下来："张老师，您放心，我一定想办法帮您找到这本书。"

张爱玲说："于千万人之中遇见你所遇见的人，于千万年之中，时间的无涯的荒野里，没有早一步，也没有晚一步，刚巧赶上了……"

这也许就是缘分。

就这样，我们俩人开始了交往。说是交往，其实更多的就是通过书信，交流各自的学习、生活和工作情况，见面的机会很少。我到西安演出时，白天排戏，晚上演出，在一起也说不上几句话，待不了多大一会儿。有时汪浔来到渭南公干，我又恰巧外出巡演去了，两人一年也见不了几次面。所以，只有通过书信来沟通信息、交流情感。

当面交流好说，提笔写信，可真难为我咧。因为我总共也没上过几天学，平时又根本没有动笔的机会，写的信就可想而知了，满篇都是错别字。

过去的秦腔艺人，没有几个人认识字的，他们记台词、学唱腔，一个靠记忆力好，另外就靠对戏的理解。我至今还记得，过去手里拿着剧本，但却不认识几个字，非常痛苦。

汪浔非常有耐心，每次都把我写给他信中的错别字全部改好，再给我寄回来。当第一次收到汪浔改好的信时，我的尴尬和痛苦劲就别提了，心里很不是个滋味，感觉很不好意思，丢人得很。小时候不爱上学，结果现在给人写封信这么吃力不说，还让人改了给寄回来，太没面子咧。

慢慢地，我感到汪浔是诚心在帮助我学文化，并没有丁点看不起我的意思。这样，心里才稍稍平复一些，但仍然很痛苦。没文化，书信交流上就是一个障碍。当年我去北京参加会演，杜锦玉像大姐姐一样呵护我，不仅照顾我的生活起居，还帮我扫盲，一个字一个字教我认，对我帮助很大。同时，也给我打下了一定的认字基础和良好的学习习惯。慢慢地，我凭毅力坚持认字，现在，又有汪浔这样一位耐心的老师，一有空我就认字学文化，逐渐就有了相当大的长进。

为了克服文化障碍，我一边唱戏，一边学认字。汪浔在其中给了我很大帮助，还教会了我用四角号码字典查字。我在看剧本时有不认识的字，就先画个圈圈，最后再集中在一起向汪浔请教，或自己查字典，这样，不光字认识啊，连啥意思也知道了，有时甚至连历史典故都一起掌握了。就是现在，我有不认识的字仍然靠查字典，四角号码的检字法，"横一垂二三点捺，叉四插五方框六；七角八八九是小，点下有横变零头。"至今仍应用自如。

哦，你等一下，我把我的四角号码字典拿来你看一下。

工夫不大，张老师递给我一本老版的四角号码字典，看到老人小心翼翼的样子，我都不忍心去触碰它。这本字典不仅从封面印刷来看年代久远，就是它斑驳的、近乎散架的外形，也显示出它陪伴主人有些年头了。现在的年轻人不要说用，恐怕也未必有几个人见过这种字典。它跟随老人走过了半个多世纪的沧桑岁月，经过了无数的文字海洋，我端详良久，把字典还给张老师，在我的眼里，这本字典足以显现出它的文物价值了。张老师接过字典，拿在手中爱抚着。

我买这本字典，也是在汪浔的触动下，下决心要识字学文化的结果。好咧，接着说我的爱人汪浔吧。当时在省文化局艺术处工作的汪浔，是一位非常有才华的年轻人，文化局内部汇报材料和对外宣传报道的文章，几乎都由他一人撰写，可谓是文化局的一支笔，很受领导的器重。从1952年毕业分配来到陕西，除去被下放农村劳动改造的几年，在省文化局一待就是三十多年。

我和汪浔经过一段时间的接触，在得到家里老人的认可后，就确定了恋爱关系。1957年，我和汪浔步入婚姻的殿堂，但也从此开始了两地分居的生活。我们俩人就在西安—渭南，这相距几十公里的地界里，上演了一出长达28年、现代版的"牛郎织女"。

我只要一想到演戏，就把啥都忘咧。那时候一天也确实忙得很，不是排戏，就是演戏。连领结婚证自己都没有去，是当时跟我在一起演戏的顾兰香帮忙领的。我们俩好像都有点工作狂的感觉，只要在一起，谈论最多的还是各自的工作，我跟他说我的戏，他跟我说他的文章，相互请教、相互学习。不仅我向汪浔请教，汪浔也不时地与我探讨交流，每当他写好一篇文章，只要我在身边，他都要念给我听，征求意见。我根据自己的理解和感受，直言不讳地如实提出观点，汪浔斟酌修改之后总是风趣地说："你还别说，你文化水平虽然不高，但却很有见地，从理论上来讲，夫人更胜我一筹。"这样的生活虽然少了许多的浪漫，但却让我们感到很充实。

开始介入导演的行当时，我总是觉得自己不行，文化程度不高，怎么能给别人去排戏？在汪浔的鼓励下，再加上领导和前辈的器重，可以说，硬是把我架到了风口浪尖上去锻炼。我有时候排戏，面对陌生的剧本，拿不定主意，就和我爱人商讨，对剧本的结构、台词是否准确、舞台调度怎么安排、演员情绪如何调动等，逐一进行梳理。我常常感叹，这一生幸得前辈、老师的溺爱、爱人的帮助，才成就了我，使我能一步步走到了今天。

在戏曲道路上的成长，我爱人的帮助是相当大的。汪浔是上海戏剧学院表导系的高才生，在戏剧导演方面，也是有自己独到的理解和想法的。但因为被分配到了文化局，这方面的才华也就逐渐被雪藏起来，操起笔杆，干起了与文字打交道的工作。后来，我干起了戏曲导演的工作，汪浔二话不说，业余时间重拾旧业，默默地做起了我强有力的后盾。

1983年，在上海戏剧学院的进修结束了，我按照和领导的约定如期回到了渭南。

我学成归来的消息在西安秦腔界不胫而走,也引起了不小的震动。

陕西省戏曲研究院刚招收了一批学生,训练班班主任姚伶得到消息后,就找到省文化局:"你们领导要想办法把张彩香给我调来,我很需要这个人来培养学生。"

马蓝鱼碰见也说:"姐,你到戏校来,咱俩排尚先生的《樊江关》,你演樊梨花,我演薛金莲,谁不来谁是小狗。"你看,马蓝鱼还跟我打起了赌。

我不好对她说与地区领导的约定,只能无奈道:"我能决定吗?这不是我想来就能来的。"

当时的委屈也罢、难受也罢只有我自己知道,省上的调令都到渭南了,人家不放,我也没有办法。

面对难以逾越的坎,有人给我出主意让我硬气一点,话说回来这有言在先,咱不能到这时候要硬气,还没等我想好怎么硬气一点的时候,渭南的主管领导就给我把路彻底封死了。

西安的剧团在打我主意,可以说事情已经公开化了,都在等我的最后点头同意。人刚学习回来,就闹出这么大的动静,渭南的领导可真有点

马蓝鱼(1936—),著名秦腔表演艺术家,一级演员,20世纪50年代就出了名,当年随三大秦班进京演出,巡演十三省。西北(后改陕西)戏曲研究院演员,曾任陕西省艺术学校副校长。1958年荣获文旅部(原文化部)"先进文艺工作者"称号。1958年、1959年两次赴京汇报和献礼演出《游西湖》,轰动京华、饮誉大江南北,受到曹禺、田汉等领导的接见、鼓励。更荣幸地接到了毛主席、朱德、宋庆龄、董必武、周恩来的请柬,出席了1959年盛大的国庆宴会。她扮演的李慧娘,见人见技,获得"火中凤凰"的美誉。

坐不住咧。

渭南行署副专员、宣传部部长、文化局局长，三人一合计，这样下去人早晚都会被挖走的，一不做，二不休，索性把事情做绝，让我也让所有人断了这个念想。

他们三个一起来到省文化局，从局长开始，接着是四位副局长，一个也没绕过，逐个开始做工作："你们把汪浔同志放到我们渭南吧，我们需要他来帮我们把戏曲研究工作抓一抓，提高了地区的戏曲研究工作，也是对全省的一大贡献嘛。请厅领导们放心，汪浔同志到了渭南我们一定会安排好。"

紧接着，渭南的三位领导又来到省文化局艺术处，找我爱人汪浔做工作："你在这大机关待着干啥？把你的才华都埋没咧，你应该趁着现在年富力强的时候，搞点具体事业，再说，你家里人都在渭南，你一个人待在这有啥意思，你到渭南来，我们一定把你安排好，保证让你满意。"

当年落实政策，我爱人汪浔，沦落到被安排在渭南砖瓦厂都没人要的省文化局当"笔杆子"，现在倒成了"香饽饽"，都说"三十年河东、三十年河西"，可这才几年，我当时就感觉到了人情冷暖、世态炎凉。

汪浔是个老实人，领导们体贴入微的"关照"，把话又说得天花乱坠，深深地打动了汪浔的心。他不由得想到多年来，不署名的文章、报告没少写，到头来却是花费了时间和精力，自己的业务研究没有任何收获。和我结婚已有28个年头了，西安到渭南的路途虽不是很遥远，但毕竟不在同一座城市，一周一天的休息时间，就是回一趟家，大部分时间也都耗在了路上，相互之间也无法照应，人到中年更渴望家的温暖，不想再奔波了。所以，汪浔没提任何条件，毫不犹豫就答应了下来。

当年我为了家人选择来渭南工作，本想着有可能回西安与丈夫合家团圆，没想到竟以这样一种方式实现了期盼多年的梦想。就这样，我们夫妻终于结束了两地分居的生活，渭南的几位领导也长舒了一口气："把你两口子都弄到一块了,看你还想走不?"

在渭南专区、宣传部、文化局三级领导的积极努力下,1985年,汪浔从省文化局调到了渭南。渭南专区为他成立了一个独立部门——创作研究室,主要负责小说、戏曲等创作研究工作,汪浔成为首任的创作研究室主任。

为了抢救、整理地方戏曲文献,他主动承担起了《中国戏曲志陕西分卷·渭南卷》《渭南秦腔志》的整理编撰工作,这是一项耗时、费工的文化大工程。汪浔是南方人,平时也不太听地方戏,但做起这项工作却得心应手,因为他大学所学的就是表演和导演专业。对一些地方戏方言术语不懂的地方,随时跟我推敲探讨。经过几年的努力,终于把散落在各地的相关于渭南的秦腔资料基本收集完成,非常出色地完成了渭南秦腔志的修订工作,受到了相关部门的一致赞誉。

汪浔从西安调到渭南,也改变了原来家里家外都由我一人操持、忙得不可开交的局面,现在则搭建了"女主外、男主内"的全新布局。说是"女主外",其实就是让我全身心地投入到工作当中,不用再为家里的事务而分心。汪浔是南方人,饭菜做得好。"男主内",就是他自己包揽全家人的一日三餐和日常家务,把家里买菜、做饭的事一人独揽下来,不再让我插手这些事分心,家中的一切事务他都安排得十分妥帖,井井有条。家务事其实是最繁杂的了,一天忙忙碌碌还不知道干了些啥。汪浔不爱说话,操持家里的事,他从来也没有说过啥牢骚话。渭南秦腔剧团但凡来过我们家的人,几乎没有谁没品尝过汪浔的厨艺。剧团青年演员卫小莉,在跟随我学习《昭君出塞》的那段日子里,汪浔就不重样地为其展示了三个月的厨艺。同样,团里演员冯爱琴,有一次被我接到家中疗伤时,也是汪浔想方设法提供饮食关照,我老父亲也力所能及加以关照。省电台的田秉义,他来渭南录《拾玉镯》的时候,汪浔准备做羊肉泡馍招待他,由于时间错不开,汪浔给他包了顿饺子,田秉义直说好吃!

"女主外、男主内"这种家庭格局,就是在两人都退休之后也没有改变。因为我的退休只是名义上的,实际上好像比我上班还要忙,整日都在团里的排练场忙碌着。汪浔也毫无怨言地继续进行着自己"分内"的工作,家里家外一刻不停地操持着。家和万事兴,一个完整的家,让我收获了久违的幸福和温馨,也让我圆梦的期望又近了一步,事业也更上一层楼。

遗憾的是,这种夫妻相伴的幸福时光,只持续了十几年,汪浔不幸病了。一次省电台通知我领奖,我的第一反应是自己走吗,生病的丈夫没人照看,这种情况下照顾好汪浔比什么都重要,还是让人代劳吧。这些年来,我的这些作为得到了许多同事们的认可,也有人曾对我获得演出之外的奖项质疑,但得到的答复是:"张彩香不仅戏演得好,而且人品好,配得上'德艺双馨'这荣誉……"我知道这是大家对我的抬爱,其实我这个人还是很简单,不求别的,安居乐业比啥都好。2005年,相濡以沫的老伴汪浔因病去世,这对我来说无异于晴天霹雳,使我失去了心理支撑和生活依靠。人家也是上戏的高才生,来支援陕西,跟我落户陕西,却没来由受了多半辈子的折腾,为了这个家,本不该他受的罪都受了,都说好人一生平安,因为我的缘故,这话在汪浔这儿落了空,以至于很长一段时间,我都无法接受这一事实……

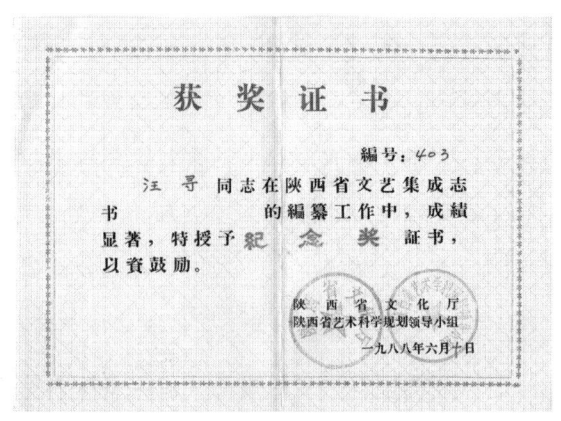

汪浔证书

我的师弟尚长荣，不知从哪知道了我所遭遇的不公待遇，心中也是愤愤不平，但却无能为力，只能在精神上给这个大姐一点安慰。我爱人去世，尚长荣因公务脱不了身，于是，就对我在上海戏剧学院上学的大儿子说："小南，渭南我去不了，你回去替我向你父亲表示哀悼。"并手书宋代诗人陆游的《卜算子·咏梅》："驿外断桥边，寂寞开无主。已是黄昏独自愁，更著风和雨。无意苦争春，一任群芳妒。零落成泥碾作尘，只有香如故。"说道："汪小南回去跟你妈说，让她不要有什么不愉快的，不要在意那些不公的现实，她的成功大家是有目共睹的。这个世界只有一种成功，就是以自己的生活方式过一生。香如故，永远是香如故，就是把你妈妈碾成面面子，踩到脚底下，还香如故呢。记住，永远香如故！"

尚长荣曾经和我在一起练过功，亲眼看见过尚先生给我排戏，也看过我的演出。对自己父亲当年收下的这个学生、自己这位师姐刻苦的学习精神是有一定了解的，所以时时了解我的近况，才会以这种方式来安慰。2007年春节，尚长荣还特意把我接到他上海的家中共度佳节。现在每到大年三十，都不忘给我打电话拜年，他不可能断了患难之中建立起来的这种亲情。

我觉得长荣非常善解人意，这首词反映了我当时的心境，理解万岁！师弟以此来鼓励、安慰我，乃是对我最好的慰藉和体贴。

看着哽咽的张彩香老师，我从内心深处完全能够理解，这份始于热心人牵线搭桥的邂逅，萌芽于书信交流中的互动，升华于生活细节中的感情，对两位老人来说，是多么的弥足珍贵。过往的不公，对张老师来说已是过眼烟云，这段经历了下放劳改的艰苦岁月、见证了两地分居、经受了"文化大革命"动乱考验的爱情，就是他们不离不弃、相濡以沫最好的归宿。

"千年等一回！"而这等来的幸福时光却又那么的短暂。

没有长相厮守相伴，却令人羡慕赞叹。

人生难得知己知音，曾经拥有足矣……

拜入尚门

张彩香老师是京剧"四大名旦"之一的尚小云先生的亲传弟子,但知道这一拜师学艺详情的人却并不多,这块金字招牌,她又为何不愿意打出来呢?

张老师,您是通过什么途径,从什么时间、在什么地方跟尚先生学戏的呢?

张彩香老师略作沉思,详细讲述了跟随尚先生学艺的前后经过。

我从不轻易跟别人提自己跟尚老师学戏的事情,是因为自己觉得很对不起老师。当年,老师那么辛辛苦苦地给我手把手地教戏,而我在秦腔艺术方面的成绩,有负于老师的期望……既然你想知道,话又说到这呗,那我就把拜尚先生为师的过程跟你说一说。

我跟尚先生学戏也是非常偶然的一件事,原来我想都不敢想。1951年12月和1957年8月,尚小云先生两次率剧团来西安演出,在西安引起轰动。

作为千年古都,陕西省十分重视省内文化事业的发展,陕西省文化局对戏剧事业的发展也有着初步的规划设想。当时,正在筹建陕西省京剧院,负责此项工作的省文化局副局长罗明，就想邀请尚小云先生共同创立陕西京剧院。在尚先生第二次率团来西安演出期间，负责接待的罗副局长，借机提出了自己的想法，邀请尚先生到西安工作一段时间，来讲讲学、指导一下陕西戏剧事业的发展。尚小云先生丝毫没有犹豫，当即表示："支援大西北，繁荣戏曲艺术，是我义不容辞的责任，我一定会为陕西的文化建设事业做贡献。"

得到尚先生的明确答复，省文化局就此事向陕西省委省政府作了专题汇报。罗副局长也紧锣密鼓地着手下一步的工作，并借在北京带队演出的机会，就借调尚小云一事向时任政务院（后为国务院）秘书长等中央领导作了汇报，得到了秘书长的大力支持。与此同时，陕西省政府向政务院就此事正式写了工作报告。

尚小云先生答应来陕西工作的消息不胫而走，在陕西文化艺术界引起了强烈的反响。陕西省委、省政府非常重视，指示省文化局一定要做好接待，各项工作都要考虑周密，不能出现任何疏漏。

尚先生是全国知名人士，当然要选派有知识、懂戏曲的文化人来负责接待工作。省文化局领导经过反复研究，当即派出全局唯一的、全国戏剧最高学府毕业的汪浔到北京去迎接尚小云先生。

陕西省政府的请示报告已送达中央政府，汪浔也如期来到北京，准备接尚先生赴西安，各项准备工作，都在有条不紊地进行中……

看似木已成舟的一项工作，只需按水到渠成的流程，帮尚先生办理好相应的手续就行了，谁承想，事情还没有开始就搁浅啊……

时任北京市市长的彭真同志，得知尚小云先生要离开北京去陕西工作，当时就有些不愿意："尚小云是'四大名旦'之一，全中国的文艺界名人，从我手里把人放走了，那算什么事？"

如此一来，汪浔可有事情干了，虽然不可能去协商、沟通此事，但在北京各相关部门东跑西颠打问进展情况，就成了他的工作。没有接到领导让他回击的电报，说明此事还有希望。于是，汪浔就按部就班地在北京的几个部委上起了"班"。这一待，可就遥遥无期啦……

事有凑巧。这天，北京市市长彭真同志，以及中国人民解放军总参谋长罗瑞卿同志，在北京吉祥戏院看完尚小云先生的演出后，亲切接见了尚先生，勉励他为戏曲发展做出更大的贡献。说起去陕西工作的事，彭真市长仍有些不舍地对尚小云先生说道："既然陕西的同志要你去，你就去吧，文艺工作者都要服从党和毛主席的号召，到祖国最需要的地方去。你接受组织安排，积极支援西北的精神可嘉。不过，西安需要你，北京也需要你，你终究还是我们北京的人。可不可以这样，将来你两头兼顾吧，在北京住半年，在西安住半年，至于户口嘛，暂时不要迁过去。北京的家也暂时保留着，在北京的工资也照发。"对于各级领导的关爱，尚小云先生十分感动，当即表示："我虽然去了陕西，但每年还是会回来的，也会再为北京的观众演戏的。"最后，双方约定："北京、陕西一边一半"。

"山重水复疑无路，柳暗花明又一村。"虽说好事多磨，但经过各方的共同努力，事情在不经意间却出现了转机。

至此，在北京

尚小云（1900—1976年），原名尚德泉，字绮霞。艺名三锡，初习武生，后改旦角，从孙怡云学戏，改名小云，以演青衣戏为主。与白牡丹（荀慧生）、芙蓉草（赵桐珊）并称"正乐三杰"。1927年至1931年光荣入选"四大名旦"。尚小云的唱腔，远承时小福，近师陈德林，满宫满调，字正腔圆，善于使用颤音，以刚劲著称；王瑶卿为其设计了峭拔、高亢的唱腔，汰除了旦角传统唱法中口紧字拙的缺点。他做功身段寓刚健于婀娜。武功根底深厚，更擅演刀马旦戏。尚小云在艺术上既潜心于继承，又致力于革新，一生排演了大量新戏，还把一些传统戏整理加工，增益首尾。他是中国具有深远影响的京剧表演艺术大师，尚派艺术的创始人；他在近六十年的舞台实践中创造出了"文武并重，歌舞兼长，清新英爽，洒脱大方"的京剧尚派艺术，对后世影响极其深远。其代表作有《昭君出塞》《三娘教子》《战蒲关》《秦良玉》《乾坤福寿镜》等。

滞留了三个月，汪浔终于可以回西安复命了。

从北京临启程来陕西之前，尚小云先生特意在北京饭店请汪浔吃西餐。席间，尚小云先生对汪浔说："汪浔，你的耐心太好了，这三个月辛苦你了，你看你胡子都没有时间刮一下，都长那么长了，真难为你了……"

1959年2月16日，汪浔陪同尚小云先生和家人及"尚小云京剧团"的部分演职人员来到陕西。至此，汪浔的接待工作终于告一段落。

因为尚小云先生来陕西工作的事情延误的时间太久，陕西省的领导都感觉这件事情好像有些渺茫，所以在西安的许多接待工作都没有衔接好。尚先生的突然到来，让陕西各方面都有点措手不及。住处好说，可以暂时安排尚先生全家人，在西安人民大厦住下来。而给尚先生配备的专职秘书，就不太好找了，既要懂戏曲，又要有文化。就在大家都感觉这件事情有点棘手之际，省文化局领导又想到了汪浔，这不是现成的人选嘛！

汪浔在负责迎接尚小云先生来陕西这件事情上，前期工作做得非常出色，深得尚先生欣赏，尚先生曾多次在不同场合说过："汪浔浪好，浪有耐心。"鉴于这种情况，省文化局领导当即研究决定，让汪浔暂时代任尚先生的文字秘书。

陕西省文化局艺术处处长袁光，找汪浔谈话，向他传达了局领导的研究决定。汪浔表示："组织能安排我去做这个工作，是对我的信任，我接受这一工作，我一定尽力做好。只怕我水平有限，不能让领导和尚先生满意。"

袁处长说："你就不要谦虚啦，你的文化水平和工作能力，都在那摆着呢。况且，尚先生对你印象也特别好，你一定能做好这项工作的。"

汪浔说："那我就试试吧。"

袁处长说："不是试试，而是要百分之百地做好。我们也知道，这段时间你浪辛苦，等找到合适的人选就把你换回来。说实话，不仅是我这里离不开你，就是局里的许多材料也还需要你来执笔呢。"

就这样，汪浔又临时受命了新任务。

1959年2月25日，由省文化局副局长罗明兼任校长的陕西省戏曲学校举行晚会。热烈欢迎尚小云先生落户西安，并任陕西省戏曲学校艺术总指导。

袁光（1921—2005年），又名定中，陕西华县人。1938年参加革命，历任中国戏剧家协会陕西省分会秘书长，陕西省文化局副局长，省文联委员、党组成员、书记处书记等。创作秦腔现代戏《兄弟会》《王继善翻身》《你想错了》等，改编导演了《王秀鸾》《白毛女》《石达开》等，并担当主要角色。与姜炳泰合作改编秦腔《屈原》，执导并主演，轰动边区，影响深远。中华人民共和国成立后，陕西人民出版社刊行《屈原》单行本。

为感谢陕西省人民对自己的厚爱，尚小云先生刚到西安不久，就向陕西省博物馆捐赠了66件名人字画和玉器。之后，又将自己40年来所购置的戏剧服装、道具等共755件，以及收藏的一批宋、元、明、清书画捐献给陕西省戏曲学校。汪浔在跟随尚小云先生工作了一段时间后，回来就跟我说："尚先生真是了不起，我真是深深地被先生的品格所折服，由衷地敬佩。"

回到家里，汪浔把跟随尚先生工作的这段时间，亲身经历的一桩桩、一件件事情讲给我听。我也深受感动，听着听着，心中突然闪现一个念头，暗自琢磨，依自己的条件，什么时候能拜尚先生为师，很好地学习戏剧艺术，使自己能在做人和唱戏两方面都有一个全面提高，想到这里，我又不由得摇头，这怎么可能？尚先生是戏剧界的大师、名人，我只是一个演地方戏的专县演员，从哪一点来说这想法都是一种奢望，可望不可即。算了吧，还是专心唱好自己的戏才是正途。

可有了这个想法，能不能实现暂且不说，但不说出来，不去试试，也就不是我的性格咧。心里老憋得慌，一连几个晚上都睡不好觉，这件事情在我心里的分量太重咧。一天，我试探性地跟汪浔说："你能不能把我介绍给尚先生，我想跟他学戏？"汪浔一听，立刻像不认识我一样看了我半天，愣神儿说道："你一个专县演员，尚先生能看上你、收你当学生？我不好意思开这口，怕丢人。还不要说尚先生的戏难演，没有功底你就唱不成，更何况，人家是全国知名的流派人物，怎么会收你当学生？不可能！"

汪浔的质疑，犹如一盆冷水当头泼下，我慢慢回味了一下他刚才说的那些话，似乎清醒了一些。汪浔说的也是事实，唉，没办法，连自己的爱人都不看好这事，那就肯定没有希望咧，也许命该如此？我也只好打消了拜尚先生为师的念头。

尚先生全家，在西安人民大厦临时住下来后，作为尚先生秘书的汪浔也一同住进了大厦。

一天，我从渭南来到西安，去大厦找汪浔。当时正好汪浔和尚先生在一起，汪浔就向尚先生介绍说："尚先生，这是我爱人。"

尚先生一听就说："哦，你就是汪夫人，你好！"同时伸出手来和我握手。

我还从来没有听人这样称呼过自己，尴尬得脸通红。

第一次近距离面对尚先生，我虽然心里很紧张，但尚先生和蔼的言语、慈祥的相貌，又激发了我跟尚先生学戏的念头。可没人从中引见说合，第一次面见尚先生，我还是不敢直接跟尚先生提及此事，说出来未免有些唐突。又是一连几个晚上睡不好觉，可又没有好的办法，这种欲罢不能的状态深深地折磨着我。想不出来好办法，也不能直接去找尚先生要求学戏，光是尚先生那句文雅的称呼就把我吓得要死，还怎么敢当面去跟尚先生提要求。

陕西省政府非常重视尚先生的生活起居，将位于东大街菊花园10号，民国时期著名政治家张凤翙府邸拨出，作为尚先生在西安的安家之所。

经过简单的整修、粉刷,又过了一段时间,尚先生全家就搬到了菊花园。从这时起,汪浔为尚先生服务的秘书工作也就圆满完成咧。

现在,菊花园更换了新的主人,完全又是另一种风格。这里既是尚先生全家的住所,也是一个大型的练功场。

菊花园10号,当年是西安唯一按陕西都督府规格建造的十间庭院。

大门结构如同西安传统大户人家一样,有门厅、门房,大门是两扇厚重的黑漆门,有一对石鼓竖在门框两边。大门前两个大柱子上,雕刻有一副对联,上联:大翼震九万里;下联:王世兴五百年。此联出自《庄子·逍遥游》"有鸟焉,其名为鹏,背若泰山,翼若垂天之云;抟扶摇羊角而上者九万里,绝云气,负青天,然后图南,且适南冥也。"和《孟子·公孙丑下》:"彼一时,此一时也。五百年必有王者兴,其间必有名世者。"整个院子为青灰砖铺地。

院子上房的客厅,满屋弥漫着松木香气,两座穿衣镜屏风足有两三平方米大,竖立在八仙桌两旁,镜前摆放着木制沙发,还有字画缸等用具。房檐很宽,有两米左右,摆放有方桌、靠背椅等家具,房檐下镶嵌着不少木制牌匾。卧室也很大,有百十平方米,铺着木地板,集休息、办公、就餐为一体。

1912年,西安改良秦腔迅速东进,渭南、大荔、华县、蒲城等地改良新班不断出现,使同州梆子地域日趋缩小,20世纪30年代后,这一古老剧种遂成绝响。中华人民共和国成立后,在党的"双百"方针指引下,陕西省文化局,于1957年责成新成立的陕西戏曲学校招收学员,成立了同州梆子团。尚先生全家搬进菊花园之前,在戏曲学校任艺术指导的惠济民先生,就在这里带了一个同州梆子培训班,任班主任。

尚先生来陕西之后,陕西省军区新生京剧团新生部移交戏曲学校,遂增设并同时开办了一个京剧培训班。同州梆子培训班和京剧培训班,分别有五六十名学员,这两个班的学员上课、练功分别在菊花园的两个练功场。

尚先生来到陕西后，对陕西的历史文化非常感兴趣，一有闲暇就喜欢到处走走、看看。一次，尚先生带着新任秘书、曾在省文化局艺术处与汪浔共事的雷云茂去马嵬坡。途中在兴平休息时，尚先生看到剧场门口摆放着一块戏牌，就走了过去仔细端详。当天，我正在兴平演出，尚先生看到《三休樊梨花》的戏牌，秘书雷云茂给尚先生特别介绍说："这个演樊梨花的张彩香是汪浔的爱人。"

雷云茂和汪浔，同在省文化局艺术处，和我非常熟悉，关系也很好，我的昆曲就是雷云茂弹着钢琴教出来的。

昆曲向来以"载歌载舞"著称，舞台表演异常丰富，身段优美，表演细腻。昆曲的唱是戏曲传统相当重要的一环。

唱念做打，唱戏首先便是唱。所以，为了唱好戏，我曾学习过昆曲的演唱。唱不好还谈什么唱戏？要把戏唱好，首先就得把曲子唱好，唱念做打，顺序是不能更改的。演员在舞台上演戏，所做的每一个动作，都是随着唱腔的节奏、曲词的内容来安排展开的。昆曲的唱念所涉及知识面广、文化底蕴高，并不是嗓音好、情感充沛就能在唱念上过关，还得顾及唱念的格律规范、审美传统。

因为我看不懂曲谱，雷云茂懂音乐，就一边弹着钢琴一边教唱，我广泛涉猎的学习劲头儿也很令雷云茂赞

昆曲，原名"昆山腔"或简称"昆腔"，是中国古老的戏曲声腔、剧种，现又被称为"昆剧"。昆曲是汉族传统戏曲中最古老的剧种之一，也是中国汉族传统文化艺术，特别是戏曲艺术中的珍品，被称为百花园中的一朵"兰花"。

昆曲发源于14世纪中国的苏州太仓南码头，后经魏良辅等人的改良而走向全国，自明代中叶独领中国剧坛近300年。昆曲糅合了唱念做打、舞蹈及武术等，以曲词典雅、行腔婉转、表演细腻著称，被誉为"百戏之祖"。昆曲以鼓、板控制演唱节奏，以曲笛、三弦等为主要伴奏乐器，其唱念语音为"中州韵"。昆曲在2001年被联合国教科文组织列为"人类口述和非物质遗产代表作"。

叹。所以，这时他就在尚先生的面前着重介绍了我。

尚先生听雷秘书这般介绍，也来了兴趣，便买了票进了剧场，在后排看了一会，随即离开了兴平。这一切我全然不知，继续着我的演出工作。实在没想到，《三休樊梨花》竟不期然地成了我投师尚门的"开山石"和"金钥匙"。

雷云茂（1911—1998年），陕西澄城人，中共党员，大学文化，以音乐、书法见长。长期从事中、小学教育工作，任音乐、国文老师。1948年经姜炳泰介绍加入陕西省三原分区文艺工作团（1950年改为陕西省文艺工作团），任乐队队长兼教员。1955年调陕西省戏曲学校做教务工作兼尚小云秘书。1963年调陕西省京剧团。1979年离休，为艺术教育工作奉献了一生。

渭南县戏曲剧院新民团（一团）在兴平的巡回演出结束后，就来到了位于西安市北大街的五四剧院演出。

五四剧院

在演出间隙，我看到剧场经理赵清泉先生在整理自己的相册，其中有一些全国戏剧界名人的照片。我好奇地凑上去问道："赵经理，您咋会有跟'四大名旦'这些名人合影的照片？"

赵经理听到问话，不无得意地指着一张合影照片说道："哦，你说这个，我告诉你吧，我可是大学的留校生，北京我都不诗啦，我就喜欢戏！你看，这是我大哥，这是我二哥……"

我乍一听，可是吃惊不小。我的妈呀，眼前的这位不显山、不露水的

西安五四剧院是在京剧四大名旦梅兰芳、程砚秋、尚小云、荀慧生关怀下，由西安五十八家工商业者集资兴建，1954年4月8日落成。经理赵清泉请梅兰芳为剧院题写"五四剧院"门楣四字。荀慧生、尚小云等都为其题词作画，馈赠锦旗祝贺。

赵清泉，河南新乡浚县人，出生于1909年7月，1932年毕业于上海劳动大学。1943—1953年在铜川四矿西安办事处任主任、西安上海永兴建筑材料行任经理。于1953年初发起并成立"五四剧院股份有限公司"。因为五四剧院工程竣工于1954年，"五四"又是中国新文化运动的纪念日，故而新竣工的剧院就起名为"五四剧院"。

赵清泉是一个非常热爱京剧艺术的人。五四剧院的一砖一瓦、一草一木都浸透着赵清泉的心血，在陕西说到京剧，不能不说到赵清泉先生。可以说：没有赵清泉，就没有五四剧院。

1970年3月26日，赵清泉逝世。在1979年4月5日补开的赵清泉同志追悼会的悼词中，对赵清泉同志的历史作了实事求是的结论："一切诬陷不实之词予以推倒，给赵清泉同志平反昭雪。"

——节录于各界导报谷雨《赵清泉与五四剧院》

赵清泉经理，居然和"四大名旦"是把兄弟，这可真是千载难逢的好机会。平时演出常来常注十分熟悉，在赵经理面前说话从不拘谨的我，此时却犹豫起来，不知怎么张口，可这机会转瞬即逝，不好好把握岂不可惜？没什么好犹豫的！我立即壮着胆子、红着脸、小心翼翼地说："赵经理，我想跟尚先生学戏，您能不能把我介绍给尚先生？"

赵经理一听，爽快地说道："那有啥不行的，可以。我看你演戏挺好的。哎，你想跟尚先生学戏，汪浔咋不给你引荐？"

赵清泉经理常和文化局打交道，所以跟汪浔也很熟。

我也没有隐瞒，如实地说："他怕丢人，不给我去说。"

赵经理一听大笑道："这个汪浔，真是个典型的小知识分子做派，面情还薄得很。好吧，我不怕丢人，我去说，这事包在我身上啦。"

于是，赵清泉经理就和我约好时间，一起来到尚先生菊花园的住处。

一进门，尚先生一眼就认出了我，说道："你是汪浔的爱人？"

我说："就是。那天在大厦，您把我'汪夫人'那样一叫，把我吓的，尚先生，您不要那样叫我咧，折杀我咧。"

"在兴平演《三休樊梨花》的也是你吧？"

"就是，您看咧？请老师指教。"

《三休樊梨花》是说，薛丁山怀疑樊梨花投唐有假，提枪与其对阵。用妹妹金莲的计策，以三款大罪休弃之。塑造了一位才貌双全、英勇善战的巾帼英雄形象，表现了樊梨花以国为重、不计私怨的胸怀和气度。可能尚先生就看了我演的第一场。唱的慢板，有几个身段，就是樊梨花和薛丁山两人都扎的大靠、提着长枪较量的对手戏。

尚先生思索片刻问我："你不是学秦腔的吧？"

我答道："就是，我就是学秦腔的。"

"我看你咋不像学秦腔的？你不像，你不土气。"

"不土气？"我也不知道我为啥不土气，心里琢磨着说道："那您看我像学啥的？"

"我看你像学京剧的，你看你唱完以后那个背相、你的走路、坐在椅子上的做派……都挺好的。你的身段非常规范，你后边那个枪架子打得也很好。但演小生那个演员，扮相我看不太好。这些动作是谁给你教的？"尚先生一边说一边比画着。

"是惠济民惠先生教的。"

"惠先生一点都不保守，演戏很大气。惠先生演戏我也看过，你学得还挺不错的。那跟我学戏，你能下得了那个苦？"尚先生问道。

"我能！怎么都能。"我不假思索地赶忙回答。

"行了，我要你了，要你了……你嗓音条件不错，唱得也好，可惜我听不太懂，哈哈哈……"

尚先生当时就拍板定下收我当学生。

停顿片刻，尚先生像是又想到了什么事情，问道："对了，你演的《三休樊梨花》是谁给你排的？"

我回答："没人给我排，是我自己瞎琢磨的。我从小就喜欢看电影、看话剧，从中受到了很多启发，为了看戏、看电影，宁可不吃饭都行。"

尚先生像是自言自语道："不简单啊，戏剧功底真不错。"

真是喜从天降！

我简直都不敢相信，奢望了这么久的事情，转眼之间，轻而易举就成为现实。

后来我听尚长荣说起这事才知道，尚先生能收我做学生，虽是看着汪浒和赵清泉的情面，但最主要的是他看了我演的《三休樊梨花》，对我的戏曲功底有了了解，才决定收我学戏。

从尚先生家里一回去，我就跟我爱人说了。汪浒听说之后，先是一愣，随后看我不像是在开玩笑，心里也是非常高兴。回到省文化局，就跟他们艺术处处长袁光说了这件事。袁处长一听，马上说道："尚先生要收你爱人学戏？这在咱们陕西可是大事，绝不能草率了，一定要好好张罗一下。"随即，袁处长二话不说，就派人去安排拜师会的相关事宜。

赵清泉经理后来见到汪浔不无调侃地对他说："好你个汪浔，架子大、面情还薄得浪，不好意思去跟尚先生说，怕丢人？！你爱人戏唱得那么好，我不怕丢人，我去跟尚先生说。我跟你说，尚先生对张彩香这个学生喜欢得浪，浪欣赏她的表演。"

这里还有一个细节需要说明一下。我不仅跟惠先生学戏，在渭南新民社，还曾经跟一位京剧老师黄永祥练过功——京剧的把子功和毯子功。唱念做打是戏曲艺术的特殊表演手段，四者有机结合，构成了戏曲表现形式的特点，是戏曲有别于其他舞台艺术的重要标志。黄永祥老师对我的训练要求也非常严格、规范，没有留下什么毛病，所以，我的舞台动作才会带有一些京剧的形体韵味。尚先生是中国京剧代表人物之一，一眼就看出了我身段包含的京剧成分，所以才会有尚先生后来的一番赞叹。

以我们夫妇的名义，由省文化局艺术处袁光处长派人安排，在西安饭庄摆下了三桌拜师宴。尚先生和夫人王蕊芳女士、儿子尚长荣一同来到了拜师现场。同时还邀请了中国戏剧家协会理事、剧协陕西分会副主席姜炳泰及陕西省文化局的相关领导和秦腔界前辈、朋友参加，我的好友马蓝鱼等人也都前来祝贺。

既然是非官方的拜师仪式，赵清泉先生作为我拜师的引见人，又是尚先生的好友，司仪的角色就非他莫属了。

第一项：学生向老师三鞠躬。

第二项：学生念保证书。

第三项：尚小云先生讲话。

紧接着是来宾讲话。

……

仪式进行得非常规范、庄重。

就此,我终于拜入尚小云先生门下,了却了自己这段时间以来的一个心愿。只可惜,这次的拜师仪式并非由官方组织承办,因此相关的资料中都没有记载。我自己也只记得是1959年,具体日期不记得了,也许是太高兴咧,一直都没有从兴奋中回过神来,所以才有此疏漏。

当时的西安市副市长张锋伯先生,也应邀参加了拜师会。他对我说:"你一个渭南人,唱戏都唱到西安来咧。"我一听这话就急忙辩解:"我就不是渭南人,我是西安人。"

我拜尚先生为师,渭南县戏曲剧院新民团(一团)非常重视,批准我专职到西安跟尚先生学戏。

尚先生收下我这个学生,给我排演的第一出戏就是《昭君出塞》。作为尚派代表剧目,尚先生在这出戏里采用了"文戏武唱"的方法,载歌载舞,声情并茂,把京剧旦行几乎所有的步法都组织进去了,还吸收了武生的身段动作。我在西安人民大厦礼堂,曾多次看过尚先生演这个戏。我打心里喜欢这出戏,没有其他复杂的想法,就一个念头,就是想学这个戏。所以,就请求尚先生给我排这个戏,因为这个戏特别符合戏曲表

姜炳泰(1912—1980年),陕西渭南人,戏曲理论家、剧作家。1928年参加革命。1958—1978年任中国剧协陕西分会副主席。改编的秦腔剧目有《法门寺》《屈原》(与袁光合作)、《游西湖》(与马健翎、袁多寿、黄俊耀、张棣赓合作)。撰写有《神话与艺术》《论劳动人民的求实精神》《古为今用 推陈出新》《论古典戏曲的人民性》等戏曲研究论文。

演，而且尚先生在这出戏里，创造了很多优美的身段，那是一般人学不来的身段。

菊花园里有两个排练场，一个是京剧培训班的，另一个是同州梆子培训班的，两个排练场都很大，顶棚用席子搭建而成。尚先生一家在菊花园后院居住，惠先生当时带的同州梆子培训班也在菊花园。为了让我跟尚先生学戏方便，惠先生跟尚先生商量，在菊花园前院，自己办公室旁边，给我安排了一间宿舍，吃饭就和京剧班的学员一起吃大灶。

我每天早上吃完早点，就先去后院尚家门口接尚先生一起去京剧排练场，然后就开始上午的训练。

为了专心地跟尚先生学好《昭君出塞》，渭南县戏曲剧院一团副团长王建英，还根据戏的需要特意给我调了郭彬演马童。

尚先生出身于一个很有名望的大家族，为人非常正直，生活简朴。尚先生是太爱戏了，近六十岁的人啊，每天晚上吃完夜宵，十一点左右就开始练功。他不抽烟、不喝酒、不打麻将，就是一口饭，《北京旧事》里有记载，在梨园行，尚先生是非常仗义疏财的。

尚先生的这些品行，让我很受感动，也深深地影响着我。

《昭君出塞》全剧充分反映了尚派饱满、强烈、刚健、豪放的风格，通过种种程式化的舞姿创造了一系列动态画面。尚先生运用了大跨腿、大弓腿、大扬鞭、急蹉步和上马时单足颠颤、跺泥、趟马、圆场等动作，细致地刻画了王昭君的离愁别恨和边塞的风光氛围。塑造了口中曲子、盔上翎子、手里马鞭、身上斗篷等多个技巧，"马活人俏"的王昭君，被誉为活的"佳人烈马图"。尚先生着意区别"马下昭君"和"马上昭君"的不同点，注意"昭君上马"和"马上昭君"的身形变化。"马上昭君既要有人，又要有马，马是烈马，人是佳人；一身二用，神形兼顾"，真正体现了我国写意戏剧的精神实质。现在京剧舞台上演出的《昭君出塞》基本上都是按照尚派的这个路数表演的。

三伏天的西安，就是一动不动待在原地，也会汗流浃背，更别说练功排戏了。尚先生每天下午两点钟，午休后就坐到排练场。闷热的排练场也没有电风扇，他就在排练场边不停地扇着扇子。尚先生言语不多，却非常威严，这一刻对我就只有一句话："六十。"

为了练就舞台动作的稳健敏捷、

王建英（1921—1998年），号昕侯，春怡斋。陕西省大荔县汉村乡人。大专文化，曾任中心学校及县卫生学校校长，渭南地区剧团团长，县政协委员。1944年毕业于陕西省立同州师范，在校参加美术研究会，任教时办过两次个人美术展览。1959年任渭南戏曲剧院一团副团长，1986年退休。1987年从中国书画函大毕业，后为中国书画艺术研究会陕西分会会员，海内外书画艺术联谊会会员，渭南地区书协、陕西省老年书画协会渭南分会会员，湖南张家界中国文化艺术研究会会员。被评为淮海书法艺术学校导师、浙江省永康丽州书画社书画师和理事。曾先后参加外省及陕西省、地、县书画展十多次，获一、二等奖和佳作、优秀奖。传略编入《书画纵横人物录》和《艺海秋实》。

身轻似燕、足快如风地疾步速行功夫，我头上顶着碗，两大腿夹一把笤帚，和饰演马童的郭彬一起，就开始跑六十个圆场！

这每天六十个圆场一跑就持续了一个多月。

跑完圆场，尚先生就开始给我说戏，边说边示范。

排练时，尚先生时常对我说："好好练吧，我也是这样过来的。"

每天的训练，除了跑圆场，还有走台步。大台步、小台步、耗腿、踢腿、拿大顶，项目很多。但最主要的还是跑圆场，因为《昭君出塞》这个戏，更多的是要通过圆场中的身段变化来表现情感的起伏，所以，圆场必须要过关。

经过一段时间的训练，我慢慢地就领会了尚派跑圆场与众不同的特色要领，运用起来逐渐得心应手，起落准确，跬步不失。能越跑越圆，有前激后荡之势，对于这一点，我有切身体会。

跑圆场时先正步准备，单山膀、单手叉腰、双腿伸直、大腿靠拢，规律是前脚脚跟、后脚脚掌，当前脚由脚跟压到脚掌时，后脚向前上，这样连续上步移动。大腿要松弛、吸腹、松肩、夹屁股，两膝盖内侧要贴紧。不仅如此，还要在跑的过程中注意气息的调节，动作要美、要帅。

戏曲这个行当，必须要靠演员的基本功打底。武功不过硬，表演起来身上就松松垮垮，没有聚合力。戏曲的功底和芭蕾舞不一样，芭蕾舞演员是全身提气，重心上提，戏曲演员则是从腰部以下着力。

训练是相当辛苦的，我有时自己都感觉已经达到极限了，实在是坚持不下来了，心里总在盘算："这种训练什么时候才能结束？我在渭南好歹也是个成熟演员，哎呀妈呀，哪受过这样的苦。"但想归想，六十个圆场我一个都不敢减。

惠先生也时常会到京剧的排练场走走看看，看着我每天练功如此辛苦，从小看着我长大，心里也多少有点不落忍。惠先生对我的情况太了解了，这么大的训练强度，我肯定难以支撑。每天的训练结束之后，当他看到我手里拎着被汗水打湿的衣服往宿舍走来，都要问问："你学得怎么样？""能学懂不能？""可不可以坚持下来？"

说到这里，我还要说一说惠先生。按江湖的说法，"一徒不拜二师"，虽说我幼年时没有在惠先生那里举行过拜师仪式，可怎么说惠先生也是我的启蒙老师，现在我又跟了尚先生学戏，惠先生一点其他的想法也没有，反而还时时地关心我，担心我学戏跟不上。

作为启蒙老师，我在惠先生的眼皮子底下，又拜了尚小云先生为师，说我拜了名师是攀了高枝也不为过，而惠先生却一点也没有流露出对我的嫌弃，反而还时时关照我、爱护我、体贴我。我现在回忆起当时的情景仍感慨万千，惠先生确实是大家风范，心胸开阔。仅从这一点来说，我感觉自愧不如，假如是自己碰到这种事情，心里一定会很不舒服的。

我从小就跟着惠先生学戏，就像面对自己父辈一样，在惠先生面前无所顾忌，有什么说什么，非常信任。面对惠先生的询问，我说："我咋觉得我现在都不会演戏咧，胳膊腿都不知道怎么放，连路都好像不会走咧。"惠先生每次都安慰道："没事，慢慢学，习惯就好咧。尚先生是戏曲名家，自有一套自己教戏的章法，只要你能坚持下来，就一定会有了不起的进步。"

每天六十个圆场下来，陪练的马童就像是从水里捞出来的一样，浑身都被汗水湿透了，见此情景，尚先生总是风趣地说："我看你不像个马童，倒像个水牛，哈哈哈……"直到现在，尚长荣还记得父亲当年说过的话，见到我总是问："大姐，你那个水牛马童还好吧？回去向他问好！"

尚先生就是这样，严谨中不乏风趣幽默。

尚先生给我排戏时都六十岁了，但还是做到事必躬亲，一个动作一个动作认真地教，反复示范。

就昭君上马的那几个身段，我在尚先生的客厅排练时，一个抬腿跺脚动作，反复做、反复做，就是不得要领。尚先生就亲自示范，弯下腰把我的腿拿起来说，"等我放下你的腿，你就知道这个感觉怎么样，这个再起来，再来个弹跳……"把我的腿拿上来，再按下去，反反复复。

尚先生始终坚守着对艺术的求真态度，从不放过任何一个细小的动作，教学生都教到了这种细致的地步，实在令人钦佩。

一个"蹦子翻身"动作，铜器点来源于京剧的【四击头】。在铜器里原地跳转一个翻身过来，身体还原成原来的状态，一条腿一起一落，下来2/4拍节奏的"／打呆／仓o／仓才嘟／仓呆才呆／仓o／／"，另一条腿再一上，"咣"站定，用了三个翻身，而后跺脚、跐步、亮相。这是个武功身段，只有反复演练才能准确到位。

我这回是彻底弄蒙了，不知所措，我也是唱了多年戏的"老"演员啦，跟着戏班走江湖，三意社也唱、正艺社也唱，甚至中华人民共和国成立前在五洲大药房，还唱过堂会。不就是个唱戏嘛，哪有这么复杂，压根就没有见过这种场面，这真像是要让人脱胎换骨一般。

真正到了排戏的场面上，我才知道以前的眼界是多么的狭小。锣鼓点一敲，尚先生排的这些动作，每一步都很自然地衔接起来，像连环套一般，一环扣一环地套到了一起，非常连贯、自然，丝毫不感觉矫揉造作。

我这时才发现，自己与大师的差距到底有多大，那真是天壤之别。跟尚先生学戏以来竟然不会唱戏咧，按说我也唱了不少戏，怎么自从跟了尚先生就像成了傻子一样，啥也不会咧，连路都不会走咧。这是我的真实想法，这时来也才真正体会到当初汪浔说的"尚先生的戏难演，没有功底儿你就唱不成"并非空穴来风。看来空有一腔激情，不下苦功还真就学不好。

我还有个不服输的劲儿，越是这样，就越是发愤努力、苦练基本功。老师给了我这么多东西，不仅教我学戏，还给我做人。我有病咧，安排人照顾我……我是凭啥让老师这样对我？老师图了我个啥？要说我的单位也没有名气，一个渭南的专县剧团，我有什么资格让老师对我这么好……自己一个演地方戏的县区演员，有哪一点值得先生下这么大气力给自己教戏？在我的心里，其实早定下了目标，就是一定要努力跟尚先生学好戏，得不得奖倒是次要的，关键是不能让尚先生失望。

我看着尚先生每天给京剧班的学员上课、给自己排戏，非常辛苦，却不知道能做点什么报答一下老师。尚先生家里有生活秘书、有厨师，家里的日常事务也什么都不让我做，最多有时帮着扫扫院子。有一天，我在街上买了一盆花抱回来送给尚先生。"老师，您看这花好看不？""很漂亮！"

其实，院子里根本就不缺花花草草，但能为老师做的也只有这么一点儿。

我每天练完功之后，都要把尚先生当天教的戏重新走一遍，认真地领悟一番，充分做到每一个动作都烂熟于心。

1960年4月5日，陕西省戏曲青年演员会演大会在西安隆重开幕。参加会演的有省、市和专县的二十二个演出代表团，两千多人。甘肃、青海、山西、河南及宁夏等兄弟省（自治区）和陕西省各专、县（市）文化单位派员前来观摩，共演出62场晚会。

1960年，陕西省戏曲青年演员会演大会开幕在即，各个剧团相互之间都憋着一股劲，希望自己的演员能在会演中崭露头角。我跟尚先生学戏也有段时间了，渭南专区和剧团的领导也对我寄予厚望，希望我能拿《昭君出塞》去参赛。

尚先生怕我没学到家、演不好，不让我拿这出戏参加会演。渭南的领导得知这一信息，一下就急啊，专区、剧团领导班子全部人马，呼呼啦啦，一齐来尚先生家做工作，期望能打动尚先生。

尚先生一看家里来了这么多人，就侧身悄悄地问我："他们都是干什么的，怎么一下来了这么多人？"我回答道："都是我们渭南专区和剧团的领导。"

尚先生一听，为了避免领导们尴尬，也为了尊重领导的意见就说："这样吧，等我看完她的彩排再定。"接着又对我说，"秦腔传统戏那么多，你不会去演吗？《杀狗劝妻》《拾玉镯》不是你的看家戏吗？为什么不去演？"

专区领导一听赶紧接话："尚先生，您看，《昭君出塞》这个戏是她在陕西跟您学的，不能让您白辛苦啊，应该让她上台表现一下。"

尚先生说："我该教的都教给她了，让她再练练吧。要参加会演，等彩排我看了再说。"

听了尚先生这样说，渭南专区的领导知道再多说也无济于事。

我知道自己学得还欠火候，无法让尚先生满意就不能演。于是，我就更加努力地刻苦训练，每天把行头穿戴整齐，像正式演出一样地练。渭南县戏曲剧院一团专门把乐队调来陪我排练、演出。

终于到了彩排这一天。

彩排，安排在西安南院门新竣工的东风剧院。

锣鼓点儿一响，我一出场就看见台下坐在第一排的尚先生。虽然有心理准备，可一看见尚先生，心里还是条件反射般地一惊。我不知道尚先生是什么时候到场的，这一紧张嗓子像被噎住了，第一句没唱好，我迅速调整了心绪，"反正已经事到临头，好坏就这一下咧，一定要演个样子让老师看看……"

我使出浑身解数，全力以赴，博得了前来观摩彩排的各位领导一致好评。演完之后，尚先生一句话没说就离开了剧场。下了场，因为没有听到尚先生的点评，我心里七上八下的，不知能否过关。

过了一天，尚先生给已经回到渭南的我打电话说："可以演，你继续准备吧，但要放到戏曲大赛的最后。"

作为全省戏曲青年演员会演大会组委会主任，尚先生可以统筹协调演出日程。从这一点也可以看出，尚先生对艺术的严谨，对学生要求的严格。此后，我又扎扎实实地排练了一个月。

又过了一个月，全省8个市、县、专区会演的剧目都快演完了，最后才轮到我演出。

演出安排在中午12点开戏。一大早儿，尚先生派张静榕秘书把自己的行头——披风、翎子、剑、马鞭等服装道具给我送到剧场。我手捧着张秘书递过来的行头，眼泪控制不住就流了下来。自己一个专县的小演员，能得到尚先生如此的关心，真是无以回报，只有好好演戏，不枉尚先生对我的栽培。

尚先生把自己的私房行头，都派人送到了演出现场，怎能不叫我激动落泪，又有几个演员享受过这种待遇？

最终，《昭君出塞》参加了在西安举行的陕西省戏曲青年演员会演大会，尚先生的辛勤付出，总算有了满意的收获，我获得了青年演员优秀奖。

在陕西省戏曲青年演员会演总结大会上，陕西省省长李启明讲话时还鼓励道："年轻演员是我们秦腔的未来，我们要多培养一些像张彩香这样的优秀演员……"

我取得的成绩得到了领导、同行和观众的赞许，1963年，我光荣地当选为陕西省第三届人民代表。

《昭君出塞》不仅使我在会演获得了成功，我的基本功也在学戏中有了质的提高，尚先生非常高兴。

会演结束后，《昭君出塞》随陕西省戏曲巡演团到太原、榆次等地，巡回演出了半年多时间，沿途受到广大观众的热烈欢迎。

如果说《杀狗劝妻》《拾玉镯》是我的看家戏，那么《昭君出塞》就是我艺术事业的一次飞跃，更激发了我跟尚先生学戏的热情。

尚先生来到陕西后，省文化局副局长、陕西省戏曲学校校长罗明专门为尚先生准备了《反延安》剧本，尚先生对剧本进行了调整，排练后易名为《双阳公主》进行公演。尚先生在排这部戏的时候，我作为学生就跟在尚先生身边，说是帮忙提个东西、倒个水，其实是有更多的机会，近距离观察尚先生对剧中人物的处理，揣摩尚先生的一招一式，后来，尚先生也给我排了这部戏，还亲授了《樊江关》《失子惊疯》等。

在即将随陕西省戏曲巡演团赴外地演出前，我对尚先生说："先生，我这次一出去就要很长时间，我想跟您照个相，您看行不？"

尚先生很爽快地就答应了："可以呀，

张彩香《昭君出塞》之青年演员优秀奖证章

你也跟我这么长时间了，我还有东西要送给你。"说着就去书房取出一把折扇交到了我手里。

打开一看，是尚先生亲自画好的一幅扇面，画的也是我最喜欢的紫藤，并题好了字：

时值盛夏正炎热，暑气逼人奈若何。
幸有紫藤覆庭院，浓阴蔽日惠我多。
一九六一年八月 彩香贤契来西安学习作此小画留念 尚小云

尚先生对我说："这是我画的，画得不好。"我小心翼翼地收好扇子，心里万分激动，真是太珍贵咧，这是尚先生对我学习成果的认可，也是对我最大的鞭策和鼓励。尚先生接着说道："明天中午吧，明天中午吃完饭，就可以去照相了。"

第二天上午，我照常练功，练完功赶紧吃了几口饭，换了身干净衣服就匆匆跑到东大街大世界理发店。因为整日练功，出汗，也顾不得修饰边幅，我可不想头一次跟老师照相，就一副邋遢相。我让理发师傅给我洗了一下头，又吹了吹，大致整理了一下发型，就急忙跑回菊花园。

当我兴致勃勃地赶到尚先生家门口时，只见尚先生就站在家门口的台阶上，看到我满头大汗奔跑而来，不由得怒气冲冲地说道："我一天没有别的事情做，就光侍候你张彩香一个人吗？"说完，转身回到屋里，"啪"的一声，重重地把门关上，屋里再没有一点动静。

我从来没见过尚先生发脾气，见此情景，吓得一个趔趄，站在了院子当中进退不得。

尚先生的车就停在我身后的便道上。司机王师傅原本看见我跑进了院子，想着尚先生可能就准备要走了，遂下了车，站在车门旁，等着给尚先生开车门。尚先生一发脾气，王师傅也吓得又溜回了车里。

尚先生回到了屋里，我吓得一直没敢动地方，就在院子里呆呆地站立着。当时正值立秋前后，西安天气闷热。我在院子里，一站就是两个多小时。头上的冷汗、热汗混杂着直注下淌……

两个小时之后，尚先生的夫人走了出来，轻声轻气地对我说了一句："我跟你说，老师换衣服呢，你等一会儿。"说完就回了屋里。

一会儿工夫，尚先生穿戴整齐地走出房门，一句话也没说，径直走到车旁，王师傅赶忙打开车门。我见状也跟着钻进了车里，吓得蜷缩在车后座上不敢吭声。一路上尚先生也没说一句话，我没敢也不想去做任何解释，我怕说出来让人笑话：为了跟尚先生去照个相还去臭美打扮一番，惹得尚先生不高兴。

车把我们送到东大街樱花照相馆，照完相就回到了菊花园的家里，尚先生还是一句话不说，可把我吓坏咧。

到了晚上准备吃饭时，尚先生在门庭的台阶上坐好，对我说："来，你把那个水袖走一遍。"

我也不敢言语，但感觉事情好像有了转机，就把才学的水袖走了一遍，果不其然，尚先生看完说道："嗯，挺好的，再多练练。"我一看老师不生气了，开始跟自己说话咧，赶紧没话找话，东拉西扯地跟尚先生说着。至此，一场风波才算平定下来，我为迟到10分钟所付出的代价，也让我永远铭记在心，从那以后，无论跟谁的时间约定，我再也不敢迟到了。

对于尚先生的治学精神，我终生难忘。一次在接受央视记者采访时我就说，在我心目中，尚先生不仅是位表演艺术家，还是当之无愧的教育家。对戏曲教学倾其所能、尽心尽责、无怨无悔。在菊花园办京剧培训班时，他带的学生有内蒙古的、贵州的，以及全国许多省份的学员。天气那么热，每天他都亲临排练场指导点拨，每位学生学成临走时，他都要送不同的礼物留作纪念。我眼见尚先生给西安的秦腔演员马蓝鱼送了一把剑，给我送了一把亲自作画、题字的扇子。这样的老师我从来没听说过，更没见过。

尚小云先生对京剧艺术，有颇多分析总结和精辟之论，是京剧艺术大师。尚派艺术的风格特色，使张彩香领悟到、感受到戏曲艺术的真正魅力。跟随尚先生学戏，是张彩香人生千载难逢的机遇，也是她艺术事业至关重要的转折。尚先生严于治学的精神、严于律己的品德，都给张彩香留下了终身不可磨灭的印记。

言传身教的尚府生活

张彩香老师是尚小云先生刚到陕西不久收下的学生,也是近距离、跟随尚先生时间最长的学生之一。我想从张老师这里更多地了解跟随尚先生学戏和舞台背后的故事。张老师说:

1961年5月,由陕西省戏曲学校同州梆子班组成的陕西省同州梆子赴京汇报实习演出团成立,演出剧目的审查在位于丈八沟的陕西宾馆进行。备选剧目有:秦腔《三滴血》《赵氏孤儿》《游西湖》《火焰驹》《庚娘传》《秦香莲》《京兆画眉》《春闺考试》等。迷胡《梁秋燕》《曲江歌女》,碗碗腔《金琬钗》《白玉钿》等,这些剧目每天都有彩排,尚先生作为陕西省戏曲学校的艺术总指导,每个剧目都要去认真审查观看。因为审查的节目都是陕西地方剧种,所以,有几次去丈八沟审查节目,尚先生就把我带上一起去,让我给他当个翻译。

尚先生来到西安,为了更好地开展工作,尽快融入陕西戏剧界之中,他抓紧一切机会学习当地语言,学习秦腔。他不想因为语言问题,成为他教学工作的障碍。有时,还让我唱一些秦腔唱段给他听,不时发问一些曲牌的来历、渊源。虽然尚先生来陕西也有半年时间了,可对有些陕西话还是听不懂,所以,去审查节目就叫我跟在身旁,随时给他讲解。

丈八沟小剧场,舞台底下都摆的沙发,我也就"神气活现"地坐在尚先生身边,随时回答先生的提问。

尚先生曾对我说:"你知道我为啥要叫你给我当翻译吗?因为我的学生里面,不仅有学京剧的,也有学秦腔、碗碗腔、同州梆子等地方戏的学生,你说我对这些一点都不懂,我咋给这些学生教呢?"

我说:"您只要把戏的程式教了就行咧。或者,您哪怕来个学生集体学《昭君出塞》都行,您管他是秦腔演员、碗碗腔演员,还是京剧演员呢,动作学会不就行了?"

尚先生听到我说完这话,转身看了我一眼,没有说话。

见尚先生看我,感觉自己说错了话,让先生不高兴了,赶忙说:"那您这样岂不是太辛苦啦?您都这么大岁数了,费那么大的劲干啥?"

尚先生说:"怎么能这么说?话又说回来了,我教了半天,学生都不知道怎么回事,我岂不是白教了,那怎么行。学生说话我都听不懂,又怎么知道他们哪里不会、哪里没听懂。这样,即使名义上我教了很多学生,又有什么实际意义?"

就这样,尚先生为了做好在陕西的工作,同时搞好教学,那么大年龄了仍然坚持学习陕西话,听不明白就让我给他讲。

一次在去丈八沟的路上车坏了,尚先生来西安时,彭真市长送给他的那辆车可能太老啦,结果坏在了半路。尚先生一看,这前不着村,后不着店的,一时半会可能也修不好。再看看周围的麦田,突然来了兴致,对还坐在车上的我说道:"彩香,你来,咱们反正也没有什么事。王师傅修车,可能需要点时间,我们不如就在麦地边上挖点荠菜吧,晚上回家包饺子吃。"

我说:"这……这连个工具也没有,怎么挖?"

尚先生说:"就用手挖吧。"

我们师徒两人一个挖、一个刨,兴致很高,难得有这么一个休闲的时间,不一会,居然挖了不少的荠菜。

尚先生的日常生活当中,始终保留着一份纯朴、一份天然、一份对生活原生态的依恋和不舍。

早期的西安市,在城墙以外的地域内,城乡界限并不十分明显。城中有村、村在城中、城中有地。庄稼地和菜地在街道两旁随处可见,相映成趣。在陕西省人民艺术剧院的院子后边,原来就全是庄稼地。到了秋季,成熟的苞谷遍地都是。我知道尚先生喜欢吃煮老玉米,到了快要收获的时节,我就在练完功之后,把练功的板带重新扎好,趁着人少的时候就溜进玉米地,把掰下来的玉米插在板带里,像士兵的子弹袋一样,整齐地插满之后,我怕被人发现,再把外边的衣服拉下来盖好。要说不怕那是假话,万一被人抓住训斥一顿不说,脸面上也不好看。带着辛苦掰来的玉米,我从建西街一路小跑,跑回菊花园,交给厨师陈大爷,这时才像是完成了一项使命。

有一次,玉米刚煮好,尚长荣就回来了,我从盆子里拿起一个刚出锅的递到他手里说:"你吃吧。"尚长荣拿起来,十分贪婪地闻了一下,说道:"真香啊!"停顿了一会放下玉米说:"还是让老爷子吃吧,我吃的日子还长着呢。""还多着呢,你吃吧,吃完了我再去掰。""还是留给老爷子吃吧。"

尚先生一回到家,就闻到了家里飘散的缕缕玉米清香,陈师傅马上把煮好的玉米端上了桌子,尚先生像小孩一样拿起一个高兴地吃了起来,边吃边问:"这是哪来的?"一旁的我看到尚先生吃得高兴,就得意忘形地回答:"是我偷着掰来的。"尚先生一听,立刻放下了手中的玉米,绷起脸对我说道:"怎么可以去偷东西呢?"在平时,尚先生就经常告诫我,过马路要看红绿灯、走斑马线、不要抢道、要遵守规矩,对人要有礼貌,现在听我说玉米是偷来的，当然就不高兴了。

我看到老师严肃起来，马上解释说："戏校后边的地没人管，我就去掰回来了。"

这时，尚先生脸色才稍稍有些好转："以后可不敢再去啦。"

一天，尚先生去省人民艺术剧院讲课，下课后，他指着墙外的玉米地悄声问："你是不是就在那掰的玉米？"我回答："就是。"他接着说："以后再不要去偷了，我们可以跟人家说一声，咱们出钱买一点。"我点头称是，一时默然……

我跟尚小云先生学习了两年，也可以说是尚先生所有在陕西的学生中，学戏时间最长的一个，师徒俩的交流也就更多一些，对于我的丁点儿进步，尚先生都及时给予鼓励。

一次，我在排练《昭君出塞》时，唱了一句秦腔"别离了，泪涟涟……"，同时，还给编排了一个新的动作，反复练习了几遍之后，我颇感得意。弄好后，就迫不及待地去演示给尚先生看。"先生，您看……"一边唱，一边走，"别离了，泪涟涟……"尚先生看完之后问："谁给你教的？""我自己琢磨出来的。""不错，挺好的，没想到你还会创造。"

这个动作，是我看了梅兰芳先生的表演学来的。手里拿一把扇子，当唱到"……泪涟涟……"时，最后是个长拖腔，我就想，在舞台上，总不能站在原地把这一句唱完吧？那样就显得有点呆板，所以，就走了一个小圆场，转过身之后，摆一个造型身段，得到了尚先生的首肯，我更加有了信心。在以后的排练和演出中，不断融会贯通，与尚先生排演的动作相互借鉴，认真琢磨了一些精致优美的身段造型，排完之后总是第一时间做给先生看。

我跟在尚先生身边学戏，真真切切地感受到了先生做人、做事的高尚品格。尚先生把这种师徒关系，处理得像一家人一样，我有病了，他就不让再去吃食堂的大锅饭，吩咐自己的厨师陈师傅专门给我烤饼子、熬稀饭，让我吃可口的饭菜。尚先生还让小儿子长荣和我以姐弟相称，真是"一日为师，终身为父"。作为尚先生众多学生的一员，遵循老师做人的品德，也是我为自己定下的终身追求。

在我的心目中，尚先生就像是父亲一般，和蔼可亲，对我关爱有加。1963年，我的大儿子刚满月不久，我就抱着儿子和爱人汪浔一起，从渭南来西安看望尚先生，同时，想请尚先生给孩子起个名字。看着我们夫妇抱着的孩子，尚先生就像是见到了自己的亲孙子一样，非常高兴，端详片刻，似有所悟地说道："汪浔是南方人，这孩子又出生在渭南，就叫'汪小南'吧，两个'南'都包含在里面了，有纪念意义。"随后，又拿出些钱，用红纸包好插在了孩子的衣服上，"图个好彩头，就算是给孩子的见面礼吧。彩香，你正在哺乳期，孩子不能缺奶。汪浔，中午你们就在这里吃饭吧，我让陈师傅给你们做牛奶蹄髈汤。"

在尚先生家里，我们真是感觉无比亲切、温馨，在这里，就像是在自己家。直到五十多年后的今天，我回忆起当时的情景，仍觉得心里暖烘烘的，那一顿牛奶蹄髈汤，也是我今生喝过最好喝的汤……

尚先生从做人到做事，处处为人师表，率先垂范，我从心里对老师真是十二分的敬佩。

1963年，我参加陕西省第三届人民代表大会期间，尚先生作为省政协委员列席人大会。当我看到自己坐在会场前排，而老师却要坐在后边时，心里很不是滋味，当时的内心已经完全没有了组织规范的概念，有的仅是长幼之分："咋能我坐在前面，让老师坐在后面……"

现在，我每每回忆起跟随尚先生学戏的经历，总有一种别样情感涌上心头。尚先生做人做事的品行，对我的影响不言而喻，对我在学艺道路上的教诲，更是让我受益匪浅，取得了长足的进步。这也是我难以割舍思念尚先生的原因，就是在"文化大革命"期间，尚先生被打成"戏霸""汉奸"，我也丝毫没有想要撇清关系，躲得远远的，更没有想着趁机揭发，恩将仇报，只要可能就想尽一切办法打探老师的消息，寻找机会去看望老师。

我爱人汪浔曾说过："我看你对你的老师，简直就是五体投地。"我则说："尚先生对我的影响太大咧，我还想十体投地，只可惜我没有长那么多的胳膊腿。"

陕北涧峪岔水电站工程修建期间，陕西省水利局局长马明亲自带队前去慰问演出，当时渭南戏曲剧院秦腔团的部分演员也去咧。水利工程在深山沟里，进出只能骑马、骑骡子，条件十分艰苦。

我有过骑马的经历，骡子可不如马好骑，走起来也不如马稳当，颠簸大，我就按照别人说的要领去做："两手抓住缰绳，但不要勒得太紧，甩一下缰绳，骡子自己就走了。"

几天的演出，让涧峪岔水电站的建设者受到了极大鼓舞，工地领导为了表示感谢，特意给每位演员发了10斤白糖，我也感觉这些白糖十分难得，就想到回去送给尚先生。回去的路远不说，还颠簸得不行，我怕弄破了包装，把糖弄撒了，就在工地招待所买了两条毛巾，把三面缝起来，像小口袋似的，把白糖装进去，再把口缝好，想着回到西安就给尚先生送去。水利局局长马明，因为有事要提前离开水利工地，我想早点儿把白糖送给尚先生，就去央求马局长说："马局长，你能不能帮我把这白糖，送到菊花园交给尚小云尚先生？"

马局长爽快地说："行，你交给我吧。"

马局长一回到西安，就亲自把白糖给尚先生送去了。

尚先生再见到我时就说："彩香，你怎么一下子给我拿那么多白糖，这东西太金贵了。"

白糖，在现在根本就不算啥稀罕东西。但在那个年代，物资供应紧张，很多东西都要凭票购买，即便有钱也买不到。正因为如此，张彩香老师托人给尚先生送去的几斤白糖，才显得十分珍贵；同时，尚先生也感到了学生的感恩之心。就是这些生活小事，足以见证尚先生在张彩香老师心目中的地位，这份情感，已经远远超出了师徒间的关爱，而更多的是父女般温馨的亲情。

师傅领进门

踏入戏剧之门,张彩香老师刻苦努力,兼收并蓄,不断在学习中拓宽着自己的戏路,诸多前辈对她都有影响。

我不仅跟随李正敏先生、惠济民先生、尚小云先生学过戏,还有许多咱陕西的秦腔前辈都给我排过戏,给我讲授过舞台技艺,对我影响浪大。

1960年,在西安举办的陕西省戏曲青年演员会演大会,使一批青年演员脱颖而出。为了进一步提高,按照省长李启明"要多培养一些优秀的青年演员"的指示,陕西省文化局在陕西省戏曲学校,举办了戏曲音乐干部训练班和舞台美术训练班,以及青年演员训练班。演员训练班大多是会演获奖的青年演员,主要学习继承"尚派"的表演技巧。

尚小云先生、李正敏先生、封至模先生等都在训练班排有课程,几位戏曲名家轮流去给学员们讲课。

我已经跟尚先生学了《昭君出塞》并且拿了奖,所以我就被推举担任了演员训练班的班主席(班长别称),主要任务就是辅助尚先生将《昭君出塞》

的表演和技巧传授给学员，在没有安排尚先生授课时，学员就跟我预习。

让一个二十多岁的年轻演员管理六十多人的训练班，也真够难为我咧。不过我有样学样，按照尚先生的教学模式，认真带领全班学员学习、训练，不负众望，圆满完成了组织交予的重任，受到了有关领导和全体学员的一致好评。

我与前来省戏曲学校上课的几位秦腔大家，早就有过接触，几位秦腔前辈都十分喜欢我。

封至模先生受邀来给陕西省戏曲学校学员授课，这也是我第三次近距离与封先生接触，对于我这个好学的学生，封先生非常喜欢。一天，封先生讲完课，正好看到有人拿着相机在省戏曲学校会议室门口转悠，封先生就招呼我过来照张相，就这样，跟随封先生学习了多年，我终于有机会与封先生合影留念。

早在1953年，渭南新民社在西安巡演期间，请封至模先生在位于端履门的民主剧场排演《游西湖》，剧团白天排戏，晚上演戏，安排得非常紧张。

秦腔《游西湖》这出戏，是1953年陕西省戏曲研究院院长马健翎（与黄俊耀等合作）根据传统剧目改编的，李正敏先生设计的唱腔，唱腔清亮绮丽，身段柔美利落。要求演员表演要真挚自然，生动细腻。渭南新民社选定这个剧本之后，就请来了封至模先生给剧团排演这出戏，由我饰演李慧娘，余巧云饰演孙蕊娘。

那时的民主剧场还是用草席搭建而成的，封先生就

《游西湖》讲述的是南宋时期，李慧娘与太学生裴瑞卿一见钟情、赠送红梅定情。后来被奸臣贾似道霸占为妾的李慧娘，借游湖机会与裴瑞卿互诉衷肠。贾似道杀害李慧娘，并将裴瑞卿骗进相府软禁，李慧娘死后一腔冤屈，在九天玄女的垂怜和土地神的帮助下，趁夜晚救裴瑞卿逃离贾府，并借吹火严惩了贾似道的传奇故事。

在这种简陋的场地给我们排戏。这是我第二次受教于封先生，在1952年进京会演期间，封先生给我排《拷红》，从出场、唱腔、以及一系列的动作，封先生都叫得非常仔细，让我记忆犹新。

其实，《游西湖》这出戏我小的时候就经常演，按理说排演这出改编剧应该没什么大的问题。在新编剧本《游西湖》中，李慧娘安排有一个长达数分钟的慢卧鱼身段。扇子一抖，然后"哞……哞……啪"一个慢卧鱼。可当时不知怎么回事，我竟然不会做这个简单的卧鱼动作咧。封先生就俯下身子摆正我的双肩，把我身体右边一扳，我"骨碌"一下倒向右边；把左边一扳，我"骨碌"一下又倒向了左边，像个"不倒翁"一样，十分滑稽。后来，封先生干脆就把我一条腿压住，让我固定动作，慢慢体会要领。在封先生精心编排指导下，终于完成了这部戏的编排演出。大家看后都说，我将大家闺秀李慧娘的典雅端庄、矜持痴情，刻画得有血有肉、活灵活现、真实传神，颇为感人。其实大家看到的是演员的光鲜，看不到的是这里面封先生付出的心血和汗水，其中倾注了多少对年轻演员的希冀与关怀。

封先生曾是京剧票友，有一套唱戏的好行头。他对我也是宠爱有加，寄予厚望，曾说："你好好唱，将来可以用我的行头。"封先生就是这样，认认真真地为演员演示、纠正着每一句唱腔、摆正每一个动作，一位老艺术家，对艺术追求的严谨、对戏剧事业的热爱，都到了这种程度。我就经常想，有上一代这些默默奉献的前辈，确实是秦腔的福分。

在戏曲界，能把自己的私房行头拿出来让别人使用，这足以显示对这个演员的认可和关爱，而我有幸得到尚先生和封先生的厚爱，真让我一生都感到骄傲、难以忘怀。

戏曲表演，通过演员在舞台上外在的形体展示、语言表现，让观众理解与体会戏剧故事，加深对人物的认知。这种由外而内的表达，是通过演员对戏剧人物的情感与心理的准确把握，以及理解和感悟能力来完成的。这种能力，需要演员在平时训练时就注意观察、模仿与重视人们在日常生活中的行为方式。戏曲表演，在长期的发展过程中，已经完成了对日常生活抽象的再现形式，在演员的舞台表达，与观众欣赏的互动中，建立了一整套以象征、表意、借喻等方式构成的舞台表现形式，以此超越了对日常生活偶然、直接的简单模仿。这又需要演员不断地从生活中吸取养料，通过生活中内在逻辑关联，遵循戏曲表演严整的程式，来完整地利用戏曲艺术形式表现人物特征。这也是多年来我在前辈的细心教化中、在自己不断地揣摩中，不断完成了这一步步的历练和升华。

演员对人物的把控，是对一个演员素质的基本要求。我之所以还能够比较准确地塑造出不同的人物形象，其中的诀窍就是：从不同的文学艺术和戏曲艺术中，吸收它们对人物刻画的独特性，爱看电影、话剧、京剧、芭蕾，这些艺术表现形式不尽相同，好看又没看懂，就反复多看几遍，加深对它的理解。另外就是广交各方面的朋友，在日常生活中跟谁都谝几句，通过不同人、不同场合汲取知识来充实自己，所谓处处留心皆学问。我不知道别人是如何积累的，反正我自己总结的就是这样，不管怎么干，只要下了功夫就一定会有收获。

戏曲演员在舞台上的表演，就是在塑造真实、动人、具有鲜明个性特征的人物形象。表演是否成功，集中了演员综合素质，既有"程式"化的表现，也有舞台的灵活应用。一悲一喜、一怒一乐，是否准确到位，同其功力深浅固然有关，但要展示舞台人物的内心活动，复杂、细微的情感变化，用鲜明、准确、生动的表演动作表达内心世界，更是极其重要的一个方面。戏曲表演固有的"程式"动作，既有相对的独立性，又有其微妙的综合性，这就要求演员必须对行当的表演程式非常熟悉，练好基本功，才能在舞台实践中根据自己扮演的人物性格变化和剧情发展需要灵活应用。强调表演的"程式"化，并不是刻意追求"程式"的刻板，只有灵活运用表演的"程式"，努力强化表演动作的本真和艺术之美，才能使自己所扮演的人物，在舞台上"活"起来，才能得到观众的认可和喜爱。

在张彩香老师身上，不仅有惠济民的严谨、李正敏的典雅、封至模对导演艺术的深刻见地，更有尚小云的"文武并重，歌舞兼长，清新英爽，洒脱大方"的表演风格。她既有秦腔的功底，又借鉴京剧、昆曲的精致细腻、悠扬委婉、声情并茂。她长期的舞台实践，就是在不断学习、巩固、传承前辈老师的表演技艺，同时，把发扬光大作为自己毕生的追求。她对艺术孜孜以求的精神，深得前辈的欣赏和喜爱。

我所谓的优点可能就是爱学，正因为这，老一辈的艺术家都很喜欢我。一次，我正给演员训练班的学员做示范动作，尚先生、李先生、宋上华老师几位前辈叫我过去照相，我当时还穿着练功服，本不想照，几位老师把我拉过去排在他们中间，像众星捧月般照了一张合影，可惜有一次省文化局征集资料，我把这些照片交给了出版社编辑，之后就再无下落了，遗失了珍贵的历史留存。

这些照片，不仅见证了那个时代我学艺的经历，更反映了前辈、老师对我的关爱和提携。

师傅领进门，修行在个人。

张彩香老师在《陕西戏剧》1979年第4期刊发了一篇名为《练功和学艺》的文章，从戏曲前辈高超的演技切入，论述了演员基本功在学艺上的重要性。既有前辈的教诲，也有自己长期刻苦训练的感悟。文章写道：

"戏曲艺术综合着歌、舞、道白、武打和表情等各个方面，它要求戏曲演员掌握繁难复杂的技术、技巧，而这没有基本功是不行的。"

"对于一个好演员，一出好戏，只能靠千锤百炼，靠吹、靠捧、靠侥幸取巧，都不能经受住时间的考验。"

"我是7岁学艺的……"

"……夏天顶着火盆似的太阳，汗流浃背地练……"

"……那时的训练，既紧张又严格，天不亮就必须起床练……"

"……除了吃饭，从早起摸黑，练到天晚摸黑，天天如此。每回吃饭，只要我筷子碗一放下，立刻就是推磨子（也就是走台步）。学旦角的，主要是苦练腰腿功。如走台步、跑圆场、扎势子、拿顶、踢腿、劈叉等。这些基本功不仅要学会，而且要学精。譬如在练跑圆场时，教练就要你腿上夹棍子或笤帚，不准掉下来。头上再给你放个什么东西，也不准掉下来。跑得慢还容易，跑得快而头上的东西又不掉下来就不容易了，只有坚持苦练。练劈叉、拿顶，不但姿势动作要迅速准确，而且要锻炼持久力。如果没有教练说话，就是再累、再酸、再痛，也得坚持，不敢随便放下。练腿功时，膝盖上绑带带，脚跟下面垫一块或两块砖头。你喊疼吗，教练说，就是要你由疼练到不疼。记得第二年冬天，我全身生了疥疮，练劈叉时，脓疮撕裂，鲜血直流，痛彻肺腑，还得咬着牙，不吭一声地练。当时对童子功很重视，我经常听说：'小时不练好，大时演不好。'又说：'三年的功夫，练两年半不行。'"

"我之所以学得了一些基本功，主要是在童年学艺时打下了基础……"

练功是一个艰苦磨炼的过程，跟随几位前辈、老师的学戏经历，对张彩香来说更是刻骨铭心的，她在文章中写道：

"《拾玉镯》和《杀狗劝妻》这两出戏，是专门请惠济民教练给我排了将近一年时间。惠教练排戏非常细,每一个身段、台步、眼神、表情,都再三推敲,不马虎。那种推敲、琢磨、研究艺术的严肃认真、一丝不苟的精神,对我教益是很深的。他在看我打老旦的跑下场时,总觉得不美。想来想去,想了一个办法,叫我用绳子绑着自己的膝盖,练着跑。就像这样一个下场动作,也必须练出优美的身段。在《拾玉镯》中跑着开门的动作,不知训练了我多少遍,一直到认为'可以'为止。他专门解释说:'可以'离'到家'还远着哩!要演得好,还要在演出过程中不断锤炼。的确,艺术是无止境的。一出戏的上演,只能说是'可以',要真正达到尽善尽美,必须在长期的艺术实践中不断探索、提高。"

"……封先生再三告诫我,唱旦角如果不练好毯子功,是演不好戏的。从此开始,我就下功夫狠练毯子功,除了白天练,甚至在演完像《破洪州》那样连演四个小时重头戏后,还坚持练夜功。也还是封至模先生,不止一次地赞赏我生就一副好眼睛,但不无遗憾地说,可惜不会用。他勉励我,要练。又具体指点我,要每天用点时间,眼睛睁大,盯着远处一样东西,做到凝神,再慢慢地转,要不眨不闪。要练到至少看两分钟,眼睛不酸、不掉泪。练和不练,大不相同。过去,我眼睛长得大,到了台上睁不大。睁大了,也没神。练一点,就好一点,越练就越有精神。当我在演《拾玉镯》时,把眼神表情和身段运用到数鸡、吆鸡一段中,所取得的效果就好多了。"

苦中有乐,苦中有甜。张彩香老师在艰苦的训练中收获了成长的快乐。

"功夫和技术就是这样一点一滴地逐步练起来的。不但练出了技术,也练出了信心,练出了迎难而上的精神。"

"……尚先生不但脚下功夫好,手指手腕也极有功夫,所以他的水袖是表演得非常出色的。从他那里,我也学会了练习手腕的习惯。多年来,早晚洗脸、洗手时都要反复练,至今我的手指、手腕都很灵活,能够运用自如。这出戏,由不少难度大的复杂的舞蹈动作组成,动作要准确,舞姿要优美、健壮,表情要丰富,还要掌握好节奏。学会不易,求精更难。其中一个快卧鱼、慢起来的动作,不过是三分钟的表演时间,但练起来却极费力。身体全部卧倒在地上,要慢慢起来,非练好腿、腰、背的功夫不可。这样一个动作,我坚持练了一年才逐步掌握。"

这就是一名演员对艺术的深切感悟,是用心、用汗水凝结而成的真切体验。这一路行来的踏实脚印,这点点滴滴的肺腑之言,不仅是张彩香老师对从艺之路的总结,也为后辈留下了不可多得的宝贵财富。人生的道路上,我们需要的不正是这种锲而不舍的"钉子精神"吗?

落　难

一场疾风暴雨式的"文化大革命",让许多人都蒙受了不白之冤,文化艺术界更是重灾区。

张老师,您的艺术道路还经历了哪些坎坷和波折?"文化大革命"期间您是不是也受到过不公正待遇?

说起这个话题,我还真是给人造成了一个假象。要说这,全是因为我心态好,除了秦腔,其他事情我都不在心里放,过去就过去咧。光是往西安调动的事就难缠了一辈子。1953年,我参加首届全国戏曲会演后,被西北戏曲研究院留了一年多,又被渭南县新民剧团要了回来,回到剧团后就排演了几部大戏。当时人们的文娱活动浪少,又没有电视,为了丰富社会文化市场,各剧团排演的剧目就比较频繁,晚上演出、白天排戏,基本上是连轴转。

也是在北京观看了几个兄弟省份参加会演的《白蛇传》《梁山伯与祝英台》《破洪州》等剧目浪受欢迎,我就建议新民剧团移植成秦腔进行排演。

《梁山伯与祝英台》是新民剧团从上海越剧院拿来的越剧本,只可惜当时的录音录像技术相当滞后，没有留下太多的影像资料，好在陕西人民广播电台留存了当时为数不多的录音资料，也算是一件令人欣慰的事。

省电台有一档《老唱片》栏目，是将一些老艺人的录音资料整理编排，同时邀请录音者做客直播间，畅谈当年演出的场景，与广大听众分享往昔的记忆，我也是这时才知道自己当年《破洪州》《昭君出塞》的演出还有录音资料留存。

1964年，剧作家阎肃改编的歌剧《江姐》由空政文工团推出，据闻，重庆歌舞团也有一台，一时间，《红梅赞》《五洲人民齐欢笑》《春蚕到死丝不断》《绣红旗》等唱段唱响了大江南北。

对于具有全国影响的经典剧目，渭南新民剧团从来不甘落后，立即组织最强演员阵容，赶排根据歌剧移植的秦腔《江姐》，在渭南地区引起轰动，我在剧中饰演双枪老太婆。

新民剧团书记焦振华，在北京出差期间，看了北京人民艺术剧院演的话剧《江姐》，回来又看了团里演出的秦腔《江姐》，心生自豪感慨道："哎！咱自己演得这么好的，我还跑那么远去看《江姐》，我看了歌剧的，也看了话剧的，我看不论是哪个剧种，双枪老太婆还是咱彩香演得好！首先气势就非常到位，对人物性格把握得准，表演传神。"

秦腔《江姐》演出获得成功，为剧团赢来了一片赞扬声。作为保留剧目，每年春节、"八一"期间去阎良、高陵机场等部队驻地慰问演出，这出戏是必须要带的，也受到了驻军官兵的热烈欢迎。

要说不公正待遇，从"文化大革命"之前就开始降临到我和身边的许多人身上咧。1964年，全国广泛开展"四清"运动，渭南专区秦腔一团把我和余巧云送到陕西蓝田的农村，美其名曰是去"体验生活"。可实际上，我们俩人就是被发配下了乡，实实在在地当起了农民。日出而作，日落而息，翻地、割麦子、种稻子，什么农活都干过，除了不挣工分，其他一切都和村民一样。

这边的生活体验还没有个定论，紧接着，我和余巧云又作为"三名三高"（名作家、名演员、名导演和高工资、高稿酬、高奖金的合称）有了麻烦。"别人都是几十块钱的工资，凭什么你们两个的工资就那么高？"渭南专区秦腔一团一些不安分的人，来到蓝田我们下放的村子，在下放人员食堂的门板上，贴出了"勒令扣发张彩香、余巧云工资！"的标语。就这样，我们俩人从剧团最高的一百多元工资，一下被降到三十多元的基本生活费。

1965年，我被秦腔一团从蓝田召回。本以为一切都将过去，崭新的舞台生活在等待着自己，可谁知，等待我的却是更加惨烈的现实——接受群众批判。

1966年，"文化大革命"开始在全国全面开展，渭南专区秦腔一团受极"左"路线干扰，不光是我遭受厄运，团里的张蔚华、宋志廉、员安民、张满堂、余巧云等12名同志，也接连被定为历史反革命、资产阶级分子等，有的被开除回家，有的接受劳动改造，有的降职降薪扣发工资。

秦腔一团的大字报，铺天盖地扑向我们这些被批判的人，人身攻击、侮辱的言辞应有尽有，令人猝不及防。真是"欲加之罪，何患无辞"，只要认为你有罪，那么，各种各样的罪名就会像暴风雨般地倾泻在你的身上。

"四大名旦"中，被冠以个人名号剧团的当时只有梅兰芳和尚小云两个人。由于"文化大革命"中彭真被作为"走资派"打倒，于是乎，尚小云就成了彭真黑线人物的代表，被陕西省京剧院造反派以"旧戏霸""大汉奸""封、资、修黑尖子"等政治帽子打倒。而我是尚先生的学生，所以也被"名正言顺"地拉进了这条"黑线"当中。"尚小云资产阶级封、资、修的孝子贤孙""为封建帝王将相唱赞歌"等，"莫须有"的罪名纷至沓来。还因为我爱人汪浔的父亲，在中华人民共和国成立前是上海交通银行的襄理，所以我又被冠以"资本家的少姨太太"一并被批判。

批判我的还不止这些，早在1964年，渭南专区秦腔一团为迎接全省现代戏会演，排演了现代戏《银光重放》，我在这部剧中饰演女生产队长。首场演出是在西安人民剧院，时任西北局第一书记刘澜涛兴致勃勃地观看了演出，演出结束上台接见演员时，刘澜涛书记指着我对渭南文化局局长说："这个演员你们要好好培养，这绝对是个人才，一定要培养好。"

演出获得了圆满成功，为此，《陕西日报》还做了专访，并刊发了我演这出戏的体会。

可谁知，轰动一时的成功演出，也为我在"文化大革命"中增加了一条罪状。

《银光重放》这出戏，反映的是男生产队长不干正事，整天骑个车子到处闲逛，女生产队长带领村民搞生产致富的故事。批判这部戏的一个主要原因，就是说它的主导思想诬蔑了共产党的基层干部，说共产党的干部都是油花儿浪子，不务正业。

"文化大革命"期间，《陕西日报》总编辑兼渭南宣传部部长，开大会就指名道姓批判我，说我演出过坏戏，是"大毒草"。

面对这"莫须有"的罪名，我毫不相让，当时就针锋相对："你现在说它是坏戏、是'大毒草'，那当时也是你让我演的，报纸的专访也是你发的。"他大概也没想到我能现开账，说得他瞠目结舌。

要说我们团被打倒批判的这12个人当中，我还算是比较幸运的。

查历史，从7岁开始唱戏，没有问题。平时在剧团只知道唱戏，任何其他事情也不参与，从没发过过激言论，认真执行党的"两为双百"方针，积极参加剧团各种演出活动，更不是"右派"分子，只是在"四清"运动时，被定为"三名三高"，可"三名三高"这是凭本事挣来的，并不是什么人特许的。"文化大革命"期间，我就被这些鸡毛蒜皮的事无限上纲上线，编织罪状，贴大字报，却找不出任何证据。时间一久，这种毫无新意的"猫捉老鼠"游戏让造反派也感到无聊，但他们却不愿轻易丢弃这"胜利成果"，又实在找不出什么新的罪名,于是,剧团造反派就在1975年把我发配到渭南纺织厂劳动改造,他们仍然按照当时工人最低标准给我定工资。

从这时起,这不到四十块钱的工资,我一拿就是12年。

在渭南纺织厂,由于我没有受过纺织专业技能培训,就被安排去干一些杂活。拉架子车往车间送原材料、从车间往库房运纺织成品、擦拭机器、除锈、烤木头、打扫厕所等,可以说成了一名彻头彻尾的勤杂工。好在纺织厂的工人们都很喜欢秦腔,也很喜欢我,爱听我唱戏,对我也格外照顾。工人们的感情是朴素的,我在"文化大革命"之前,可以说是渭南地区深受大家喜爱的秦腔演员,他们才不相信一个唱戏的演员怎么一下子就成了反革命,所以大家能关照的地方就尽量关照。在纺织厂的几年时间,我倒没受多大的委屈,闲暇时还悄悄地给三五成群的工人们唱上一段,大家同过秦腔戏瘾。

"用所有的勇气,撑起最灿烂的笑容,笑对人生!"如果我理解和感悟不错的话,这就是张彩香老师在这一时期对待生活的态度,也是她能走到今天的主要支撑。她用自己对生活的热爱,硬挺过了那段难以诉说的艰难岁月。

全家老老少少五六口人,全靠我和爱人每人30多块钱的工资,全家人吃饭、老人看病、吃药、住院,处处都要花钱,每个月都无法撑到发工资那一天。为了养家糊口,没有钱,我就去卖衣服,把家里能卖的东西都拿去卖咧,贴补家用。最后实在没有办法,我连当年用尚先生在大儿子满月时给的红包买下的镯子、项链也送到银行变卖咧,本想作为老师给孩子的礼物留个念想,可为了全家人的生活,也只得忍痛割爱。

"文化大革命"中,我爱人汪浔也没能幸免而遭受厄运。

"知识越多越反动"是那个时代的特征。因为有知识、有文化,再加上家庭出身不好,家里的亲戚、朋友、同学还有在国外的,这些林林总总说不清、道不明的复杂关系往桌面上一摆,汪浔理所当然就被定了性,被确定为劳改对象，下放到农村接受劳动改造，最先下放地点确定是延安南泥湾。

"文化大革命"期间的南泥湾，可不是当年歌词里唱的那个"处处是江南"的地方，距离远不说，条件还特别艰苦。也该着汪浑遇到了好人，当时省文化局工宣队就有人说："汪浑的孩子还小，他爱人又在渭南纺织厂劳动改造，本身回来一趟就不容易，现在要把他弄那么远，更没有办法照顾家里咧，就不要把他分那么远了，分到户县去改造就行咧。"

就这样，在好心人的关照下，汪浑才被"特殊"照顾了一回，得以分到近浑多的户县接受劳动改造。

汪浑在户县，虽然离渭南近一点，但每次回家也并不轻松。家里人口多，粮不够吃，又没有钱和粮票去买，只能靠他偷偷从当地农民手中，买一点不用花粮票的粮食，再把自己平时省吃俭用积攒下的口粮，回家时一起背上。每次从户县回家，汪浑都像是逃难的难民一样，要经历诸多的难场，先背个粮食口袋在路边拦便车赶到西安火车站，进火车站、过天桥、上火车、找座位，没座位就站着，上高爬低。到渭南下了火车，再背上粮食口袋走回家，像这样的粮食转运过程，一直持续了好几年，而且就没有一次顺当的。

这样的生活汪浑一直默默地自己承受着、忍耐着，从不多说，他也没想到这辈子能把日子过成这样子。我是一个要强倔强的人，从不轻易向人张口求助，直到有一次，我偶然在街上看见丈夫背着粮食口袋步履蹒跚的身影，实在看不下去啊，我不想让他再这么继续受罪咧，为了丈夫的身体，我硬是磨下自己好强的面子，去找了当时没有被打倒、批斗的老领导，把汪浑劳改的地点，从户县转到了渭南澄城县布袋王村。

虽然离家还是有些距离，但相对来说毕竟又近了许多，这样，汪浑才没有再受奔波之苦，家里人相互之间多少也有了些照应。

我一个普通演员的生活尚且如此，尚小云先生作为全国戏剧界的名人，在当时的境遇就可想而知了，更加凄惨。

1966年10月，已经66岁的尚先生被造反派关进"牛棚"，遭受各种残酷的批斗、折磨。

尚先生在西安被批斗，我在渭南同样也在受批斗，接受造反派的监督，不准许私自到处走动，要随时接受批判，所以，我对尚先生在西安的具体情况，了解的也不是太多。

一天，我走在街上，当年在菊花园同州梆子训练班的一个学员告诉我："西安的造反派给尚先生脖子上挂着大汉奸、大戏霸的牌子在钟楼根儿游街呢。"

我当时听到这个消息，心里别提多难过了，一位那么温文尔雅的体面人，遭受这样的人身侮辱，心里该是一种什么滋味，怎么承受得了……

我彻夜难眠，再也坐不住咧。第二天，就上街买了渭南名吃"时辰包子"，提上就坐火车赶往西安去看望尚先生。

下了火车，我又火急火燎地坐公共汽车，赶到了文艺路陕西省京剧团。

在京剧团一楼的一间办公室，几个人正在打牌、抽烟。我进去后，就说要见尚先生，其中一个人说道："不能见！"也不说人在哪，就是不让见。

我看对方不让见，就又说道："渭南同州梆子剧团的一个学生，让我给尚小云带来的包子，你让我给送去吧。"

对方问："是谁？"

我说道："我不知道叫啥名字，光是认识，知道以前是尚小云的学生。"我不敢乱说，害怕再把谁无端地牵连进来，"我来西安办事，人家让我带，我就带来咧，你咋还不让去给呢？"

"你把东西拿上，走吧。"

"人家让我带的东西你不让去给，我回去咋跟人家交代？"

"你不要再啰唆了，东西拿上赶紧走。"

我看对方实在不让见尚先生，没办法，只好把包子放到对方的办公桌上，转身走咧。

第一次去西安没见着尚先生。又过了段时间，有人又告诉我："你知道不？你老师在西安，让造反派监督劳动改造呢，可怜得很。"

我听说尚先生被打倒后，就给个架子车，被监督劳动，整天在拉土、拉粪。想想，一个搞舞台艺术的人，沦落到如此地步，心里要承受怎样的折磨……

尚先生在"文化大革命"期间，真是受了罪咧。而当年那些造反派，有些曾经还是尚先生的学生，尚先生把自己对戏剧事业、对学生的爱，全都无私地奉献了出来，到头来，却换得如此下场，真是以怨报德，天理难容。这种败坏的人伦和扭曲的风气，也只有在那个荒唐的年月里才会发生。

当年的那些人如今也到了从心所欲的年纪，我想他们是不是也应该为自己在荒唐年代里所说的过分话、做的出格事、为遭受自己伤害的人，起码在心里做个忏悔，这样，对历史、对别人的家人、对自己的家人都有个交代，或许余生会少一些道德的鞭挞、良心的谴责……

当初尚先生到陕西来工作，工资标准是一千多元。那可是五六十年代的一千多元，现在的两万元、三万元都没法比。"文化大革命"一开始，尚先生全家就被从菊花园赶了出来，住在了莲湖公园北门斜对面，一幢老式单元房四楼。所有该享受的待遇也都被取消了，全家每人平均只发30块钱生活费，合计下来也没多少钱，真是天壤之别。

我知道尚先生恓惶，想去看看老师，一来渭南剧团的造反派看得紧，不让我随意走动；二来去一趟西安要花好几块钱，当时经济上也不允许。就这样，一拖再拖，终于在"文化大革命"后期，我瞅准了机会，看造反派不太注意自己咧，就骑上自行车，到渭南周边的农户家里，分几次去买了些鸡蛋。没器物装鸡蛋，我就拿出家里的脸盆，在盆底儿铺些麦秸，然后把鸡蛋放进去，再给鸡蛋上面盖了一些麦秸。观察了几天，趁剧团的人对自己看管得松了一些,就准备去西安先看望尚先生。

说到底还是怕被人看见,那天天刚透亮,我收拾停当,就端着脸盆来到西潼公路上拦车。

不一会儿,我就碰上一位好心的卡车司机。车停下后,司机师傅问我"咋咧?"我说:"我有个老师在西安病咧,可怜得浪,我买了些鸡蛋想去看看他,他在西安既没钱,又没有鸡蛋票,吃不上。我在渭南给买了些送去,你看我把钱都买了鸡蛋咧,坐车也没钱咧。我就想挡个车,你看能不能顺路把我捎到西安?"当时,一个是穷,另外,交通也十分不方便,渭南一天也没有几趟注来西安的长途车。我就只能这样在马路上摇手碰运气,让路过的车停下捎一程。

那时人们还是浪善良的,司机师傅听了我说的这些话,深深地被感动咧,就让我爬上了卡车。

坐在卡车的大厢里一路颠簸,我把装鸡蛋的脸盆紧紧地抱在怀里,唯恐颠破一个半个。两三个小时后,卡车终于在火车站附近停了下来,下车向司机师傅再三道谢,我就抱着脸盆注城里走。

我临来的时候,身上装了一块多钱,那是准备回去时坐车的钱,不敢轻易乱动,要去尚先生的家里,公交车也不敢坐,只好抱着脸盆靠两条腿步行注西五路走。

我根据打听来的地址,注莲湖公园北门方向赶去。我对那一带浪熟,我们家迁注渭南之前就住在西五路的老关庙附近。我把装有鸡蛋的脸盆,一会顶在头上,一会抱在怀里,再加上刚从卡车大厢上爬下来的狼狈模样,真像是进城拿鸡蛋换衣服的村妇,管不了那么多咧,第一时间见到尚先生,是我当时的最大愿望。还好,没费多大工夫,就找到了尚先生的住地,上了堆满杂物的四楼,一敲门,开门的是尚长荣。"彩香姐,你怎么找到这来啦?"

我当时两个胳膊已经有些僵硬咧。"来,长荣,快,先把脸盆给我接一下。

尚先生呢?"

尚长荣一边接着脸盆,一边说:"走啦。"

我一听,吓了一跳,眼睛直愣愣地看着长荣,只听尚长荣接着说:"老爷子眼睛看不见啦,到北京看眼睛去了。"

我听了这后半句话,才"哦"了一声,长出了一口气,放下心来,长荣这大喘气话说的,把我快吓死咧。

尚长荣双手端着从我手里接过的脸盆问道:"彩香姐,这是啥?"因为鸡蛋是拿麦秸盖在脸盆里的,尚长荣看不见,所以发问。

我说:"是鸡蛋。"

"太好了,老爷子回来可以补补身体啦。"尚长荣听说我拿来的是一盆鸡蛋,顿时像小孩一样激动不已。

尚先生当年来西安时,就带了夫人王蕊芳和小儿子尚长荣,因为长荣当时还小,就跟在尚先生身边,相互可以有个照应,还能跟尚先生练功学艺。十几年过去了,尚长荣逐渐长大,并在陕西京剧团参加了工作,结婚成家,在事业上也有了一定的建树。在尚先生排演的部分剧目中,尚长荣就曾经扮演角色,演艺天赋渐露。现在,尚先生去北京治疗眼疾,因为他有工作,不方便请长假,好在有母亲和秘书张静榕陪同,倒也省去许多担心,所以尚长荣就和妻子高立骊在家留守,没有一同前往。

我看尚先生不在,又看看时间还早,就跟尚长荣聊了一会,了解了一些尚先生的情况,眼看到了中午,我对尚长荣说:"长荣,我要回咧。"

尚长荣问:"彩香姐,您怎么回?"

我说:"你甭管咧,我坐公共汽车到火车站,坐火车回。"我还不敢跟尚长荣说,自己来回步行注返于火车站的话,因为我知道尚长荣当时也紧张不宽绰。

尚长荣看我执意要走,就说:"彩香姐您等一下,我再陪您走一段。"说着话从家里出来锁上门,在不远处的楼道,推过来一辆破旧的自行车。

我问长荣说:"你干啥去呀?"

尚长荣把练功鞋搭在了自行车上说:"我要去东风剧院练功去。剧院就中午12点到下午2点休息,其他时间他们还要放电影,我就没地方练了。"

尚长荣(1939—),原名尚叔欣。著名京剧艺术大师尚小云先生三子。5岁登台演出,10岁正式拜师学京剧花脸,师从侯喜瑞、陈富瑞、苏连汉诸位名净。缘于师教及严父督导,打下了扎实的艺术基础。中国戏剧界首位梅花大奖得主,国家级非物质文化遗产首批传承人。曾三次获得上海白玉兰戏剧表演艺术主角奖和中国戏剧节优秀表演奖、中国京剧艺术节优秀表演奖、中国艺术节优秀表演奖以及文旅部(原文化部)"文华表演奖"等。2017年6月18日被授予中国文联终身成就戏剧家荣誉称号。

我一听,赶紧说道:"那你快去,不用管我咧。"

下了楼,尚长荣跟我道了别,骑着自行车,"哐里哐当"地走了。

你看看,我所认识和接触的人,对艺术都痴迷到这种程度咧,就是在这样的环境下,还在刻苦地练功,要说尚长荣的《曹操与杨修》《贞观盛事》《廉吏于成龙》等剧目能脱颖而出,那绝不是偶然的。

《尚长荣传》一书的简介对尚长荣的艺术成就是这样概括的:"他是第一个摘取戏曲梅花奖,也是第一个获得梅花大奖的戏歌者。他用五色油彩,浓墨重彩地书写了他的戏曲人生传奇。"

"文化大革命"后期,许多人都落实政策恢复了工资待遇,可我的工资待遇仍被久拖不决。一次,我去西安询问工资待遇问题,在东大街平安商场附近碰到了惠先生,惠先生问:"你到西安干啥来了?"我答:"我来解决我的工资问题,现在家里没办法过日子咧。"接着,就把自己的情况,简要地跟惠先生叙说了一遍,说完就跟先生道别分了手。

惠先生得知了我的遭遇,愤愤不平,和我分手后就直接来到了省文化局,为我抱打不平。

惠先生在省文化局领导办公室大发雷霆:"你们就是这样办事的吗?张彩香咋啦,我看着她从小长大,怎么一下子就成了反革命了?你们做错了事就赶紧改过来,到现在也不给人家落实政策,才给发三十几块钱!你们要让她们全家都饿死心里才满意是吧?"

省文化局的领导也都知道惠先生的为人,老者德高望重,温文尔雅,从来没见过为什么事情如此大动肝火,今天却破天荒地在文化局领导的办公室拍了桌子。惠先生走后,局领导急忙安排人去调查落实我的问题,后来,在省文化局艺术处杨兴同志的多方奔走努力下,渭南地区秦腔一团才根据政策给我平了反,恢复了工作,纠正了自制的"文艺工资级别",恢复执行国家统一规定的工资标准,被强行扣发了十几年的工资也一并补发。

时任省文化局副局长袁光到渭南检查工作,得知我还在渭南纺织厂劳动,就赶到纺织厂去看望,一见面就说:"你跟惠先生啥关系?你咋还派惠先生去文化局说你的事,老汉在局里发那么大脾气:'为啥瓜女子还放在纺织厂?放在那想咋?她会干个啥?她当得了工人吗?啥也弄不了,她就会唱个戏。'妈呀,老

杨兴(1929—2007年),陕西扶风人。1949年7月参加革命,就读于西北艺术学院文学系。曾任中共陕西省委宣传部理论处副处长、文艺处处长和陕西省戏曲研究院院长、陕西省文联副主席、陕西省戏剧家协会主席等。

汉喔阵势，把我都吓了一跳。"

得知惠先生为了我的事情跟省文化局的领导发火，我心里非常感动，也十分过意不去。本想一定要找机会去一趟西安，向惠先生当面表示心中的感激，可多方打听，也没有得到惠先生的确切住址，所以也就没有再见过惠先生。万万没想到，1976年9月13日，再一次传来惠先生的消息，竟是老人与世长辞的噩耗。

霎时间，惠先生当年一字一句地教念白、一板一眼地顺唱腔、一点一滴地谈体会以及摆台位的景象再一次浮现在我的脑际，哪一句唱腔要婉转悠扬、哪一句要铿锵有力；哪一个字符要轻、哪一个要重；哪一招要细腻妩媚、哪一式要干净粗犷；哪一笑要含蓄大方、哪一哭要极度夸张……先生一次次表演示范，自己反复跟随练习。一遍不成再来一遍，反反复复，不厌其烦，直到我学会、精熟无误时他才罢手。这些让我至今难以忘记，没承想，这竟然就成了今生永远的定格，而我却连一句感激的话都没有来得及说出口……

惠先生就这样突然走咧，我遗憾的是跟先生学戏这么长时间，居然连一张合影都没有留下，就是惠先生在菊花园带同州梆子的学员，我在跟尚先生学戏，在一起待了有近两年时间，也没有留下一张照片。因为天天穿着练功服，也懒得换，关键是当时没有那个意识，总想着天天在一起，有的是机会和惠先生照张相，现在只能在心里为惠先生默默地祈祷……

对于"文化大革命"期间遭遇的不公，张彩香老师从来没有过多地记挂，但前辈老师们的关爱，却让她至今难以忘怀，回想起来仍记忆犹新。前辈、师长的关心、爱护，让她倍感暖心和自豪。

对于一个演员来说，最大的痛苦和折磨，莫过于剥夺其登合的权利。"文化大革命"那几年不能登台演戏，正常的生活节奏被打乱，我心里不知道有多难受。

"文化大革命"被定性为"反革命分子"，我和余巧云等好几位渭南地区秦腔一团的演员，完全被剥夺了登台演戏的权利。到"文化大革命"后期，一直也没有查出所谓"反革命"罪证，也就逐渐放松了对我们的监管改造，偶尔也会安排让我们串个角子（龙套）。

渭南地区秦腔一团排演《红灯记》时，给我和余巧云安排了一个在舞台上露脸的机会，余巧云演李玉和的邻居慧莲，我演慧莲的婆婆，这两个角色也就是一个跑龙套的过场戏，没有几句台词，没承想，就这一露脸的工夫，差点又给我们俩招来灾祸。

演出时，慧莲搀扶着婆婆刚一出场，观众马上就把我俩认了出来，一片哄叫，使劲鼓掌。好容易戏演完了，饰演李奶奶的剧团书记不干咧，大发雷霆："为啥要让余巧云和张彩香演这个戏，谁让她俩演的？她俩一出来把戏都破坏咧，这可是革命样板戏，一点都不严肃，不要再让她俩演了。"

可说归说，因为剧团演员不够，角色本来就分不过来，让我和余巧云演个不起眼的角色，也是出于无奈，现在真要不让我俩上场，人员就更紧张了，迫于无奈，就给我们俩人重新安排了角色。这次让我俩演剧中喝粥的工人，头上戴个破毡帽，穿上男装大马甲，腰上再扎个布条，还明确规定了舞台的站位：到了台上，要蹲在戏台上的小桌子跟前，背向观众，面向天幕，只能给观众一个背影。

那个年代，什么令人啼笑皆非、稀奇古怪的事情都会发生。十年动乱，给人们带来了难以平复的心灵伤痛，扭曲的人际关系，偏离了人类健康发展的轨迹。对张彩香老师来说，奇怪的人和事经历多了，无形之中也是一种修炼，使她在不经意间变得坚强和成熟……

枯木逢春

"文化大革命"伊始,传统戏曲被作为"毒草"受到批判、禁演,"样板戏"应运而生,演好"样板戏"是不容置疑的政治任务,"样板戏"开始主宰中国戏剧舞台,出现了"八亿人民八台戏"的文艺奇观。

"十年动乱"结束后,张彩香老师重新回到了她钟爱的舞台,她的艺术活力再次被点燃,一发而不可收。

"文化大革命"结束了,但极"左"思想不可能马上清除干净,人们的意识也不可能一下子转变过来。一直到1977年9月11日,北京京剧团恢复李崇善主演的《逼上梁山》,在全国引起极大震撼,掀起了全国恢复、争演传统戏的激浪狂潮。

我从1964年下乡体验生活,参加"四清运动",紧接着"文化大革命"受批判,又被下放到渭南纺织厂劳动改造三年。"文化大革命"结束后,又因迟迟得不到落实政策,而不能参加正常演出,虽也为凑数在舞台上亮过相,但也只是个一晃而过的龙套。屈指一算,这也有十多年没有真正登过自小就钟爱的舞台了。

"文化大革命"虽然结束了，但渭南秦腔剧团当时啥也没有了，"文化大革命"期间造反派把古装戏的紫金冠、戏服、道具，全都扯咧、砸咧、烧咧，剧团里存放的成匹的绸子、缎子，也都让造反派分咧，糟蹋完咧，真是百废待兴。1978年，党的十一届三中全会后，秦腔艺术再度枯木逢春，渭南秦腔剧团才逐步走上正轨，一些秦腔传统戏和新编现代戏，开始回归戏曲舞台，受到老百姓的普遍欢迎。

我回到剧团排演的第一折戏是《杀狗劝妻》。

一场戏演下来，观众反应良好。我自己也没想到，这么多年过去了，看家的本事还没有丢，这增添了我的信心，也重新找回了自己，我要重新排演《拾玉镯》。

我这个想法刚刚提出来，就被渭南地区秦腔一团团长李文字当即否定，因为在他眼里，我无论是年龄上还是性格特征上，都与剧中人物相去甚远，根本不适合再演《拾玉镯》这出戏。

李团长对《拾玉镯》的剧情还是十分了解的。一个年方二八的少女，碰到自己中意的少男，两人一见倾心，少男想要送给女孩一个玉镯，但又碍于情面，只好把玉镯放到了地上，女孩俯身忐忑含羞捡

李文字（1924—1982年），1939年被陕甘宁边区民众剧团招为演员。1946年调入第一野战军政治部文工团任副团长，后到军政干校学习。1953年复转回西北戏曲研究院。1963年调至渭南地区戏管会、地区剧团。1981年又调至陕西省同州梆子剧团。曾任西北民众剧团演员、导演，陕西省戏曲研究院二团、三团团长，渭南地区秦腔一团团长、导演。

拾。就是这样一个简单的故事,想要表现好人物特征实属不易,需要演员用心把握对人物的理解,用身段、动作和准确、细腻的表情来完成表演。

正是基于这种严谨的工作态度,李团长坚决反对我排演《拾玉镯》。他对自己没有把握的戏坚决不排,对自己不了解的演员坚决不用。另一个原因是,李团长当时对排演现代戏比较得心应手,对传统的古典戏还不是太熟悉。虽然剧团在刚恢复传统戏演出的时候,我演的《杀狗劝妻》他觉得还可以,把一位中年妇女的泼辣、说话巧言令色的性格,展示得比较到位,但这两出戏人物的年龄和性格差异太大,所以他也是谨慎从事,不想贸然排演。

剧团的副团长周尚义对李文宇团长说:"你不了解张彩香,她能演好《拾玉镯》这个戏,你应该现在就给她把这个戏恢复了,这是她从小就唱的戏,人物把握得很准确,保证能演好。"

不管谁说情,李团长仍然不同意,把剧中人物和我做了个对比说道:"她咋能演一个16岁的少女呢?"李团长来剧团后,我已经没机会演戏了,他对我的戏路不是很了解,所以始终不相信我能演好这个戏。

李团长的强烈反对,使这出戏的

周尚义(1929—2017年),陕西长安人。中共党员,二级导演,中国戏剧家协会会员。1940年考入西安集义社,后改为尚友社,该班学生即按"尚"字排班,周尚义乃其中佼佼者。师从李步林,工文武小生,受教于刘光华、李益中、曹集中、姚鼎铭、姚裕国等。1949年入渭南新民社,与余巧云长期搭档。1956年陕西省第一届戏剧观摩演出大会上获演员三等奖。1959年在省文化艺术干部学校导演班学习导演。1960年起历任剧团副团长、业务主管兼导演等职。主演《杀四门》《打虎记》等剧目60余本。撰写艺术理论文章在省、市报纸杂志刊发,从20世纪60年代到80年代参与培养多期秦腔演员,为秦腔艺术传承做出了贡献。

排演一次次搁浅，剧团也不把此事提上议事日程，反正一句话：坚决不排！

我确实心有不甘，好不容易有机会重返舞台，不拿出点看家本事也对不起观众。李团长的反对，并没有浇灭我心中强烈的演出欲望，我反复去剧团提出申请，对李团长说："你没有看过我演这个戏，你就早早下结论说我演不成，把我枪毙咧，你叫我演，演砸咧我从此再也不唱戏咧。"

可无论怎么说，也不管谁来做工作，李文宇团长就是不同意。

事情一时陷入了僵局……

我父亲当时患肝癌，正在医院接受治疗，听说我恢复演戏咧，就固执地让人用架子车送他去剧场看《杀狗劝妻》，看完之后，我父亲强打精神，佝偻着身子对我说："演《拾玉镯》你能行，我说你行你就行，我要说你不行，你就赶紧拾掇东西回家。"

要说我父亲对自己女儿还是十分了解的，他在剧团搞了多年的舞美，也很懂戏。他拖着重病的身子看完我演戏，才说出这样一番话，因为之前他心里也没有底，毕竟我有十八年没有登过舞台了，看完《杀狗劝妻》放心咧！他看到自己女儿不仅重新找回了舞台感觉，表演火候也让他信心十足。

副团长周尚义是原西安尚友社艺员，曾在渭南新民社、渭南地区秦腔剧团、文艺辅导队等单位工作，历任演员、导演、副团长、督导员等职。他工文武小生，受到严格的专业训练，基本功非常扎实，扮相威武英俊。他和我也是前后脚到的渭南新民社，对我的表演还是比较了解的，见我如此执着地要排演《拾玉镯》，心里多少也似有所悟，他又来到了李团长的办公室劝说："李团长，人家张彩香演这戏你没看过，绝对不错，你还是让她演吧。"

最后，李团长看我如此固执地要演《拾玉镯》，又有这么多人说情，无奈之下只好勉强同意。

天高又怎样，踮起脚尖就更接近阳光。张彩香老师对艺术的眷恋和执着，为她接近明媚的阳光又近了一步。

得到团领导应允,我兴奋异常,连忙找好搭档,一刻不停地就圈好了排练场子,熟门熟路就开始了《拾玉镯》的排练。

首演在渭南北塘人民影剧院。

演出当晚,剧团里的人基本都跑去"捧场"咧,连做饭的大师傅都没落下。说是"捧场",其实大家心态各异,当然,大多数人还是想看看我重新焕发青春的表演,但也不乏想看我出丑的人:"四十多岁的人了,还在扮嫩,居然演十几岁的小姑娘,丢人是肯定的咧,看她张彩香今天怎么下这个台、出这个剧场!"

团长李文宇也早早来到了后台。

我化好妆,穿好服装,在一旁默默地酝酿着情绪,一切准备工作就绪之后,就等时间一到,大幕拉起开始演出。

这时,李团长在后台转了几圈,似乎在寻找着什么,半晌他没有找到自己的目标,就问旁边人:"咦,咋没看见张彩香化妆?"

其实我就站在不远处,早就看见了他的身影,这时,听到团长在找我,随即"啪"一个转身亮相,与他迎面相对:"李团长,我在这儿!"

李团长一看,不由得一愣,似乎有点不相信自己的眼睛,"哎呀,我的妈,我咋认不得你咧,你这妆化得还真是和别人不一样,你咋本事这么大的?"

听团长这么说,我顿时来了精神,说道:"这算个啥,作为一个演员,就应该十分熟悉自己脸上的特征,啥地方需要扩大,啥地方应该缩小,掌握了这些基本的要素,人物的形象就好勾勒出来咧。"说完,我又故作少女羞涩的样子对李团长说道:"团长,你先不要表扬我,一会儿看戏你不失望就行咧。"

李团长无言,心里肯定多少还是有些忐忑。

我终是没有让李文宇团长和观众失望,《拾玉镯》一开场就没能停下来,天天晚上演,一连演了十多天。

《拾玉镯》这个戏,唱和念并不多,孙玉姣复杂的内心情感,更多的是要靠表意性动作来体现。不是常说"一脸的戏在眼"嘛,通过演员的表演,让眼神灵动起来:打开鸡笼、看着鸡跑出来、轰鸡、回屋内拿鸡食、喂鸡、数鸡以及寻找雏鸡,一直到后来的穿针引线等细节处理,这些都是无实物表演,全要靠演员的一双眼睛来说话。放鸡,水灵的眼睛;数鸡,诧异的眼睛;穿针,专注的眼睛;引线,灵动的眼睛,还有在后面拾玉镯时游离跳跃的眼睛;不小心被细尘眯了眼,以手绢揉眼、二目转动,然后顽皮一笑,把孙玉姣性格中的天真与开朗,少女的羞涩与娇嗔,通过这些表演技巧体现出来。

1978年,我重演《拾玉镯》时已经43岁咧,与刚开始跟惠先生学习这出戏,时间跨度有三十多年,随着年龄的增长,对剧中人物的感悟也更深了几分。真正把孙玉姣这个角色演好,还是要靠演员对人物内心世界恰如其分的把握和舞台呈现的拿捏。我把剧中"三看傅朋"这段戏,重新设计了一系列动作,把孙玉姣邂逅傅鹏时羞怯、爱慕、钟情的神态,表现得更加细腻逼真而富有层次。

可以想见,经过张彩香老师的二度创造,赋了孙玉姣这个角色新的生命力,她能克服自身年龄与角色要求之间的矛盾,塑造出孙玉姣这个美丽多情的少女形象,令李团长为之折服、观众为之赞叹也在情理之中。

有一次安排在兴平演出,我和团里几位同事相约,先去西安看一个演出,看完之后因为太晚了,已经没有去兴平的车咧,我们几个人一商量,决定第二天再赶去兴平,反正演出也是晚上,明天下午之前能赶到兴平就行了。于是,那几位同事就住了旅馆,我则去省文化局找我爱人汪浔。

第二天众人赶到兴平,就看见团长李文宇像热锅上的蚂蚁一样,在长途汽车站门口来回转圈,我们几个刚从长途车上下来,李团长冲着我劈头盖脸就是一顿乳:"你回你家就重要,工作就不重要,我告诉你,我把告示牌都写好了,准备今晚停演。"

我从没见过李文宇团长发火,心中虽有些胆怯,但仍不以为然地说道:

"有那么严重吗?我们要回不来,你换一出戏不就行了嘛,你咋把我说的好像浪了不起咧。"

"浪了不起?!"这一点儿还真不好说,按剧场工作人员的说法,张彩香在兴平还是浪有一些名气的,如果当晚把这个《拾玉镯》给换咧,那观众非在剧场起哄不可。

我在观众中还是有些影响力和号召力的,李文宇团长心里浪清楚,所以才会急得心里像着了火一般。

陕西省文化局局长鱼讯、艺术处处长陈幼韩,两人都非常喜欢我的戏,也算是我的忠实观众。鱼讯局长听说我重新排了《拾玉镯》,专程到渭南看演出,看完之后说:"浪不错,这个戏应该就是张彩香起家的戏。"陈幼韩处长还跟我立了"君子协议":但凡我排演了新戏,必须给他寄一张剧照。我也是信守约定,这一坚持就是几十年的时间……

西安话剧院《西安事变》剧组的几位演职人员看了演出对我说:"你不一般,对剧中人物的处理还是下了浪大功夫的,对人物情感的刻画浪准确、到位,啥时候有时间把你的经验给我们介绍介绍。"

鱼　讯(1919—2002年),原名鱼清佐,陕西省白水人。1935年参加进步学生运动。1937年起任政治指导员及晋绥边区剧社社长,西北艺术学院戏剧系主任等职。新中国成立后,曾任西北行政委员会文化局副局长及陕西省文化局局长,陕西省文化文物厅长,剧协陕西分会主席,陕西省文联主席等职务。先后创作有《水灾》《丰收》《陈铁茂报仇》《保卫延安》等大型话剧剧本及《女巡按》等戏曲剧本,并撰写有《戏剧概论》《表演艺术教学提纲》等文艺理论著作,主编《中国戏曲志(陕西卷)》《陕西戏曲志》等大型丛书。

省人民艺术剧院著名演员、陕西省政协委员王兰，只要我在西安有演出，她是逢演必到，对演出有独到的见解。她曾对我说："按你的年龄，你那么小就开始唱戏，应该是个旧艺人，但看了你的演出，我感觉你不是。你学到的许多古典戏的东西，准确应用到现代舞台的表演当中，对人物的塑造非常准确、传神，从这一点来说，你就是一个新艺人。"

陈幼韩（1924—2015年），原名陈式珪，福建省长乐人。戏曲美学家，陕西省戏剧家协会研究员，中国戏曲学会常务理事，中国剧协艺委会委员，中国戏曲表演学会理事。1958年著《试论中国戏曲舞台艺术的表演程式》《京剧知识词典》《秦腔词典》。1985年著《戏曲表演美学探索》，被中国戏曲志总部列为戏曲界"十大必读书之一"并被台湾出版界评为"全面建立中国戏曲表演美学体系的第一部巨著"。1990年被国务院列为"有突出贡献的专家"。1991年著《戏曲表演概论》，被作为国家特约重点科研项目出版。1994年应台湾邀请赴台讲学，被台湾戏剧界誉为"国宝级大师"。1997年被英国剑桥国际名人传记中心提名为"1996—1997年度国际名人"。

曾有位记者问："我采访过很多演员，说到对演戏的感受、对人物的分析把握，都没有您谈得这么细，您咋能把戏的节奏细分到这个程度？"

我知道，从惠先生给我排《杀狗劝妻》《拾玉镯》开始，可以说就奠定了良好的基础，惠先生也绝非一般教练可比，排戏演戏讲究人物，注重细节，对我的影响深远。《杀狗劝妻》《拾玉镯》之所以成为所谓的看家戏，也就是除了演出，我更多的时间都在揣摩人物的特性，力求准确一点、再准确一点……

也就是从《拾玉镯》演出成功之后，李团长对我的戏路和能力有了新的

艺涯回溯

认识,总是在排演大型戏的时候,让我先搭架子,目的是锻炼和提高我。搭架子就是把这场戏的人物关系、位置、调度先给理顺、弄好,我把框架搭好之后,再由李团长进一步细化、调整、完善,有点像正副导演一样,配合还很默契。

王 兰(1929—2019年),曾用名王桂兰,河北黄骅县人,陕西省人民艺术剧院表演艺术家,中国戏剧家协会会员。1949年参加革命,曾任西北党校文工室演员队长,陕西人艺演员队长,陕西省妇女代表,陕西省政协委员兼文化组副组长等。1953年以《妇女代表》获西安市文化局演员甲等奖,1956年以《如兄如弟》获全国话剧会演三等奖,1981年以《情报处长》获陕西省戏曲调演导演甲等奖,1987年离休。在多部话剧、影视作品中担任主要角色。

　　李团长对剧团各项工作尽心尽力、认真负责,在团里是大家公认的。他来到渭南地区秦腔一团,排演的第一部戏就是《年青一代》。他每排演一部戏,都要求每个演员先写角色自传,必须把你对所饰演角色的理解写出来,你将如何处理角色的情感变化。演员理解不全面,他再给补充,理解偏了,他再给校正。

　　我是个爱琢磨的人,每次在完成一出戏搭架子工作之后,李文宇再进行调整时,我就会仔细揣摩:"李团长为啥要这样处理?""我为什么没有想到?"带着问题去思考、去解决问题,等到下一次排戏时我明显感觉得心应手了许多、顺畅了许多。

　　李团长对我的放手使用,成效显著,我的业务进步很快,却不知不觉成了遭人妒忌的开端,导致从此在我的职称评定等一系列个人实际问题上,波折不断,没有一样顺畅的。

家人的团圆带来了生活的幸福感，事业上不断进步带来的成就感，给了我极大的安慰和满足。这不就是生活的意义所在吗？我感觉不会妨碍任何人，也不应该成为被嫉妒的理由。像我的职称问题就是个老大难，久拖未决，也不是我自夸，在陕西秦腔界我也算是小有知名度，我跟随惠济民先生学艺多年，受教于"秦腔正宗"李正敏先生，得封至模先生栽培，后又师从尚小云先生，得到诸位名师亲炙。多年活跃在秦腔舞台，1960年开始在省上会演或大赛获奖，断断续续也有心得体会在报纸期刊上发表，像我这经历的演员应该是屈指可数吧，但在1989年才获评二级演员，还有附加条件就是评后退，也就是说，不退休连二级也不保，直到退休后才得到剧团聘任。这种发生在现代社会的奇情异态，如果不是亲历亲闻亲见，一定会认为这是"天方夜谭"，还有这样欺负人的事？然而这却是令人寒心的真实存在！

但我并不为这些关乎切身利益的东西所动，依然按照自己对戏曲艺术的追求不懈地努力着，就像有一句台词说的："千好万好，观众的口碑最好！"作为一个演员，能有几折拿得出手的戏得到专家认可和观众的真爱，就是对我最好的奖励，无愧于老师的教导。

李团长给团里排了《于无声处》，我演的是梅林。有位东北军分区的干部连看三场之后，不知道怎样找到了我家，拿着东北特产人参和人参糖来表达戏迷的心意，我很感谢观众的认可厚爱，品尝了蕴含激励的人参糖，把人参转送了养病的李团长，他笑道："你行，演戏还有人送人参。"

剧团每到一个地方巡回演出，一般都是选取四个折子戏组成一台晚会，我的《拾玉镯》通常都是排在第三个。这是做功戏，唱词一共才12句，主要是通过演员表情动作展现角色的内心世界。我从小就跟惠济民先生学演这个戏，后来惠济民先生的学生、我的大师兄马振华和李文宇团长都给我加工排过，毫不夸张地说，这出戏我已经演到了拿捏自如、得心应手的程度，不管是大舞台，还是小舞台，可以把戏准确地控制在65分钟。大台子，我就把脚底下的速度放快一点；小台子，就适当放慢一点，准到没有左右，不多不少，一切都在掌控之中。

20世纪80年代初，陕西省电视台新进了一辆电视转播车。戏曲栏目的负责人田秉毅先生向台里提出申请，要把车开到渭南给我把这出戏录下来，他说："张彩香现在年近半百，还能演戏，必须抓紧时间把这出戏给录下来，再不录，她年龄大了，演不成了，那可是很大的损失。"在当时的环境下，的确要感谢田秉毅先生对我的认可和鼓励。

节目录完之后田秉毅先生对我说："你这时间控制得可真精准，我们回去安排播出都不用剪辑了，就是剪也没地方下手。整出戏一气呵成，没有一丝一毫的拖沓，连贯自然，太完美咧。"

说起来，因为条件限制，我唱了一辈子秦腔，只有《拾玉镯》录了像，遗憾的是《昭君出塞》《杀狗劝妻》等都没有留下影像资料，因为20世纪60年代还没有电视，八九十年代有电视了却没有机会，这无疑成了我演艺生涯的一大憾事，细想起来也对不起老师的栽培传授，对不起养活我一辈子的秦腔。

"文化大革命"后恢复演出，让我迎来了艺术生命的第二个春天。观众有需要，团里也是开足马力，复排曾经演过的一些经典

田秉毅（1933—2019年），陕西渭南人。1949年2月入伍。1955年转业进入西北妇女画报社任编辑。1961年调入陕西人民广播电台任编辑、记者。酷爱文学、美术、书法及音乐。发表众多小说、散文、报告文学、美术等有影响的作品。1979年在陕西电视台任文艺部主任、高级编辑。组织和领导《陕西地方戏专场》直播，支持并合作创办戏曲栏目《秦之声》，是陕西电视戏曲的开创者之一。

剧目，像《破洪州》《三休樊梨花》这些本戏，都是我一个人从头唱到尾，就是团里演《四进士》《铡美案》等，我给其他演员配戏也是一天两场，有空闲时间还要排戏，从未偷闲。就这样，我一边唱戏，一边为家庭生活奔波，照顾身体多病的老人，一天三顿给上学的孩子做饭、洗衣，这一切我硬是挺下来了，有时实在熬不住了，曾经偷偷地哭过，也去找过剧团领导发牢骚："娃要上学，回家还要给娃做饭，在团里还要连唱戏带排戏，真把人累死了，你们别叫我演了，我不想演了。"可说归说，我一直演到五十多岁才逐渐淡出舞台。80年代后期，我转任导演工作后，除了排戏，虽然不再接演本戏，但折子戏的演出从未间断过。

以前经常随团演出，每到一地，我不是走进影剧院去看戏、看电影，就是钻进书店去购书。1952年，在北京参加首届全国戏曲会演期间，我购买了梅兰芳先生的《霸王别姬》《宇宙锋》《贵妃醉酒》三部经典代表作的精装本，是梅先生演出这三部戏的图片分解总讲，很遗憾，在"文化大革命"期间这几本珍贵的资料丢失啦。

我看到美的身段、造型就想学，梅先生在《霸王别姬》里舞的剑非常好看，百看不厌，不管以后用上用不上，我就要学。我专程到南京找到曾同在渭南演戏的同事，跟她在南京京剧院当演员的妹妹学了这一套剑法，到现在还记得清清楚楚。2010年，李瑞芳专门在柏树林古玩市场买了把剑，在我家住了一个礼拜要学这套剑，我一看剑先笑了："你买的这是干啥的剑，用这剑，一个动作没学会，把人头先削烂了。"她都70多岁的人了，还想着学梅先生的戏，作为一个名演员来说，确实是爱戏爱到家了，也可见艺术精品的生命力有多么强大，多么震撼人心。

演员的职业生涯是短暂的，但艺术的感召力是长久不衰的。张彩香老师以丰厚的艺术功底，锲而不舍地追求，重新站上了令她魂牵梦绕的舞台，延续了一名职业演员的艺术生命。

上戏进修

张老师，演员和导演，根本就是两个不同的业务职能，您是如何转换的？

我做导演这个职业，说起来也是非常偶然的一件事，这和我爱人汪浔的同学有直接的关系。我爱人昱然来到了西北，但与母校——上海戏剧学院（简称上戏）的老师、同学始终保持着密切的联系，感情非常融洽。昱然"文化大革命"期间有过中断，但劫后余生，大家更珍惜长期建立起来的这份友情。汪浔与同学薛沐更是一直保持着书信往来。

在一次通信中薛沐跟汪浔提到，他现在很忙，他们原先的班主任老师胡卫民导演，现在是表导系的系主任。上海戏剧学院受文旅部（原文化部）委托，正在办一个为期两年的戏曲导演进修班，现在已经开课了，他担任进修班的班主任。薛沐在信中说道："我记得你爱人好像就是搞戏曲的，想不想来提高提高？"汪浔回信说："两年进修当然好，可你不参加考试，学院能让你上？"薛沐说："有我和胡老师你怕啥？大不了来当个旁听生。"汪浔回复道："旁听生，不去！"薛沐看到老同学生气了，连忙再次写信说："你倔强的脾气一点都没改。我保证：让她当正式生。有我和胡老师，你还不放心？没问题，你叫她来吧。你老跟我说你爱人聪明得很，现在开学已经快一个学期了，下学期来吧，差一个学期也没事，也不让她考试，来了就跟着上课。"

在省文化局上班的汪浔，得到了老同学的准确答复，立即赶回渭南征求我的意见。这时期刚好团里根据工作需要，重新安排了岗位，我刚好因为没有新搭档，无戏可演比较空闲，一听这消息，兴奋异常。我从小就没有接受过系统的戏曲理论学习，要想再上一个台阶是十分困难的事情，这件事也一直困扰着我，现在机会来了，当然不能放弃。我当时就去找团里领导，团里领导做不了主，就和我一起去找渭南行署文化局局长王宏谦。王局长听了我的来意，觉得这事有些挠头，别人咋都好说，唯独对我的事，他不敢随便做主决定，于是，他带上我一起来到渭南行署周副专员的办公室。

周副专员听了我的诉求，觉得这无论对我还是对秦腔一团来说，都是一件好事。对我来说可以得到提高，对秦腔一团来说也算是一个长远的投资。另外，还可以通过这件事让我不再提离开渭南的事，这一来一注，原本不好开口说的事情正好一并解决了。

周副专员随即向我提出了交换条件："一是秦腔一团最近招收了一批十一二岁的秦腔学员，你去给这些娃代上三个月的课再走，不去代课，你这一万多块钱的学费，国家就不给你掏，那你也就不要去咧。再一个，你学成咧也别想离开渭南，实话跟你说，现在省上调你的调令已经下来咧，是一个死令，就要调你走，你看咋办？"话锋一转，周副专员接着说道："如果这两个条件你都答应了，我现在就同意你去；如果做不到，那你爱找谁找谁去，我也管不了这事咧。"

听了周副专员开出的附加条件，我不由得气愤地说道："你这就是不想让我回家了，就想让我死在渭南？！"

人家周副专员早就盘算好了，一点也没有让我的话激怒，悠悠地说道：

"话不要说得这么难听嘛,事情就是个这,你自己考虑吧。"

没办法,为了去上海学习,现在只能走一步看一步,先顾了眼前再说,只能委屈妥协啊,我答应了周副专员提出的两个条件。

就这样,我去上海进修的事,又被延后了三个月。

1982年下半年,我因为要履行约定,给秦腔一团的学员上了三个月课,足足推迟了一个学期才赶去报到。在上海戏剧学院戏曲导演进修班第二学期开学之际,我如愿插班开始了自己为期一年半的学习。我由衷地感谢薛沐先生……

薛沐先生走了

1999年5月8日晨7时许,著名戏剧教育家、导演、上海白玉兰戏剧表演奖评委薛沐先生猝然病逝于华东医院,享年76岁。来不及做任何交代,来不及做完自己想做的事,须臾之间,他永远离开了我们。噩耗迅速传遍上海戏剧界,每一个熟悉他热爱他的人都无法相信,悲痛万分。

就在他去世前十几个小时,他正在出席一个外地剧团演出的研讨会,他尽心尽力地为这个戏锦上添花献计献策……

他的情怀,他的赤诚将永远留在我们心中。

1945年,年仅21岁的薛沐先生,投身戏剧事业,成为上海剧专的一名学生。以后半个世纪,他先后经历了上海剧专、中央戏剧学院、北京人民艺术剧院,上海戏剧学院表演系和导演系等教学和创作的艺术生涯。在76年生命历程中,他与他所热爱的戏剧艺术整整交融了50个春秋。起落沉浮、荣辱与共,为我国戏剧教育事业做出了贡献。50年代,先生被错划右派,但仍然一如既往相信党热爱党,坚守着自己的信念,忠心耿耿脚踏实地地工作。他协助胡导先生起草修订

表演教学大纲；他积极参与导演系的筹建与首届话剧导演本科班的招生与教学；十年动乱他同样饱受苦难。"四人帮"一被打倒，先生再次奋起，为恢复导演系努力工作。他曾担任好几届戏曲导演班的主讲教师，培养过一批又一批的戏剧导演人才。特别是薛沐先生在戏曲导演艺术方面，建树累累，造诣精深。众口皆碑的《谭嗣同》《玉镯记》《王金豆借粮》《真假驸马》《西施归越》等就是先生精心创作的优秀作品。薛沐先生涉猎的戏曲剧种之广，培养出成就卓著的导演之众，在戏剧教育界并不多见。众所周知，他学生创作的京剧《骆驼祥子》、淮剧《金龙与蜉蝣》、豫剧《红果红了》、越剧《孔乙己》等就是对先生最好的回报。从某种意义上说，先生和他的学生们组成了当代戏曲导演队伍中蔚为壮观的一个方阵。

尤为可贵的是，先生将自己多年的创作经验与自己长期的理论研究相结合，撰写了具有独到见解系统完整的《戏曲导演概论》一书，填补了上海戏剧学院这一领域学术论著的空白，使多少热爱戏曲艺术的学子学有所依，学有所道。

薛沐先生一生爱才重才，他钟爱学生，痴情一片，无怨无悔，每当先生从报刊上看到学生创作或获奖的消息，他总是欢天喜地剪裁下来，小心翼翼地收藏起来，以待日后学生偶临家门，师生共赏，同享喜悦，而每当知道学生遇到困难，或身陷困境，他总是不遗余力地为学生铺路搭桥，共渡难关；当他自己遇到委屈和劫难，却总以宽善化解冤屈，总以坦荡的胸怀包容不平……

命运剥夺了薛先生很多机遇，但他豁达乐观，就是退休之后，也是不停地工作，活跃在戏剧舞台上。白玉兰评奖，他每戏必看，每会必到。他每天在校园中巡视，关心着学院发展中的一切。先生以他执着的情怀和神圣的追求为我们树立了人生的楷模。从先生身上我们可以解读到戏剧艺术本质的真谛即正直、善良、关爱。

薛沐先生走了，但人们会永远怀念他。我们会以他为榜样，为振兴中国的戏剧事业不懈奋斗。

——节录于《上海戏剧》1999年第6期

这个进修班全班有二十八九个学员，来自天津、内蒙古、云贵等地，他们都怀着对艺术同样的梦想，来到这个全国戏剧界最高学府寻求知识的填充。

艺术是相通的。虽然是不同剧种老师在传授知识，但舞台艺术却都是大同小异的。

也就是从这个时候起，我对照自己多年的舞台经历，解开了许多困扰自己提高演技的难题,更加注重学习不同艺术门类的表演技巧,话剧、越剧、芭蕾舞、电影……都成了我的教科书。除了上课,一有时间,我就钻进电影院、剧场,把别人逛街的时间,全部都用来看戏、看电影,用在了琢磨戏上。

俗话说"外行看热闹,内行看门道",别人看戏、看电影是看故事,被故事所打动,也就是"看戏掉眼泪,替古人担忧"。我则不然,一场戏、一部电影,我能反复看几遍,揣摩的是故事的情节安排、主题内涵和演员的表演、场景的调度。

走进电影院、剧场,我就完全融入其中,只要人家不清场,我就坐在里面看,有的时候是电影中出现喝水、吃饭的场景,我才感觉渴了、饿了,就像傻了一样,完全到了一种痴迷的境地。

有研究表明,深度思考的人会花20%的时间来学习和观察,80%的时间用于思考,找出问题的本质。张彩香老师就是在如饥似渴的学习中,在各种艺术形式的熏陶下,不断提升理论知识,开阔艺术视野,在思考中积累导演阅历。

我也不知道咋咧,自从来到这个班里,我总觉得和别人差得浪远,要学的东西浪多,所以,我就拼命地学,也不管别人怎么看我,不懂就去问。我的学习精神也深深地感动了薛沐,汪浔和薛沐是要好的同学,在进修班总是给我学习上更多的关照,一有机会,就找来戏剧演出的票让我去看。这一切对我来说,如入幻境,让我在艺术的殿堂尽情尽兴流连忘返。

虽然当时还没有恢复职称评定,但我们班的授课老师应该都是教授级的。胡卫民先生身为系主任,教学工作非常繁忙,但对文旅部(原文化部)委托开办的这期导演进修班十分重视,丝毫不敢懈怠,经常亲自给学员讲课。班主任薛沐更是亲力亲为,尽己所能,向学员传授戏曲理论知识。进修班还聘请了几位专家给学员上课,有上海昆剧院的甘明智老师,主要讲授戏曲理论、昆剧的表演。还有上海越剧院的剧作家、给著名越剧演员袁雪芬等人排过戏的吴申老师。

上海戏剧学院，除了给学员安排专业理论课的学习，还安排形体训练。甘老师是搞舞台戏曲表演的，又是昆剧科班出身，曾受教于昆曲"传字辈"老艺术家，绝非等闲之辈。他的课注注是理论结合实践，真米实曲。在一次走《探庄》的组合身段课程结束时，他曾说："干我们这一行的，你究竟吃了几碗干饭，你注那一站，就能看出来。你的基础功底，到底修炼到啥程度，你的站相，就告诉人了，抬步一走，就能知道你的水平。张彩香，你的这一趟《探庄》的组合身段走下来告诉我，你是领过高教的、自己也下功夫训练的演员。"

对我来说，这来之不易的学习机会，对今后舞台生涯的延续扩展，起到了事半功倍的决定性作用。通过系统的戏剧理论和导

甘明智（1941— ），汉族，浙江绍兴人。中共党员，高级讲师。1961年毕业于上海市戏曲学校（昆剧班），留校任昆剧教师，曾任京、昆、越等教研组组长、班主任、党支部书记等。上海戏剧家协会会员、上海市第五届文代会代表。1965年就读于上海戏剧学院戏曲导演班。1981年回上海戏剧学院导演系执教第八届戏曲导演班。

从事戏曲教学50余年，教过的剧种有京、昆、越、沪及戏曲导演班等；教过的科目有身训、腿功、把子功、学戏课、导演排戏课以及戏曲导演理论、实践课等；教授学生几百名，活跃在舞台上的有赵志刚、杨婷娜、姚祝福、张卫东、齐宝玉等，以及著名戏曲导演郭小男、卢昂等。编写的《戏曲演员表演理论、实践课教授纲要》，填补了戏曲表演教学的空白。

1959年曾获上海市文化局、剧协青年汇报演出成绩显著奖。1996年获上海市中等专业学校教学法改革论文三等奖。2012年在上海戏剧学院戏曲学院授课时，创编《女乒决赛》获首届中国戏曲表演程式创编大赛的创编指导奖和最佳创意奖。

演理论的学习，结合自身多年的舞台经验，使我对戏剧艺术有了更新更深的认识和理解。

我从开始学戏，有幸遇到的都是顶尖的好老师，再加上自己的刻苦努力，在身上没有留下什么毛病，身段、动作都很规范，没有花架子，全是实打实的硬功底，这应该是我最大的优势。另外，可以说我接受能力也比较强，爱思考、喜欢琢磨，具有自控和调度能力。薛沐老师发现，从开始在一起分析剧本，他在讲解剧本构成时，我听得非常仔细，几个人共同研究剧本时，我所提出的问题都能直击主题。他曾经说过，虽然我从渭南那个小地方来到大都市，很多东西都没有见过、没有接触过，但这种勤于思考、肯钻研的精神，就是我胜任戏曲导演这项工作的基础。

上海戏剧学院进修班学习的最后三个月是参观、实习阶段，要让学员通过体验社会生活、体验舞台导演生活，拓宽视野。通过去上海沈家门、普陀山参观，增加阅历。每一位学员都通过实地当一回实习导演，来感受生活、增加舞台导演经验。

我用了一年半时间完成了两年的课程，毕业实习时，班主任薛沐将全班同学分成若干个小组同步展开。上海越剧院有三个团，薛沐亲自带我和另外三名学生，到上海越剧三团排戏，安排我给上海越剧院（三团）赵志刚等青年演员排演《玉镯记》。薛沐老师在给越剧团的演员介绍时说："张老师是秦腔剧种的演员，尚小云先生的学生。"我当时听了都觉得不好意思，但他一提到尚先生，我又重拾信心，一定要把这件事情做好，不能给"尚小云先生的学生"这个招牌抹黑。

《玉镯记》原名叫《血溅乌纱》，是一部公案戏。秦腔版的《玉镯记》，曾在西安尚友社演出过，渭南新民社也曾排演过这部戏，后来这个剧本又传到了河南。此次，上海戏剧学院拿到这个剧本后进行了改编，之后的越剧版本剧名就叫《玉镯记》。

上海越剧院和上海戏剧学院平时业务联系非常紧密，相互借鉴、相互促进，对教学和演出水平的提高帮助很大。上海越剧院三团选定《玉镯记》这个本子后，正好碰上我们这期学员毕业实习，所以，就把排演这个戏的任务接了过来。

上海越剧院三团的舞美、灯光，当时在全国都是数一数二的，比较先进，不用实景，已改用激光投影技术。换景时舞台很干净，也很漂亮，大大缩短了换景时间。先进的舞台设施，声名远播的影响，使我一踏进这个环境就多少有点怯场："自己还从来没给外剧种排过戏，到时候演砸了咋办呀？"

赵志刚是上海越剧院三团的青年演员，练功、学戏都非常勤奋刻苦。不仅仅是赵志刚，这个团的所有演员都很敬业，素质也很高。所有演员都会弹钢琴，练声、练曲都是以钢琴伴奏。我每天给这些演员排戏，所有人都认真地先拿笔记本记下来，然后反复揣摩，反复练习，还不时地询问给自己设计了什么身段，表现出演员的基本素质。这些演员对我的尊重，对艺术孜孜以求的精神，深深地感染了我，初来乍到的那种忐忑也随之烟消云散。

我早出晚归，这本戏给他们排了一个多月，首场在上海美琪剧场演出，赵志刚也因《玉镯记》的演出而名噪一时。

这部戏中有一个女演员叫万茜，非常满意我在剧中给她设计的身段。首场演出之后，为了表示感谢，她专门请我在上海淮海西路的一个西餐厅吃饭。席间她对我说道："张老师，您给我设计的身段真是太美了，我特别喜欢。"

我的导演生涯就此打开了大门，在《玉镯记》一剧首获成功之后，我对自己也充满了信心。

通过在上海戏剧学院的学习，我从理论上对剧本的分析有了很大的提高，对剧本的主题分析、人物分析有了更深的理解。以前只知道演戏，忽视了排演之前先做好功课，做好悟透剧本的准备。我清楚地认识到，作为一个导演，必须清楚，剧本是一剧之本，离开剧本就不能称其为剧，现在醒悟到这一点，对我的导演水平提高很快。一名导演，只有真正了解戏曲艺术真谛，有扎实的基础、丰厚的舞台实践经验，才能在戏曲导演过程中，把自己对剧情、人物的理解贯穿于每一个人物、每一个细节当中，导演这条路才能走得更远。

优秀传统文化是一个国家、一个民族传承发展的精神命脉，我国流传至今的不同剧种，或古朴雅致，或高亢激昂，或婉转含蓄，浓缩着中华民族千百年来的文化经典，都是中国传统文化的重要组成部分。不同剧种间的学习、吸收与借鉴，都需要编剧、导演和演员的演绎体现，传统与创新要互化、互融、互通，创作才会在传承与创新中有机衔接，形成剧种发展的良性循环。

导演是一个长期积累过程，不能喧宾夺主，凭空想象，要把丰富的实践转化为创作内功，既要继承优秀的传统文化，又要在具体实践中不断创新。继承不是因循守旧、原封不动地照搬、照抄。而是在传统基础上转化与创新，既尊重传统，又不被传统束缚，就像梅先生说的"移步不换形"，这才是继承和发展的科学态度。依据传统技法、传统套路和戏剧特征，体现在演员身上、剧中人物身上、戏剧情节之中，根据行当流派的不同，因势利导、灵活运用，才能不断提升戏剧作品的整体性和生命力。

张彩香老师在学习中实践，在实践中积累，不断丰富自己的理论与实践经验，提高自己的艺术才能，升华自己的艺术境界，从而在新的艺术领域稳健穿行。

业界朋友

张彩香老师人在渭南,却与西安剧界前辈及同年友朋有着很深厚的感情,虽长时间不见面,但心还是紧紧贴在一起的。经历了几十年人生的冷暖,共同体验着舞台上的"生离死别"。一起流汗练功、一同高歌练声。用这个行当里的话说,叫"人不亲行亲"。人们常说"同行是冤家",可张彩香老师和同行的老老少少却有难以割舍的亲情。

在秦腔界,不论是老一辈的演员也好,同龄的或小一辈的演员也好,我们关系都处得很好。晓钟社里马志中、刘亘天,这些人都是惠先生的学生,现在虽然老师已经不在咧,但我和他们碰到一起,仍像当年在一起学艺一样亲切。我每次到易俗社去,心里不知怎的,就有一种特别的情感,易俗社写戏牌的刘冬生,丑角演员雷震中、旦角演员张咏华等,都与我关系很好。我称刘冬生为冬娃哥,中华人民共和国成立前他就进了易俗社,勤勤恳恳一辈子,20世纪50年代开始写戏牌和字幕,写过的幻灯片几箱子都装不下,现在应该都进博物馆了。迟到或早到易俗社不用担心没地方落脚,冬娃哥那每天开水保障供应，茶也是现成的，一间房子不大却人员来往不断，是易俗社当然的"休闲中心"，而今更是被尊为"社魂"，退下来的老人常聚在他那里，追忆易俗社往昔的花样年华。按说我跟易俗社打交道并不多，过去和这些演员也没有同台演过戏，可关系却相处得非常好。

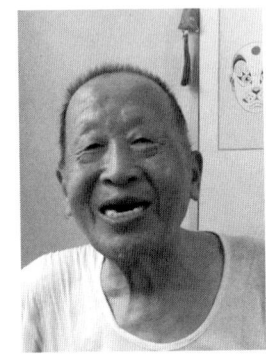

九旬近影

刘冬生（1931— ），西安市人，中共党员，西安易俗社书法家。2018年7月，西北大学费秉勋教授饭后散步经过易俗社，看见刘冬生写的牌，走进易俗社结识了88岁的刘冬生。寒暄一番，刘冬生即下挂面招待来客。还说要配些绿菜更好，这边话没落地，那边邻人就送来了绿菜，费秉勋欣然品尝了这不一般的面条。临别刘冬生送至门口，费秉勋教授就以冬娃哥相称了。易俗社风光红紫的人不少，费教授却找了素淡低调的刘冬生，可见"物以类聚，人以群分"不假。

当年我们去西安巡演的时候，正赶上易俗社的演员下乡，临走时，雷霆中就把自己在易俗社的宿舍腾出来让我用。"彩香，你就住在这儿，我把钥匙给你，你要走的时候，门一锁，把钥匙给门房就行咧。"轻轻松松一句话，却让人心里暖暖的。

这人越到老咧，越是念旧。多年之后，雷霆中为了要一张我的剧照，专程跑到了渭南，还要让我给他在照片背面写上字。

易俗社49级的这一批学生，现在都七八十岁咧，就是现在见了我，也这个一声"姐"、那个一声"姐"地边叫边上前拥抱，格外的亲近。

中华人民共和国成立后宁秀云就一直在易俗社唱戏，到了晚年，她更留恋当年与我在一起练功唱戏的日子，也正因为少小就在一起学戏、练功，我也格外珍惜这段友情，只要来西安，必定要先去看看秀云大姐。

汪浔在省文化局工作，与易俗社就相隔一条马路。宁秀云知道汪浔每周都要回渭南，每

雷震中（1927—2020年），秦腔丑角名家。易俗社第十一期学员。初学小生，后改文丑。师承马平民、袁乃中等先生。代表剧目有《玉虎坠》《紫金冠》《游龟山》《三滴血》等。有较高的文化修养，善于从内心塑造人物，不论大小角色均能演出光彩。晚年撰写戏曲评论、演员传记、易俗社历史等大小文章百余篇。曾任易俗社副社长。此前任革委会副主任，有"雷胆小"的雅号，意味深长。

到周末，她就在文化局门口等候他出来，一见面就说："汪浔，你回去跟彩香说，我想她咧，叫她到西安来。"

恢复传统戏演出后，我们团在端履门的民主剧场演《拾玉镯》，宁秀云知道后第一时间就去观看。看完之后她也没有走，等我卸完妆走出来，宁秀云上来一下就抱住叫："彩香！"

我一愣。"姐，你啥时候来的？"

宁秀云说："我看你的戏来咧。"接着说道，"你真不简单，搭个声一出场，这个收缩控制得怎么这么好！"

"收缩控制"是一个演员在长期的舞台实践中摸索和积累的，行家一看就会感到，舞台上你身体的每一个部位拿捏得怎么样。这一点，一般人看不出来，也做不到，像这种话从来没有人跟我说过，我自己也完全是一种无意识状态，是自然表现出来的，没有做过总结。

我对宁秀云说："姐，那不知道，我只要把板带一扎、戏装一穿、上台一亮相，立刻就进入了演戏的状态，身体两边就能收缩回去一寸，我的收缩、张弛控制能在瞬间完成。"

宁秀云说："彩香，真不简单，你收缩控制得太好了，身上还一点不感觉僵硬，这就使你在舞台上的造型很美、很好看。"

其实，我每天都要对着镜子，反复练习舞台基本功，耸肩、抬肘、吸腹、夹屁股，把这全套的动作要练到一种自然状态，不能让观众看出来，你好像用了很大的力气在刻意做这些动作，身体各个部位要呈现出自然和谐的状态。

张彩香老师边说边站起身来演示，就是现在，老人家的一招一式，做得也干净利落、十分到位，丝毫不觉得僵硬、死板。

无论是在排练场，还是在舞台上，我都喜欢在细微处琢磨戏，在塑造不同的剧中人物时，反复推敲、反复演练，尽量以自己的声腔条件，把它还原成最能体现人物特征的那个音色音域。我觉得，作为一个演员，声音一定要丰富，不应该只能用一种声音、一个调子饰演角色，要让观众真实地体会到，舞台上的你就是这台戏的这个角色，而不是另外一出戏的那个角色，或是生活中的你。演孙玉姣是这声、演穆桂英也是这声、演现代戏年轻人是这声、演个老工人还是这声，这可不行。作为演员，这个声音、独白，不能雷同，这样才能塑造不同的人物，这是最基本的。雷同，人物性格在声腔上就无法体现，饰演的角色也不能从声音上让观众分辨出来。话剧就很讲究演员的语言特色，演员的语言艺术也很丰富，什么地方用韵白，什么地方不能用韵白，都要准确把握，才能完美地塑造剧中人物，要把人物特征完整地表现出来，就需要演员尽自己最大的能力去表现。

作为一个演员，要根据所饰演角色的不同变化语言结构和唱腔处理，要视人物来定。秦腔还讲究一个正小旦，像《玉堂春》《三堂会审》，唱腔很多，扮相是按十七八岁来扮的，就是正小旦。京剧是青衣、花旦、刀马旦、武旦、老旦这五个行当。像《断桥》《白蛇传》，在京剧里也叫青衣，就是以唱为主的。秦腔，像《玉堂春》这类戏按青衣行当，很年轻的角色，而且唱腔比较多，叫正小旦，就是年龄变化不是很大的旦角。这都需要演员根据不同的角色，随时调整声腔。像《杀狗劝妻》的台词，就要表现得诙谐、幽默，不能一本正经地念出来。我在28岁演《年青一代》中的退休老工人，就有意识地把声音往开放往宽放，40多岁演《拾玉镯》年方二八的少女时，就有意识把台词念得收一点、俏一点。

演戏一定要从人物出发，人物需要什么样的语言、动作、表情，就需要自身根据舞台经验来准确把握。演员上台，若是声音不对、难听，那其他的身段、表演就不要说咧，观众首先就不会买账，只要唱不好，念白与角色形象不符，观众就不会接受。开始的时候，我发现自己音域不宽，就尽量想办法去解决音域不宽的问题。像在《拾玉镯》中孙玉姣的独白，我就尽量把它用韵白读出来，这样，就让人感觉到孙玉姣的年轻，老的就是老的，年轻的就是年轻的，我就是这样处理不同人物的声音。

对于我在声腔上的处理，并不是一下子能让所有人接受的。我在西安人民剧院演《拾玉镯》，刚一下场，肖若兰就跑到后台找到我："伙计，你咋把台词慢慢悠悠地读呢？这是独白呀，你咋读得像京剧？"

我说："你要是看我读得像京剧，那我就做对咧。"

肖若兰说："那咋？"

我又说："我演这么年轻的角色，年方二八、十六岁的姑娘，你说我不用韵白，用咱秦腔的一般白口，那我就能唱老旦。不能那样处理，我现在这种方式，我觉得我处理的对着呢。你如果说我的处理还有一点韵白，慢慢悠悠，把嗓子往细里提一下，就对咧。我觉得秦腔也应该有韵白，人家李正敏先生的'敏腔'，你难道没听过？是吧？"

肖若兰感到我说的也有道理，可还是怕观众一时无法接受这种独白，但又说不出其他理由……

我并不是不愿意接受肖若兰的建议，对于传统的东西，应该很好地继承，但不是墨守成规。现在这种声音的处理方式，也是我经过多次试验总结的成果。我认为能更好地表现出孙玉姣少女的性格。其实，肖若兰也觉得现在这样处理效果不错，可这，毕竟有别于传统的独白形式，是否能被人们接受还不确定，我知道，她是在为我担心。

几个老姐妹对于秦腔的爱是相通的，相互之间发现问题，及时提出来，谁能最终说服谁，就听谁的。当然，对于观众的反馈意见，我总是在第一时间做出判断及时进行修正。

演员的演技需要平时的磨砺和积累，人与人之间的感情同样如此。

有一次，《秦之声》栏目请我去当评委，我心里很高兴，急忙换了一身衣服，还特意换了一双新皮鞋。因为平时在渭南，我除了在家就是到剧团去排戏，根本用不着收拾打扮，为图方便，整天就是便装和布鞋。这要去省城当评委，就不能再这样不修边幅咧，谁知，这一收拾却给自己增添了不少麻烦和痛苦。

我在西安火车站一下车，没走几步路，脚后跟就让这双从没上过脚的新皮鞋给磨破咧，每走一步都十分艰难，疼痛难忍。那时出租车等交通工具还不是很普及，好容易走到建西街，在省电台的演播大厅报了到，人也疼得龇牙咧嘴，难以名状。这种情况我还真没办法跟谁说，怕惹人笑话。我想把皮鞋当拖鞋拖上走，无奈新皮鞋后帮子太硬，还拖不成。报完到，我转身想走，不料疼得实在不行，身子就一个趔趄，一旁的全巧民看见了就问："姐，你咋咧？"

我回答道："呀，我腿疼。"我没敢说自己脚疼、脚磨破了，怕说出来让人觉得这小地方人进城想装阔气，还把自己弄成这样子咧。那岂不是要留下笑柄咧，只好说自己腿疼。

演员练功，没有几个身上没有点伤的，这个大家都心照不宣，都能理解。全巧民就说："腿疼？！姐，那现在报完到，人家晚上才弄事情呢，你现在咋办呀？你是不是要到娃屋里去呢？"

我的大儿媳妇在陕西省人民艺术剧院，大家都知道。我随口就说："嗯，我去呀。"

全巧民说："你腿疼……咋去呀？你不用管，姐，来，我把你架上。"说着，全巧民就把我的胳膊架到脖子上说："这会儿能轻快些不？你那个脚走慢一点，拿脚尖走，它就疼得轻一点，你这样走……"

全巧民架着我，我们俩人一步一步，就从二楼挪到了大街上，全巧民四处看看说道："妈呀，这阵儿咋找个车都找不着，也没有个三轮车，连个啥车都没有的，这儿又不通公共汽车，你咋办呀？嗯……姐，你别管……"重新又把我架了起来。

这一下，我也没办法拒绝了，一来，脚疼得实在没办法走路，可也不能在这里待着，总得先找个地方换双鞋吧。二来，全巧民已经把我的胳膊都架了起来，也实在无法拒绝她的好意。想一想，从建西街省电台演播厅，一直走到省人艺，那段距离少说也有两站路，全巧民小小的个子，我一边身体的重量基本都在她的身上，这可真是难为这个妹子了。

就这样，我们俩一边说着话，一边往省人艺走。好容易走到了省人艺的大门口，全巧民说："姐，要不我把你送到你娃楼上？"我一听赶紧说："不要、不要……你现在还干啥呀？"全巧民说："我跟戏曲研究院几个人说好的，要去咸阳演出去呀，跟人家一块去。"我说："妈呀，耽误你时间了，那你赶紧走。""好，那我先走咧。""你快走吧。"

全巧民看着我走进了省人艺的大门，才转身离开。看着全巧民一走，我就啥也不管咧，把那只磨破脚的鞋子脱下来，也不顾啥形象咧，只要不疼了就行，一不做，二不休，脱了鞋拎在手上，先把那只受罪的脚解放了再说，只穿个袜子就朝着儿媳住的楼上走去。

要说全巧民个子那么小，居然能把我架起来走了两站路，这份感情可真不是天上掉下来的，是一种多年积累起来的、真正的姐妹情谊。

在我心里，这些年一直感觉自己很充实，这都八十多岁咧，自己还没有混吃等死的感觉，为啥？就是这些年来，情同手足的这些兄弟姐妹和前辈们，从心里给予我的关爱时时在温暖着我。年青一代不时来求教问艺，大家在一起切磋艺术，我感到自己过得很充实和满足。

全巧民（1938—2019年），西安易俗社一级演员，陕西省非物质文化遗产秦腔项目代表性传承人。易俗社第14期学员，以小旦、花旦见长。师从凌光民、王天民、刘建中、贺孝民等。1957年经刘毓中介绍拜荀慧生为师。1960年参加拍摄《三滴血》饰贾莲香。1963年调乌鲁木齐市秦剧团。1980年调回易俗社。2009年6月在陕西省秦腔传承人展演中，以72岁高龄饰演《蝴蝶杯·洞房》的卢凤英，扮相照样动人、嗓音依然明丽。

前辈们身体力行，不厌其烦地一遍遍给我教戏、排戏，就是在舞台上仍不时给我说"跑大一点、跑平一点……""拉塔哐哐噌噌……拉塔哐噌……""走着、走准确……"，这一切在别人眼里可能看似平常的事情，在心里可能也不会有什么联想，就是当年我也没有什么感觉，而现在，这些影像却时常浮现在我的眼前，好像有一种无形的力量，在促使我努力、再努力地去传承，去发扬光大秦腔事业。

现在有些导演，只能从轮廓上给你说个大概，都不可能做到一个身段怎么摆，一个眼神怎么看，不会告诉你台词怎么说，乱弹怎么唱。

而尚小云、惠济民、李正敏、封至模等这些老师在给我排戏时，非常细致入微。无论是同台演出，还是给我排戏，曾经给予我的戏曲知识和舞台经验，这些收益、这些熏陶，对我学有所成和进一步提高都是无法用语言来形容的，也使得我现在有能力再传授给年青一代。我从不把排成一出戏、带出一个学生，当成自己的功劳，我把这一切看成前辈们寄予的一种希望，是要注下延续的希望，我只是在感恩养活我一辈子的秦腔，在完成前辈们未竟的事业。

我努力攀登，并不是为了让全世界看见我，而是为了看清全世界。这就是张彩香老师的心境。

一次，我的儿子在西影厂给渭南锅炉厂拍广告片，不巧西影的烟火师回家收麦子去咧，烟火道具取不出来，要赶回来，还需要很长一段时间，可这个片子如果不及时拍摄制作，可能要影响在电视台的播出。看着儿子着急的样子，我就想着，这些东西和舞台烟火并无二致，就对儿子说："你们先别急，我去给你看看能不能借到。"说着，就去了戏曲剧院，找到了副院长李瑞芳说明来意，李瑞芳说："我们的

李瑞芳（1935— ），陕西省戏曲研究院一级演员，国家级非物质文化遗产迷胡项目代表性传承人。1952年考入陕西省戏曲研究院，工旦角，师承黄俊耀、任国保。1953年首演迷胡剧《梁秋燕》，一炮而红。1956年首演碗碗腔《金琬钗》。1958年，《梁秋燕》《金琬钗》进京会演，获得周恩来、刘少奇、朱德、陈云等国家领导人接见，并得到梅兰芳、曹禺、田汉、马少波等艺术家指导。曾任陕西省戏曲研究院副院长。代表剧目有迷胡《梁秋燕》《曲江歌女》，碗碗腔《金琬钗》《女巡按》等。

道具师也不在,就是在,也没有这些东西,现在院里的情况不好得狠。"

无奈,我又到易俗社,准备去找易俗社副社长张咏华,不想迎面碰上了肖若兰,见我便问:"伙计,你弄啥来咧?"

我跟她把情况一说,这会儿正想去找张咏华,肖若兰就说:"现在人都吃饭去咧,得等一会,你吃了没有?"

我回答:"我急得像啥一样,还吃啥呢。"

肖若兰就说:"那我给你夹个馍去。"

一会儿工夫,肖若兰就把肉夹馍拿了回来,手里还端着一缸子茶说道:"我看咏华在办公室,你先吃,吃完了咱去找她。"

我心里着急,几口就吃完了手里的馍,喝了一口茶对肖若兰说道:"走吧,赶紧。"

我俩来到张咏华的办公室,还没等我把来意说完,张咏华就说:"姐,你别说咧,我知道你要干啥呢,可社里的烟火师都下班咧,要等到晚上演戏才会来,这咋办呀?"

我正发愁,儿子把电话打到了张咏华的办公室,告诉我说西影厂的烟火师找来了,不用再借咧。

就为这件事,

张咏华(1940—),西安易俗社一级演员,陕西省非物质文化遗产秦腔项目代表性传承人。易俗社第14期学员,工旦角,拜安鸿印为师。曾得孟光华、惠济民、封至模、凌光民等指教。戏路宽,小旦、正小旦、刀马旦、老旦都能胜任,曾任易俗社副社长。代表剧目有《走雪》《庚娘杀仇》《白蛇传》《冼夫人》等。

张咏华每次见到我都很过意不去:"我还是个副社长,给咱娃连这点儿事都没办成。"

我跟易俗社的肖若兰关系更像是姐妹一样,见面都是亲切地以"伙计"相称。我和肖若兰还有一张照片,是1949年在三原演出时照的,可惜年代久远,照片不知所踪。

在师友们当年送的照片背面大都有本人的题词,我把这些都视若珍宝,仔细收藏。我认为,照片是老师、前辈的影像,后面的书法题字亦有价值,

易俗社老照片

西安易俗社,1912年由李桐轩、孙仁玉首倡,与王伯明、薛卜五、刘介夫、高培支等人创立于西安。初名易俗伶学社,后改名为易俗学社、陕西易俗社,以"启迪民智、辅助社会教育"为宗旨,是将戏曲教育和演出实践相结合的新型艺术团体,聘请秦腔名家陈雨农、党甘亭、李云亭、刘立杰、呼延鑫、赵杰民、京剧名家唐虎臣等任教练,建立了导演和舞台监督制度。1949年前,李桐轩、孙仁玉、高培支、范紫东、吕南仲、王绍猷等创作剧目四百余本。培养了十三期学员,六百余人,佼佼者有刘箴俗、刘迪民、沈和中、刘毓中、苏牖民、马平民、王天民、耿善民等。1949年中华人民共和国成立后,招收了男女兼容的十四期,知名者有陈妙华、张咏华、郭葆华、全巧民等。1951年由国家接办,吸收了孟遏云、宁秀云、肖若兰等女演员,又培养了三期学员。1960年,曾改为西安秦腔剧院一团。后又改为西安秦腔剧院有限责任公司易俗社分公司。现在秦腔剧院与演艺公司"合并",易俗社又恢复了"法人"资格。

极富纪念意义。

照片几乎都是这样题写:"送给张彩香同志留存"。1952年全国第一届戏曲会演期间,苏育民先生送给我的一张穿西装的照片,都是同一种格式。李正敏先生、封至模先生送给我的照片,翻过来看,背面全是"彩香同志",现在看到这些照片,我就感到称谓可笑得狠。在20世纪50年代,在当时那个圈子里,人为的紧张,还真没有人敢把谁叫个伯、把谁叫个姨的。

我当年在三意社演戏,大家都把苏育民叫三爸,我也跟着叫。后来,规定见了苏育民得叫同志,见了李正敏也得叫同志,杜锦玉大姐也是"同志",这让我怎么张得开口……你说,李正敏先生比我大了二十岁,他比我父亲都大,让我见面把他叫个同志,他把我叫个同志,你说滑稽不滑稽?真是让人哭笑不得。没办法,明面上还得这样叫,私底下我仍然按"二伯""三爸""大姐"的叫法叫。我觉得这不仅是个叫法,也应该是个礼数,普通人可以叫同志,我们之间这样叫岂不是生分失礼吗?

这段经历,记录了一个时代,铭刻了一段段弥久留存的真情实感,也让张彩香老师留下了一张张"革命化"的纪念照。

传承点滴

1930年焦菊隐先生创办"中华戏曲学校",进行了许多改进,重视文化教育,吸取科班口传心授、以戏带功、因材施教、严格教学、注重实践的优点。张老师,您是怎样看待戏曲艺术的继承和传承的?

我觉得,一个人要学戏,先要学会做人。你对戏曲经典、对戏曲前辈,没有崇敬的心、没有敬畏的心,你就不要去谈什么传承、继承。

无论是导演还是演员,剧本没选好你就甭排这个戏、甭演这个戏,即使急就章式地弄出来,也是一锅汤,那没有价值,也不叫搞艺术。我闲得没事干,也不愿意胡闹,这既对不起老祖宗,也对不起观众。宁可不排,也绝不凑合。

1983年我从上海进修回来,参加了省上两届戏剧节。1985年排演的《白玉楼》是第一部戏,我心里憋着很大的劲,这个剧本经过陕西省戏剧家协会李群芳老师的改编,将故事删成了一条线,将一出小生、小旦、武旦唱做并重的戏,改编为一台生旦戏,全剧更为简洁、紧凑,凸显主题。戏中原来的上马动作是马童把白玉楼背起来行走，我借鉴了尚先生《昭君出塞》中的上马动作，加入了新的元素，给白玉楼嫁接了一个新的上马动作。让白玉楼一个小圆场转身，上到马童腿上，然后一个向后探身造型亮相，整个动作一气呵成，毫不累赘，又符合现实生活，观众看起来也很漂亮。我希望用歌剧二部重唱的手法，渲染男女主角爱情的升华，著名琴师张满堂完成了音乐唱腔设计，歌舞剧院张长兴配器，这段唱获得很好的反响。这场戏的服装、道具，还有演员的装饰，都经过重新构思设计，展现了一个全新的舞台样式，给人耳目一新的视觉享受，因此成为在全省获得大奖的剧目。这场戏的成功不是一个人的功劳，这是一个共同努力的结果。

紧接着，在1987年又排演了《聂小倩》，剧本是袁多寿先生写的，这两部戏从省上拿回了大奖之后，作为渭南市秦腔剧团的保留剧目一直在各地巡演，演出效果非常好。

扮演聂小倩的胡香串，1984年调入渭南市秦腔剧团，现在是一级演员。她的身高、嗓子、扮相都挺好，个人功底也不错，所以我也比较器重，下的功夫也就更大一些。

我先后给她排了《昭君出塞》《白玉楼》《聂小倩》《别窑》等剧目，1987年《聂小倩》获陕西省首届文化艺术节表演一等奖，1995年《白玉楼·描画》获陕西省青年演员"易发杯"折子戏大赛表演一等奖。

像袁多寿先生写的《一剑千秋》剧本，他索性就拿到渭南来让我排，戏架子搭起来了请

《白玉楼》又名《苦节图》，秦腔传统戏。书生张彦之妻白玉楼，聪慧贤良，每日讨饭供他读书。强人周刚与婶娘钱赛花陷害玉楼，唆使张彦休妻，逼走玉楼。玉楼偶遇驸马之女金秀容结为姊妹，秀容善为丹青，将玉楼所受之苦，绘成一幅《苦节图》挂在家中，后张彦夺魁，拜谒驸马，见壁有图，知妻还在，自忏自悔，破镜重圆。

他看，袁先生说："哎呀，我没有想到这瓜女子还行。"还说等回去把他写的《唐太宗》也拿来让我排，送袁先生回西安的时候我问道："袁先生，您为啥要把这剧本都给我，我刚学了两年的水平，这文化程度哪敢跟您比？您就不怕我把剧本弄失塌咧？"袁先生说，"你就是弄失塌咧我都不嫌，你知道我多大年龄吗？我七十三咧，七十三、八十四，阎王叫你商量事。我眼看都快被叫去商量事咧，我还不赶紧给你拿这来，难道要撂失塌不成。"袁先生说还要给我送这来，我连忙说：您不用送，我去取。说这话前后就半年时间，老先生还没有顾上给我，就去世咧，所以《唐太宗》这个剧本我没有拿到。袁先生对秦腔事业也是倾注了全部的心血，他曾给我和"粉牡丹"邢少霞老师说，他写《游西湖》的时候，对于慧娘服装的设计灵感来自晚上做的一个梦，梦见从水里钻出来一个人，身上披了个纱，这个纱像斗篷可又不是斗篷，飘飘然的样子。你看，这连做梦都离不开戏，都想着怎么设计人物造型，居然早早就退休养老了，这还真像人家说的"给我一个支点我能撬

袁多寿（1918—1991年），剧作家。国家一级编剧，中国戏剧家协会会员。1941—1948年，两度出任西安三意社编剧兼社务助理。1952年进西北戏曲研究院任编剧。1936年，他在北京上学期间，曾多次观赏京剧，并由爱好转向剧本创作。其第一部剧本《簪影剑光》旨在唤醒民众抗日救国，反对投降。此剧于1941年由三意社上演，观者如潮。曾先后创作、改编剧本《簪影剑光》《白蛇传》《春秋配》《蛟龙驹》《宫子奇》《一剑千秋》《钗头凤》《桃花扇》《蟠桃园》《游西湖》等30余部。其剧作主题突出，人物形象鲜明，尤其唱词，含蓄、隽永、典雅，易于歌唱，极具抒情性，艺术感染力强烈，成为剧院的保留剧目。同时，在国家及省级刊物上发表艺术论文40余篇，为秦腔艺术事业做出了突出贡献。

起地球",没有时下所说的平台,即便如袁先生这样的本事也是展不开翅,多年来我对这一点还是感同身受。

我在62岁正式退休后,也没有闲下来。1997年在办理退休手续过程中又排了《清风亭》,接下来就是本戏《葫芦峪》……

《葫芦峪》是给罗华排的,她是我们团的一级演员,说起来我们还有亲戚关系,我们的母亲是表姊妹。那年我母亲去她家,看到娃们都小,就说要把老大领来跟我学戏。罗华七八岁时刚到渭南秦腔剧团,就跟着我学戏,虽然是姐妹相称,但她视我为启蒙老师。罗华年轻时嗓音很好,是唱旦角的,我给她教了一个折子戏《河湾洗衣》。最后罗华改唱男角,她饰演的诸葛亮形象,还是很有一些神韵的。当时排的《葫芦峪》是老剧本,其中有些老词如"山眈眈、水迢迢,万事空中搭鹊桥……"等,我认为与诸葛亮军事家的身份不符,所以一边排戏一边发动汪浔改词,新的定场诗变成"三国鼎立不相让,西蜀岂肯束手亡。殚精竭虑托后事,鞠躬尽瘁保汉纲"。尽管排戏时间很仓促,但罗华对唱腔节奏把握得好,唱得还是很出彩,连演几场,观众反响热烈,也不枉三位铁杆戏迷的鼎力相助。多年后,罗华对这几句词还牢记不忘。

2013年,罗华想搞个人专场,算是从艺的纪念。我又把她演了多年的《辕门斩子》做了调整,强调了头帐、二帐、三帐杨延景被穆桂英挑落下马的恼怒;太君说情,六郎对母亲的爱;见到降龙木的喜悦;通过层层感情变化和推进,再从桌后调出杨六郎,就像焦菊隐导演说的推镜头,一下就把节奏和情绪就调起来了。排戏一定要好好研究剧本,结构、人物、情节,牢牢抓住主线,结合戏的贯穿,人物的贯穿,用戏曲程式去丰富人物,启发演员,毫不保守,设计运用手法,和演员取得一致,就能达到好的舞台展现。

排戏时有啥不对,我要求演员当面说,不会像别人那样,先按我说的弄,上了台你按你的演,那可不行,一定得按要求办。可能因为这也显得不合群,不会维护人。可罗华说作为导演提高标准和严格要求,是对演员、对工作的责任，对艺术的尊重。

2014年是振兴秦腔30周年，由中国民族促进会陕西省委员会、陕西省文化厅主办，陕西省振兴秦腔办公室承办，以"尊重传统、继承传统、弘扬文化、推出人才"为宗旨，实施《国风·秦韵》陕西传统文化晋京展演。振兴办希望发挥戏曲艺术独特魅力，通过秦腔经典折子戏专场、陕西小剧种折子戏专场，像富平阿宫腔、华阴迷胡、长安道情和乾县弦板腔等剧种，以大众耳熟能详的传统故事、别有风韵的音乐唱腔表演，传递真善美，为首都观众展示陕西诸多剧种的特色和风采。为此，由吴复兴、张彩香、陶隆、董力森等组成专家组，在全省院团筛选剧目。

我们到富平看的就是阿宫腔《白蛇传·断桥》，演出结束，专家组认为现在的舞台呈现达不到晋京的要求。富平文化局雷虎局长一听就着急了，忙问振兴办李鑫主任咋办，李主任说："这戏要符合要求，重排非张老师莫属。"雷局长当即表态，全力以赴支持排练。就这样，我和李曼、周宁、

为贯彻践行习近平总书记北京文艺工作座谈会讲话精神，来陕西视察时提出"五个扎实"和树立文化自信的重要指示精神，2014年陕西省文化厅创办《国风·秦韵》弘扬中华优秀传统文化的重大品牌项目，采取"向上推、向外扩、往下扎"的工作思路，传递陕西文化声音，彰显文化陕西风采。内容包括：秦腔等地方戏曲，陕西民乐，陕北（南）民歌，陕北说书，西安鼓乐，杂技（舞）剧，书法绘画，民间手工技艺等。涵盖红色陕西、历史陕西、山水陕西、宗教陕西、文学陕西等诸多门类的优秀传统文化。项目分为：国际巡演交流，国内展（巡）演推广，创办《国风·秦韵》电视栏目，编辑出版《国风·秦韵》系列丛书及音像制品，举办《国风·秦韵》大讲堂等板块，全力塑造陕西历史与现代交相辉映、传统与时尚完美融合新形象。

《国风·秦韵》文化品牌项目已列入陕西省"十三五"规划。

《国风·秦韵》电视栏目荣获陕西省第十三届电视金鹰奖电视栏目一等奖。

尚录录,还有乐队的路建龙等剧团同人,开始了集中排练。老《断桥》我小时候就演过,后来又看了其他剧种的《断桥》,特别是梅兰芳先生的《断桥》,尤其是那一指又一扶,太传神、太有韵味了!周总理还称赞婺剧《断桥》为"天下第一桥",均值得学习。

2015年《国风·秦韵》栏目录制现场张彩香给冯爱琴说戏(赵学智摄)

有机会重排,我想从音乐、舞台调度、组合身段、演员形体等,强化程式规范,突出剧种特色。路建龙按要求重新选用阿宫曲牌,从一开场就营造"与天兵打一仗气冲牛斗"的氛围,演员带戏上场,通过组合身段,唱舞并重,表现白云仙苦战脱险的疲惫和艰难,以绕八字的调度,体现劫后相逢的不易。基层演员条件虽不是很出色,但肯吃苦、虚心学、认真练是他们最大的优势,一遍一遍反复纠正,直到符合规范为止。经过二十多天齐心协力的排练,我们又迎来了专家组的审查。汇报完毕,省戏曲研究院董力森副院长激动地拉着我说:"张老师,这连站都站不到一块的,这么短时间能训练到这份上,您可费心了！"吴复兴也说："按这样子再巩固巩固，这戏就成了。"听了专家组的点评，娃们甭提多兴奋了，他们用努力和汗水争取了学习提高的宝贵时机，我也由衷地为他们高兴，剧团就需要这样的领导扶持，通过专题活动的组织策划，既丰富了演出剧目又培养了演员，事半功倍，《断桥》这戏在富平扎了根。

2015年，受省振兴秦腔办公室和陕西省卫视主办的《国风·秦韵》栏目之约，我给冯爱琴重新排了《三娘教子》。借鉴运用了一些"尚派"的水袖技巧和身段动作，推出了高潮，强化了节奏，在陕西省卫视《国风·秦韵》栏目播出后传到网上，受到广大网友的喜爱。

不久，我在儿童剧院看她和赵超峰演《赶坡》，有一个地方不好，我就去了后台找她："刚才你俩挤到个边边子，多难看，就应该在台子中间走组合身段。"冯爱琴竟说要说一会儿到您家再说，我说这会儿不说待会儿我就忘了，说话间赵超峰赶过来对她说道："要像张老师说的那样肯定好看！"冯爱琴这时好像回过神来竟放声笑了，她还没来得及卸妆，在笑的那一瞬间我脑海中闪过一个念头，笑得还真漂亮，这笑要放在《失子惊疯》里多好，把冯爱琴好好训练一下也许能把这戏继承下来。

后来，我在给冯爱琴排演《忠保国》（又名《二进宫》）时，要求她把唱腔向"敏腔"靠拢，从发声位置、字头字尾，一句一句示范、一声一声调整，直到我认为唱腔稳定下来，符合要求为止。这出戏在陕西卫视播出后，同样受到了观众的好评，并在网上获得了很高的点击率。

给刘秀丽排演了《祝福·砍门槛》获"红梅奖"金奖。1990年给张佐群、党美丽排秦腔《小桥情》，参加陕西省青年演员现代小戏调演。1992年给白水剧团排秦腔历史剧《酒圣杜康》，参加陕西省新剧（节）目观摩演出。1994年给白水剧团的刘大宁排《打神告庙》，我在戏里给她设计了一组跪平转，大宁练得很刻苦，完成得也很好，获得"易发杯"二等奖。这点点滴滴算是我上海进修向三秦父老的一份实习汇报吧。

渭南市秦腔剧团演员张为国，自幼痴迷秦腔，对我也很尊重，时常登门请教。对于后辈这种对秦腔艺术的热爱，我十分欣慰并寄予厚望。

我突发奇想，能不能把岳飞在《满江红·写怀》中，对中原重陷敌手的悲愤、慷慨壮烈和浩然正气，通过舞剑，完整地表现出人物的壮美形象？

我把这个初步构思和张为国谈了之后，他也是跃跃欲试，充满信心。

但要付诸实施，还有许多困难，力所不及。

节目最终没有入围，给我和张为国留下了一大遗憾，常言事在人为，希望能在有生之年再做努力，了却这个心愿。

就这样，张彩香老师自1985年转任导演，1990年逐渐淡出舞台，1994年退休，她一刻也没有停歇。从"六十而耳顺"到"耄耋"老人，一直在为秦腔艺术的传承发展贡献余热，并以这种方式怀念自己的前辈、老师。

在感恩、圆梦的路上，张彩香老师就是一道风景。

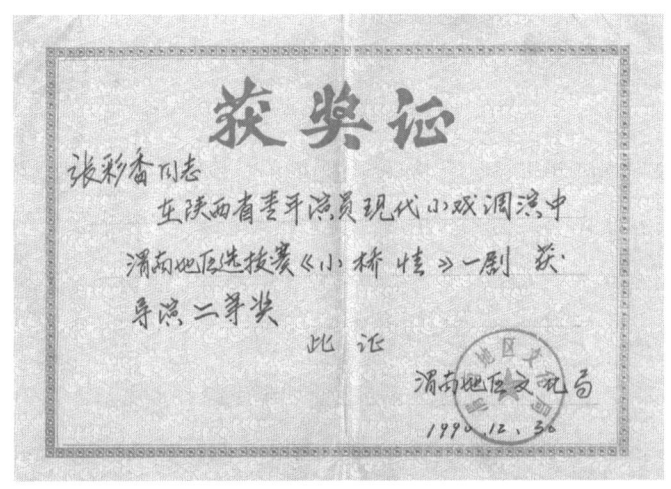

张彩香证书

张彩香给刘秀丽排戏

2016年底，为贯彻落实中央《关于实施中华优秀传统文化传承发展工程的实施意见》《关于支持地方戏曲传承发展的实施意见》，以及省委省政府和文旅部有关地方戏曲传承发展的指示精神，进一步推动优秀传统文化的传承发展，围绕建设文化强省的目标，延续戏曲文脉，推动基层院团科学发展，由陕西省文化厅牵头，联合天津、浙江、广东、山西、甘肃、青海、宁夏、新疆等省、直辖市、自治区文化厅（局），共同举办的中国秦腔优秀剧目会演，将于2017年10月在西安开幕。陕西省振兴秦腔办公室组织专家小组在全省遴选剧目，以拿得出、叫得响的作品，体现秦腔剧种的风格特色。澄城

《金麒麟》，新编古装剧目。八府巡按余达的亲生儿子杀人后，其母刘绪英串通当知县的弟弟刘义帮其脱罪。御史余达得知此案，改扮客商，夜访监牢，寻着凶器上"金麒麟"徽记方知其子肇祸。经过几番内心挣扎，余达坐堂，为巧凤、大虎平冤明屈，最终秉公执法将独子余安判以死刑，并亲赴刑场问斩，众人感叹不已。

县剧团反腐倡廉题材的本戏《金麒麟》(傅祖浩、陈尚华编剧)，引起专家组注目，考虑由渭南秦腔剧团和澄城县秦腔剧团两个剧团合作进行提升打造，希望能参加在西安举办的中国秦腔优秀剧目会演。

陕西省振兴秦腔办公室专家组同两家剧团的相关人员，再次对《金麒麟》进行观摩，并研讨座谈。

张彩香老师作为专家组成员谈了自己的认识和理解。

《国风·秦韵》栏目组的呼延啸风，当时也在《金麒麟》观摩和座谈现场，非常认同我的观点。他在周末驾车来到渭南，一进我家门就谦虚地说："张老师，我偷师学艺来咧。"没有太多寒暄，把他对剧本调整的想法和我谈了。

充分交换意见，统一了对《金麒麟》进行修改的完整思路，呼延啸风回西安改写。经过几稿修订之后，终于完成了《金麒麟》改编定稿。

振兴办确定渭南、澄城两团联合由我执导。经过两个半月的排演，《金麒麟》终于顺利完成。

原西影厂的杨凤良导演，观看了《金麒麟》说："故事处理得浪紧凑，戏浪干净。"充分肯定了主创团队的努力。

《金麒麟》在陕西卫视《国风·秦韵》栏目播放，恰巧被应上海戏剧学院邀请来中国交流讲课的英国皇家剧团导演约翰·希斯费尔德看到，他向记者谈自己对中国文化的感受时特意提到了《金麒麟》："在看到这个戏以后，我感到中国文化底蕴浪深，剧本结构浪干净，这是中国文化的再版。"

对于《金麒麟》，同行都给予了一定赞誉。这也让我为自己耄耋之年仍能为秦腔尽绵薄之力而欣慰。

戏曲导演，既是导演，也是教练。做导演，是在用你的戏曲知识储备，来进行舞台整体设计调度的。做教练，是在帮助演员唱念做打来处理剧中人物的。多年的舞台实践，让我感到，作为一个导演太累咧。音乐、舞美，现在连灯光也要管，这就要求导演啥都要知道，啥都要会，还要做好示范，这样才能调度自如。真有点像过去戏台上管前场的人，现在叫"检场"。但工作负荷远比十个检场都要大很多。比如，一套舞水袖的动作，这没有什么思想，就是个表演程式。排戏过程中需要交代给演员，演员根据个人对角色的理解，选取几个动作进行排练就行咧。但遇到理解能力差，或功底差、积累弱的演员，导演就必须反复示范、反复启发、反复讲解。比如，有的演员不进戏，不理解人物性格，在平时也根本不做这方面的功课，以至于在舞台上演这出戏是秦香莲，换一出戏，仍以同样的表演去演王宝钏，根本不注意人物的个性塑造。一台大型戏，不仅是一个角色，而且是每一个演员都去修正，这样的工作强度就可想而知咧。

导演排戏，也是一个创作的过程，如果没有情感投入，就根本无法支撑这一过程。看似平淡甚至孤独的过程是对导演的一种磨炼。在经历了剧中人物的情感洗礼之后，一切的想法和努力最后都通过演员在舞台上呈现，这也就是自我心灵与演员、与舞美等一切舞台表现形式相融的过程。

中国秦腔优秀剧目会演奖证

作为一个导演,必须根据不同的剧情来塑造出具有鲜明个性的剧中人物,不能让演员把秦香莲演成王宝钏,更不能把王宝钏演成王春娥。在舞台上,她们都穿的一样的衣服,化妆也都大致无二,从导演角度来讲,要能够调动演员根据剧情各有侧重地刻画人物和舞台造型。

演员身上就有一种气场,气场不能从肉眼直观看到,难以用语言形容,只是一种感觉,而这种奇妙的感觉,就好像一个人的心灵磁场,你所思、所想,影响引发的身体行为、表情神态、细微变化,被人看到的,不一定是能够完全捕捉的,但又能感觉到的。

秦腔有许多戏出自典故,演员要唱好戏,特别是古典戏,必须对故事的时代背景、人物关系有一个纵向和横向的了解,在处理和把握舞台人物动作、语言、情绪变化时才会有不同的方式。

秦腔近几年虽然取得了一定的成绩,但从表演艺术整体来讲,从唱腔、表演,包括资料的收集整理、后续人才的培养等许多方面,还有许多工作要做。

从现在的戏剧界来看,有些东西虽然还没有形成主流,却造成了一定的影响。比如:一个演员,经过一定的努力,捧回一个大赛一等奖或梅花奖,就可以享用终身,不用再去努力做艺术的探求,一出戏难道就能代表一个演员所有的艺术成就?京剧"四大名旦"一生都在为艺术不懈地追求,才创造出享誉世界的艺术经典。

搞戏曲这个行当,说起来很简单,你学上两折戏几段唱就行了。但是,你不敢深挖,越挖就会觉得自己啥都不行,就像水袖,大师抖出来的水袖那是非同一般、非常漂亮,绝非一日之功。你不下势苦练,想上去胡撩一通,那是万万行不通的。

只有在长期的学习实践中才能体会,程砚秋的水袖抖得就很有特点。要学习这样的技法,首先要能使全身时而化整为零、时而合而为一,将身法、步法、舞法，凝注在水袖的舞动之中，起伏有致，忽轻忽重，忽缓忽疾，忽刚忽柔，忽疏忽密，使美的神韵，随着水袖的舞动彰显出来。通过观摩程先生的演出和阅读书籍，经过反复练习，我悟到两个要领——一是抬肘，二是松肩，这样手弹出去的衣袖就很漂亮。

尚派的水袖和别人又不一样，必须保证演员的手要达到足够灵活的程度。尚派的水袖长约一尺半，真丝面料制成，但要把它飘逸的神韵舞动出来，可就不是那么简单咧。为了做好给演员的示范动作，我一直在坚持做手的功力训练，老师都舞不出来效果，学员怎么领会？

秦腔的传承和发展，需要一代代秦腔艺术工作者怀揣敬畏之心，以"板凳宁坐十年冷，文章不写一字空"的定力，摒弃"卖石灰的见不得卖面的"陋习，在全社会的支持和关爱下，共同为秦腔的明天努力，那该是多么令人神往啊！

梅兰芳先生曾言："要获得艺术上的成就，必须有奋斗的意志和苦学的精神。如果依靠着自己一点小聪明，不肯下功夫或者稍露头角就骄傲自满，不多方面接受批评，那么他在艺术上的成果是可以预料得到的。"

尚先生驰骋舞台几十年，塑造了许多不同类型、不同性格特征的人物形象，给人们留下了深刻的印象。一举手一投足，莫不气宇轩昂，每看一次都有不同的感受，强大的气场让人震撼敬仰。

尚先生每一个动作是那样自如、那样得心应手，就像是做艺术展示，完美无瑕。我曾对着镜子细细打量，里里外外，从上到下寻访过，不断地学习借鉴，是我闲暇时的必修课，也是我一步一个脚印收获成长的阶梯。

学习继承流派剧目，必须要遵从流派艺术的特质，我越琢磨越觉得尚先生的表演和别人不一样，有自己独特的东西，有不同一般的风范，绝不是有人妄言的："尚小云有啥，不就是亮亮胳膊？"

我觉得秦腔应该学习借鉴其他剧种的精华，放宽眼界心胸，不要老是米汤馍、馍米汤。戏曲导演，既是导演，也是教练。做导演，是用你的戏曲知识储备来进行舞台整体设计调度的。做教练，是帮助演员以唱念做打来塑造人物。要培养新人，要有技艺过硬的剧目，才能逐步提升秦腔艺术的品质。

《昭君出塞》是尚派代表性剧目之一，是尚先生一棰一脚亲授给我的，我在学习过程中切身感受到了尚先生对艺术的虔诚执着和一丝不苟，这个戏后来得尚先生首肯参加了陕西省的青年会演，我也为自己的努力和付出得到回报赢得荣誉。这个戏对我而言有着非同寻常的特殊意义，可惜的是那次会演之后几乎再没演过。20世纪80年代，陕西电视台《秦之声》栏目的田秉毅带着新购置的电视转播车来渭南录戏，先录的《拾玉镯》，那时要录《昭君出塞》也不失是一次机会，可惜失之交臂。所以多年来，我始终想把尚先生教给我的戏传下去，总想有个合适的继承者，不要把先生的戏脉断在我手里，一直在观察寻找，没有合适的人选也不能勉强硬干，糟践了东西弄个四不像也对不起恩师。

1986年，我在给胡香串排《昭君出塞·上马》片段时，重新设计了一个动作，走一个单身旋子，上马童腿，一个后探身，完成一个身段造型。这种造型动作，在芭蕾舞表演中很常见。我就是这样，从不同的剧种当中，汲取不同的表现形式，根据剧情需要，丰富到秦腔表演当中，以自然和谐为原则。胡香串学《昭君出塞》，我觉得她扮相、嗓子、唱腔、身材都不错，只是气质还有所欠缺，我基本上给她排完了，因为其他因素，《昭君出塞》排好后胡香串并没有演出。香串也确实很能吃苦，也肯下功夫，经常练得浑身带伤，付出了很多。现在要是排《昭君出塞》，香串可以做个二传手，有些我来不了的动作她可以示范。

2003年，渭南市秦腔剧团二级演员卫小莉，为参加"红梅奖"陕西演唱大赛，想要学《昭君出塞》。

我心中有一个标尺，不管是谁想学戏，首先你要具备条件，形象呀、功底呀，这些基本条件你必须要有，你不具备这个条件，就是把你拉到排练场给你排，累死了，最后也排不出来。在我看来，卫小莉能吃苦，个人功底不错，但许多硬件条件还是显得不足。我就对卫小莉说："这个戏幅度比较大，以你现在的功力还不够用。尚派表演有他独特的地方，不是用一般的动作能替代得了的。有些动作浪帅，必须要学会练到位，不学不练，就无法体现流派艺术的特点。《昭君出塞》是尚先生的代表作、精品之作。我是他的学生，不能糊弄老师的作品，弄不了我哪怕不弄，也不能做对不起老师的事情。尚先生是京剧艺术大师，我就是个小演员，虽然秦腔界也有人知道我，但和尚先生比起来，那就差得太远了。对一个搞艺术的人来说，应该尊重艺术，知道深浅，这才是你的本色。不尊重艺术，以谋取利益或者讨好观众为目的，你就不要搞戏，别人怎么胡整我无权干涉，但我是绝对不会胡搞的。"

我说了这么多，仍然没有打消卫小莉要学戏的念头。

我只好另找借口："现在也没有《昭君出塞》剧本，我的剧本也不知道放到哪去啦，找不见啦。但你要学唱腔，我可以教给你，中间有一段30分钟的昆曲，词曲都还记忆犹新，可以一句一句给你教，这没有问题。另外，还有服装、配角也是个问题，渭南剧团还没有个翻跟头翻得好的，这咋能撑起一个马童的角色？"

卫小莉马上说："张老师，服装、马童你都不要管，我自己去买服装，去临渭区剧团借个马童。"

我说："这才是起码的条件，这个戏的戏词都像是诗词。'人影儿稀，人影儿稀，只见北雁向南飞，冷清清朔风似箭。又只见，旷野云低，细雨飘丝。在那皇宫多锦绮，受洪福与天齐，自幼在闺阁之中，那曾受风霜劳役。喂呀，爹娘啊！孩儿今日别了你，但不知，何年何月，何日何时，才得见我那爹娘啊！我只得振泪望家乡，缥缈一似云飞。又只见，汉水连天，汉水连天，野花满地。愁在雁门关上望长安，纵有那巫山十二难寻觅，怀抱琵琶别汉君，西风飒飒走胡尘……'这词的意境多美！"我给卫小莉说着说着就把王昭君这一段唱了出来，唱完，我接着对她说："像这么雅的词，一般人不爱看，唱的人还累得不行，戏曲界素有'唱死王昭君，累死王龙（王昭君的弟弟），翻死马童'的说法，说的就是这出戏，主演王昭君和配角王龙、马童都有异常繁复的做工。你学这戏干啥呀？"

谁知我一唱，卫小莉也觉得很美，更勾起了她学戏的欲望："张老师，您不要说咧，我就想学这普通人不爱看、学不了的戏。"

我说："你这娃水平还高，但这吃苦很大，你能下得了这苦不？"

卫小莉说："吃苦没问题。"

我仔细想了想还是觉得不行，毕竟是70岁的人咧，又正值六月的三伏天，怕自己年龄大咧，体力和精力都跟不上节奏。这就像是在教一年级的小学生，每个动作都必须亲自示范，到时还没教一两个动作，自己先不行咧，这不是把人家正事误咧？于是就说："我也没跟你接触过，也不了解你的基础，不要耽误了你去参赛的大事……"

卫小莉倒有一种"不达目的不罢休"的倔强劲，马上把话抢过去："张老师，您给我排，您咋说我就咋弄，服装啥的您就不要管咧，我去弄。"

我反复跟卫小莉说："这戏需要厚实的功底，连说带唱、唱做并重，从头至尾一刻也不停，你受得了？"

卫小莉说："您当年能受得了，我就能受得了。"

这时，卫小莉看见我爱人汪浔在一旁，就转而求助："汪老师，您看我张老师……"

我一看，卫小莉是铁了心要学这个戏，三番五次来到家中请求，现在还向我爱人求救，万般无奈之下只好说："你不要跟汪老师说，工作上的事他管不了我。那这样，你去找人吧，戏里头王昭君的弟弟王龙和马童，你把人找来我先看看，可以了咱再排。"

第二天，卫小莉把马童先带来了。

我心里一直不愿意排这个戏，害怕有什么闪失，对不起老师。但一上了排练场就把自己给忘了，对来人说："你先展示一下，我看一下你的功底怎么样。"

卫小莉带来的这个马童，就来到了我家的院子，摆好架势，一个毽子带小翻过去，刚落地，人还没有完全站稳，"刺啦"一声就把一只练功鞋扯开了个大口子。这下啥也干不成咧，我们家里也没有男孩子穿的练功鞋，卫小莉只好把人带走了，说好下午再来。

看着两个人走咧，我放心不下了，既然同意排这出戏，就必须有始有终。于是来到街上找着给马童买了双练功鞋。

下午，卫小莉带着马童又来咧，马童脚上却穿了一双旅游鞋。

我一看就问："你咋穿个这鞋？这咋能练功？"

"我去给你买了一双，你穿上看看合适不？"

马童接过练功鞋说："谢谢张老师，您咋这么细心的？"

"我就害怕你们把这不当回事，你们一走，我就去买回来咧，等你们下午来好排戏，不耽误时间。"

要说心细，我倒没有啥特别的感觉，但对这些年轻演员，我就像对待自己的孩子一样，宁可自己受些苦、受点累，也不想让他们受什么委屈，我也是从年轻时候过来的。开始给卫小莉排戏的一天，我出门去送她，突然，一条野狗就冲卫小莉扑了过来，根本容不得多想，我本能地用身体护住了卫小莉，结果手被狗咬伤。去医院打狂犬疫苗时，我一只手吊着绷带，另一只手从口袋掏钱付医药费，一边还宽慰叮嘱卫小莉："我没事咧，你回吧，记住明天按时来哦。"

第二天，我右手吊着绷带，左手执着马鞭，继续给卫小莉排戏……我就想，不能因为让狗咬了这一口，就耽误了她学戏。

排戏在我们家的院子里进行，上午11点到下午3点，正是太阳直射的时间，气温高达三四十度，地表温度更高，热得根本无法在院子待，只有等太阳过去了才能继续，我就是这样，看着太阳安排着每天的排练时间。

卫小莉自己练了一个动作，叫"转身蹦子"。这个动作是有一定难度的，而且还是向左转，很漂亮。这个动作我年轻时练过，《昭君出塞》里原本是没有这个动作的，我平时也想不起来应该安排个什么动作好，但一上了排练场，哪个地方放什么动作好，脑子一下子就能飞出蝴蝶来，我就想办法重新设计，把卫小莉的这个动作穿插到戏里。

尚先生当初给我排这个戏时，里面也没有"转身蹦子"这个动作。我觉得演员有这个能力，感觉"转身蹦子"放到戏里比较好，就因势利导，重新设计了这套动作——左转身，走小"圆场"，走"转身蹦子"接"卧鱼"，既节奏紧凑，又漂亮连贯。

毕竟卫小莉的功底还是欠些火候，在排练时许多动作都无法达到和谐统一。为了达到戏的要求，我反复示范，她反复练，结果，在院子的水泥地上把腿都蹭烂了。腿烂了，她拿布缠上再练，那个"转身蹦子"，要"嚓"地一下转身拧过来再坐下去，这个难度是大一点，腿烂咧，汗水浸泡着伤口仍不肯罢手。

年轻人这种肯吃苦、能吃苦的精神，也深深地感动了我。用了三个月时间，终于给卫小莉把戏排完了。参赛虽然只有8分钟，但排戏就必须完整地排一遍，前后必须连贯，要情节完整。所以，我也不避酷暑，在古稀之年完完整整把这个戏给卫小莉排了。

还亲自陪卫小莉去西安置办服装，一切都按戏的要求从头做起，翎子坏了接翎子，掐脖不行了，再一针一线缝，力争在自己的能力范围内把一切都做得完美。

卫小莉去参赛只能演8分钟，我把《昭君出塞》又重新做了调整，王昭君一上马,紧接着就安排唱了一个【散板】,然后就到"只听得战鼓连天震天响……",一下就把后边的词拉到前边来对唱,相对完整地演绎了故事情节。

功夫不负有心人,卫小莉捧回来的奖项,也算是对我几个月辛勤付出的告慰吧。

卫小莉得奖后我也没高兴几天,另一个消息传来让我若有所失。因为参赛获奖,卫小莉被省戏曲研究院看上啦,一名很有发展潜力的演员,拿着奖就调离了渭南秦腔剧团,团里有些同志对此揶揄调侃,让我感觉自己有点像个"败家子",很对不起渭南市秦腔剧团,就为这心里不安了许久。常言道"人往高处走,水往低处流",这样或许对秦腔的发展、对卫小莉个人的前途有一定帮助,在朋友们的劝解下,随着时间的推移,我对这件事才逐渐释然。

通过"文华奖"大赛,我与省振兴秦腔办公室李鑫主任从初识到了解,尤其是对他在大赛期间狠抓赛场风气,要求评委坚守底线、评奖宁缺毋滥的工作风格印象深刻,他不是一般的文化管理者。于是,我就提出了传承《昭君出塞》的想法,就只为尚派剧目在秦腔的传承,非常欣慰的是得到了他的理解,还大力支持我做好这件事,李主任表示:"振兴办会在全省范围给您找学生,最后能不能行、是不是那块材料还得您定。"我当时真的太激动了,心想着这下有指望了,这些年的等待和煎熬,终于柳暗花明峰回路转,遇到了也想干些实事的人。

从 2014 年到现在,振兴办陆续选送了好几个条件不错的年轻演员,娃们对尚派剧目也很喜欢,我也认真和他们作了交流,说到高兴处还领着娃们在院子里比画。这个年龄段的年轻人难免遇到择业、求学和婚姻问题,还有客观上难以把控的现实情况,也没有发奋事业的大环境,教和学的磨合存在一定的条件制约,学戏这事勉强不得,思想上不通,劲使不到一处来也是枉然。最后的结局还是很遗憾的,确如古人言:"天时、地利、人和"

缺一不可。

秦腔现在在某些方面满足于现状，要从表演到唱腔严格分出流派，就非常困难。像李正敏先生的"敏腔"、孟遏云的唱、肖若兰的唱，他们都有自己独特的风格，一听就知道是谁唱的，韵味特点鲜明，给人不同的美感，而现在很难寻觅到这样的感觉。流派的艺术特色有它的唯一性，你不严格遵循恪守艺术规律，不注重艺术素养，就根本体现不出流派的韵味和魅力。

说到流派，我还是赞同杨文颖先生的说法："从京剧的情况看，称为流派者，大致具有这样三个方面的条件：其一，艺术上确有独到之处，或唱功，或做功，总有某一方面特别突出，但又不是'单打一'，而是各个方面都能协调统一，所谓'文武昆乱不挡'，博中更能求精，扎实而又全面；其二，有严格的师承，又有相应的突破，即既有所'宗'，又有超乎前人之处，从而形成自己的风格个性，所谓'别开生面，独树一帜'；其三，在观众和同行中有广泛的影响和较高的威望，有艺术的吸引力和追随者，从而形成一个有自觉追求的艺术派别（包括剧目、声腔、表演风格、形象塑造等），流传繁衍，经久不绝。"他自己明言："我的看法也是矛盾的，希望秦腔能出现个人艺术流派，比如苏氏兄弟开创的'苏派'，但'苏派'最终也流产了，别的就谈不上了。"从他最近的文章《它山之石可以攻玉》，可以看出杨文颖先生前后大约40年，对这一问题的现实思考。他能编、能导、能演是当之无愧的行家里手，西北大学董丁诚教授称其为"百年一遇的秦腔艺术知音"，"成色十足的戏剧达人"。但是，他对于秦腔个人流派的思考没有得到应有重视和积极回应，许多事情到现在也没有坐实。不管是什么剧种还是什么流派，事情总是要人干才行，没有出现人才，或是人未尽其才、物未尽其用，没有作为一剧之本的过硬剧本，没有敬畏之心缺失发奋刻苦的毅力，没有文化高眼界广的高人参与，没有促进剧种提升和个人流派形成的客观环境，这不能不说是作为流派主体演员的遗憾，也是我们秦腔剧种的遗憾。这和上海京剧院书记、著名戏剧教育家吴石坚先生感慨京剧的兴衰一样："以演员为中心的艺术生产管理体制和以专业京剧场为中心的对外经营管理体制，把中国的京剧艺术推向了历史高峰。这是不久前的历史，以京剧专业剧场为中心的经营管理体制和以主要演员为中心的艺术生产管理体制一旦废弃，遂把京剧艺术从山顶滑下山坡，从而进入衰败的历史阶段，这也成为历史了。"人生苦短，经不起折腾，谈笑间就到了垂暮之年，如今只能"后死诸君多努力，捷报飞来当纸钱"，寄希望于明天了。

张彩香老师感念恩师，传承舞台技艺，却不墨守成规，总是想方设法把尚派经典与现代表演艺术相结合，相互借鉴，融汇转化，尽力提升表演品质，发扬光大秦腔艺术。在她的心目中，所谓的继承，并不是老师是怎样教的，学生就得完全一模一样，才叫继承。继承的目的是发扬光大，把老师传授的戏曲经典学下来，在实践中不断补足短板，那样才会使戏曲艺术更完备、更完美，这也才是老师的初衷。不仅要继承下来，还要更好地传递下去，中国的优秀传统文化也才能亘古常青。

缅怀恩师

1976年4月19日,我的恩师尚小云先生遭受了"文化大革命"种种折磨和羞辱,带着"惜天不假年,遗恨多多"的不舍与不甘,永远离开了我们。

1980年10月30日,京剧大师尚小云先生追悼会在北京八宝山革命公墓举行。我得到通知后做好了一切准备,想要去送恩师最后一程,可谁承想,团里排演《桃李梅》这出戏时,我因为饰演着女扮男装的角色,很不适应,再者穿着厚底靴跑"圆场"也很不方便,一不小心就把脚给崴了。脚一下肿得老高,行动十分吃力,无奈只好作罢。只能默默地忍受伤悲,这也是我的遗憾之一。

尚小云先生离开我们已经十年了。为了缅怀这位为我国戏曲事业做出卓越贡献的著名京剧表演艺术家、戏曲教育家,省政协、省文化厅、剧协陕西分会、省电视台、省京剧团、省艺术学校联合举办了尚小云先生逝世十周年纪念活动。1986年4月19日,是尚小云先生逝世十周年的日子,在省政协会议室召开了座谈会。省委、省顾委、省人大、省政府、省政协、省文化厅、省文联、省剧协等单位的领导周雅光、章泽、李溪溥、韦明海、张汉武、孙达人、谈维煦、刘纲民、健康生、胡景通、高凌云、李沙铃、霍绍亮、方杰等同志出席了会议；尚小云先生的弟子、著名京剧演员吴素秋、马长礼，戏曲教育家孙荣慧等同志应邀出席了会议；参加会议的还有西安地区的新闻界、文化文艺界的负责同志和其他各界人士，以及尚先生的生前好友、尚先生故乡河北省的代表共一百余人。（《当代戏剧》1986年第4期）

这年我正在排《聂小倩》，纪念活动又是在西安进行，说啥都要参加，不能再留下遗憾。人生注注就是这样，难得十全十美，有时候不由你不拾鞋掉帽子，虽然参加了纪念活动，但这些年来总是受这样或那样的因素制约，有演不完的吃饭戏要演，作为剧团一员，想办法保证剧团的生存是第一位的，所以也没有条件和机会再演一回《昭君出塞》，慰藉尚先生在天之灵。在会上又见到了分别多年的师母，老人家依然慈爱善良、精神矍铄，使人感到了久别的温暖和亲情。

据《中国戏剧》2000年第2期载："由中国文联、中国剧协、北京市文化局和北京戏曲艺术发展基金会联合主办的纪念京剧大师荀慧生、尚小云100周年诞辰观摩演出暨学术研讨会于1月4-8日在京举行。北京、上海、天津、山东、江苏、陕西、四川、云南、河北、内蒙古和东北等地的25个演出团体、近40名荀派和尚派艺术传人会集在北京戏校排演场和长安大戏院把两位艺术大师以毕生精力精心塑造的红娘、王昭君、尤三姐、梁红玉、金玉奴、穆桂英、荀灌娘等艺术形象再次展现在21世纪的首都舞台上。在1月4日的纪念大会上举行了荀慧生、尚小云铜像揭幕仪式；荀慧生的后代还将珍藏的50本91出手抄演出总讲捐献给了荀慧生艺术研究室。5、6两日，荀慧生的亲传弟子孙毓敏、刘长瑜、宋长荣、陆正红、岳惠玲、张正芳和再传弟子龚苏萍、耿巧云、管波、唐禾香、常秋月、张兰芳、武建荣演出了荀派名剧《红娘》《游龙戏凤》《霍小玉》《勘玉钏》选场；尚小云亲传弟子孙明珠、童葆苓、沈福存、李莉、鲍启、段丽君、鞠小方和再传弟子刘山丽、吴燕、王莉春及尚氏后代尚长荣、尚继春、尚慧敏分别演出了尚派名剧《汉明妃》《双阳公主》《战金山》《武家坡》《失子惊疯》等剧。"

张老师,请您谈谈当年去北京参加"纪念京剧艺术大师荀慧生、尚小云100周年诞辰观摩演出暨学术研讨会"的情形。

在2000年1月,陕西省文化厅副厅长叶增宽、陕西艺术研究所创研室主任杨忠和我,作为陕西代表受邀参加了"纪念京剧艺术大师荀慧生、尚小云100周年诞辰观摩演出暨学术研讨会",通过这几天的学术研讨和观摩演出,我感受弥深,对两位京剧艺术大师倍增敬仰之情。

在北京饭店准备用餐时,我与相识的老友正在闲聊,看见了不远处尚先生长子、长春师兄的女儿慧敏、儿子继春。见到尚先生的后人总是情不自禁,分别多年之后相逢,我们都很激动和感慨,互致问候,倍感亲切,不知有多少话要讲。这引起了坐在一旁袁世海先生的注意,随即走过来问孩子:"这是谁呀?"

"她是我姑姑。"孩子们回答道。

尚先生的家人,袁世海先生都十分熟悉,看孩子们和我的关系还不是一般的亲近,而他却不认识,听到孩子们的回答,袁世海先生心中更加纳闷,试探着问我:"哦,您……您是他们的姑姑?"

我答道:"嗯,我是从陕西来的,我是尚先生的学生。尚先生在陕西待了18年,给了我很多教益,我和尚先生家人的关系像一家人一样,所以孩子们见了我就这么亲。我只是一个地方戏演员,唱秦腔的……"

说到这里,袁世海先生就接过话茬:"秦腔是古老的,京剧才有200多年的历史,而秦腔已经有几百年的历史了。"

随手就拿过来一张晚上观摩演出的节目单,在节目单背面写下了"秦腔京剧一家人",并签上了名字——袁世海。

"秦腔京剧一家人"。是啊,民族的,也是世界的,中华民族的文化瑰宝本身就是同根相生。艺术是没有国界的,更何况是在中华大地上。相辅相成,互相借鉴,成就了我们民族的文化宝库。

这是我与袁世海先生的初次相识

袁世海(1916—2002年),原名瑞麟,著名京剧表演艺术家。八岁拜许德义为师练功学艺,又向吴彦衡先生学习老生。1927年入富连成科班学戏,艺名袁盛钟。初学老生,后随叶福海、裘桂仙和王连平、孙盛文学花脸,始易今名。他成功地塑造了各种性格的人物形象,曾与梅兰芳、程砚秋、尚小云、荀慧生等名家合作演出剧目三百余出。他吸取各家精华,博采众家之长,极大地丰富了自己的表演艺术,人所乐道,留名于世。

和短暂交流,我还没来得及向袁世海先生做更进一步的请教,使得此次会面成了我永远的遗憾。

在尚小云先生100周年诞辰研讨会上,来自全国各地的戏曲名家,还有北大、清华的教授,大家聚集一堂,畅谈两位艺术家对戏曲传承发展所做的贡献。

这次进京参加研讨之前,研讨会组委会就通知我要在会上做重点发言。省文化厅领导也就此事做了专门安排。我怕在全国戏曲名家面前丢面子,特意让爱人汪浔写了一份发言稿,一路上,只要我有空就不停地在背诵稿子。会上发言,我刚用"京腔"念了几句,就结结巴巴地说不下去了,索性把发言稿放在一边,按照自己的亲身体验,重新用陕西话一贯到底地作了大会发言。①

---

① 发言收录在《名旦荟萃》里——录者注。

秦腔，作为一个在中华大地流传了几百年的古老剧种，它有许多东西和京剧及其他剧种是相通的。一些叫法可能不一样，如锣鼓经【四击头】【水底鱼】等，敲法不一样，用的铜器也有些差异，京剧用的是京锣，给人感觉很提神；京剧铜器力度比较好，听起来很精干。有些武戏的打击乐伴奏借鉴了京剧，其中西安易俗社首先借鉴使用了京剧打击乐器，并吸收了京剧打击乐【四击头】【马腿】等，丰富了秦腔打击乐的色彩。后来，西安三意社、尚友社、五一剧团等，也都在一些武戏中不同程度地使用了京剧打击乐。秦腔、京剧一直在相互融合、相互借鉴中不断发展，用刚才袁世海先生的话说就是"秦腔京剧一家人"。我在排演《白玉楼》时，就把尚先生《昭君出塞》借鉴融合其中，使演员的造型身段，看起来不僵化，富有生活意蕴。如白玉楼遭恶人追赶，拼命奔跑，就用了很多《昭君出塞》的身段，美妙而自然。

参加座谈的代表听了我的发言，非常感兴趣，纷纷要求现场做个示范、表演一下，我也不推辞，立刻起身准备给大家来一段。

于是，工作人员把圆形会议桌中央的花盆等撤离，我就现身说法，给与会代表做了演示。

真没有想到，竟把研讨会推了个小高潮。

比如两手腕部相对，上下、左右交错翻转，最后一个拽缰绳的动作结束。大家很感兴趣，纷纷跟着一起操练起来，结果，与会代表中不乏尚先生的学生和戏剧界的名流，许多人都做不来这个简单的动作。倒不是说这个动作有多难，而是要求演员必须手眼配合，熟能生巧地反复练习，还要和打击乐套在一起，相辅相成，合二为一。

会后，有位北大的教授递给我张名片说："张老师，您讲得太好了，您都能到我们北大来当老师了。"我连忙说："哎呀，您太高抬我列。"

我记得戏剧大师梅兰芳先生说过一句话："要想身体好，每天坚持跑。"

演员的功力是练出来的，就是这个道理。就说这跑圆场吧，跑圆场不是光跑步,它是在训练演员的耐力,训练演员调整好自己表演时的气息。《昭君出塞》上马一场戏,不仅有场上不停的动作表演,还有大段的唱腔,没有平时训练的基本功支撑,在表演时就会气喘吁吁,上气不接下气,形体动作也就无法连贯。

演尚先生的戏,演员起码要达到花衫的水准才行,融青衣、花旦、武旦、刀马旦的唱、念、做、打于一体,这是我的切身感悟。

京剧花衫行当的创始人是有"通天教主"隆誉的王瑶卿先生,为了丰富旦角的表演艺术,充实艺术表现能力,他集旦行艺术之大成,革新创造,人们把它命名为花衫,改变了传统"抱肚子"呆唱的模式。

从这一点来说,对演员的训练要求就非常高,也非常苦,张彩香老师通过自己的刻苦努力,也一步步地做到了这一点。

1995年北京市艺术研究所编著出版的《名旦风采》一书,收录了张彩香老师撰写的《我的老师尚小云先生》,文中写道:

> 学完了《昭君出塞》,使人深深认识到,尚先生这出戏舞蹈性极强,舞蹈动作难度大,舞蹈量又那么繁重,他演起来却自然、流畅、优美动人。其中一个重要原因是他有着深厚、扎实的基本功。昭君出塞,因山路崎岖难行,只得弃车辇而骑马,马惊了,马失前蹄了,为了很好地表现这些惊险的动作,他在【四击头】中,用了三个翻身,而后跺脚、蹉步、亮相,从这里可以看出,在一个节拍中,如果别人用两个动作,他可以用三个以至四个动作,虽然难度大,却增强了表现力,上面说的马失前蹄,他的一连串动作是那么流畅、洒脱,尤其是通过翻身,把斗篷散开,犹如蝴蝶一般,那舞技的精湛,舞姿的优美,设计的匠心,表现力的丰富,不能不令人惊叹!

在我看来，尚先生非常重视舞蹈的研究和创新。无论在马鞭、水袖和翎子的运用上，都有独到之处，比如，《双阳公主》中唱"声萧萧，管不住千里战马"，他是五个指头满把握着马鞭，这不同于一般，为什么？因为这有利于舞蹈身段。掏翎子，和别人相反，他是反着掏，他的逮水袖就具有很强的节奏感。在同一个节拍中，他的水袖可以比别人多舞一个花子。这是由于他的手腕功夫好，这也可以从《梁红玉》里的擂鼓中看出。他擂出了军威，擂出了梁红玉的英勇气概。尚先生曾告诉我，他为了丰富舞蹈身段，也大胆吸收别人的长处，比如上马翻身这一舞蹈身段，就是从杨小楼先生那里学来的。

尚先生之所以致力于舞蹈身段、动作的丰富、发展，是在于他对美的执着追求。在他设计的舞蹈动作中，最为人们所乐道的，就是"亮胳膊"了。这一大胆的创新，当时曾为人们所非议和责难。其实，昭君手持马鞭，还要舞翎子，耍水袖，不露臂，水袖难免要缠在马鞭上，露臂就解决了这一问题，而且露臂并不难看，经过化妆和装饰的手臂，更增加了美感。这在当时，违反了一些人的审美观，也够大胆了，但当人们看到了永泰公主墓的壁画，恐怕就不会认为这是妄为了，因为，袒胸露臂，古亦有之，何足怪哉！尚先生在创造舞蹈的动态美时，还重视运用另一个重要因素，就是音乐，他非常熟悉戏曲的锣鼓和曲牌。因此，他的舞蹈动作和身段都和锣鼓音乐结合得非常紧密，节奏把握得好，因而具有很美的韵律感。

追随尚先生学艺，使我收获巨大，受益不浅。他对戏曲的热爱，对艺术的追求，勇于创造、敢于革新的精神，以及他的艺术态度、艺术方法都对我产生了极大的影响。遵循他的要求，我坚持苦练基本功；在艺术追求上，也遵循他的方法，大处着眼，小处着手。每排演一出戏都专心致志，心无二用，一招一式都一丝不苟、讲求规范、力求精美。从而使我的演技水平得以不断提高。

在跟随尚先生学戏的过程中，张彩香老师不仅学到了技艺，更重要的是学到了尚先生对民族艺术的挚爱精神，张彩香心中的感恩、"还债"，其实就是情感上对故去老师的崇敬，她所得到的这些难能可贵的关爱是可遇而不可求的，别人更无法体会恩师对她在艺术上的严格要求和寄予厚望的深刻含义。

我从尚小云先生那里学到了很多东西，我结合自己的舞台实践，融会贯通，分解融化到秦腔的表演中，别人很难看出来，只能说它好看。现在，我心里只有一个念头，就是要把自己所学到的、尚先生的戏曲经典融化到秦腔里边，因为戏曲是统一的，不存在剧种的隔阂。京剧一甩水袖，秦腔也是这样一甩，有许多地方是非常相似的，但要抖出和别人不一样的风采，就全靠演员平时的不断苦练、摸索和总结。尚先生的抖水袖和别人不一样的地方就在于，他把一尺多长的水袖，抖得让人看了神魂飘逸，风采依依。

我这一生的幸运，就是在学艺时遇到的这些老师，像惠先生、尚先生、封先生等，他们都在默默无言地爱着我，才使我不断地进步、不断地成长。

对于尚小云先生一家人，我心中始终充满着深情和感恩之心，但有两件事情让我至今想起来都很内疚。一件事情是1980年，没能参加尚小云先生的追悼会。另一件事情是1983年，尚先生的二儿子尚长麟突发脑血管疾病不幸逝世。当我得到消息时，正在渭南塬上大王山下乡演出，进出山沟十分不便，计算一下时间，就是赶去山东，追悼活动也都全部办理完结了。没办法，无法去参加这位异姓二哥的葬礼，只好托人骑自行车赶到渭南发去了一封电报，沉痛哀悼。也正是这两件事，让我非常懊悔，因为尚家没有把我当外人，始终记得我这个秦腔界的学生，给我发函报丧，仅这一点就让我一直心中不安。

面对这一切，我只能一次次在心里默默祈祷，愿尚先生、长麟二哥在天之灵能够理解我当时的境地，谅解我当时不能灵前敬香的苦衷，以抚慰我不安的心绪。

现在，每年清明、农历"十月一"，我都要为恩师尚小云先生、李正敏先生、惠济民先生，焚纸钱、送寒衣，以慰藉对老师的思念。

2014年，我随《国风·秦韵》陕西文化周晋京展演，临行前就在想："如果能去北京的话，我想去祭拜尚先生。"我给远在上海的尚长荣打电话，询问去八宝山祭拜尚先生的相关程序，长荣认为我年龄大了，舟车劳顿，就不要去祭拜了。"你说的是什么话，我的老师我能不去祭拜吗？"我第一次对师弟发火了。还真是要感谢振兴办给我提供条件，有这样难得的机会，就要专程去祭拜尚先生以偿夙愿。在《陕西小剧种经典折子戏专场》圆满演出的第二天，2014年12月6日，我在年轻艺友的陪同下，前往八宝山，办了相关手续，进入陵园。

时隔40年，我终于站到了先生身边，可这一次，却是阴阳两隔。在恩师灵前，我老泪纵横，椎心泣血，长跪不起，有多少思念、委屈、无奈、孤独和坚守，千言万语，五味杂陈。整整40年啊，我有多少话要对恩师说，有多少事想对恩师讲，还有好几个身段造型，想要做给恩师看，请先生把关、聆听先生的教诲。可这一切的一切都无法做到了，只能是还了看望恩师的夙愿，只能在心里默默地祈祷，祝福恩师的在天之灵安然泰然……

走出瞻仰室，意识到这可能是今生最后一次来看老师了，心情难以平复，思绪万千，久久不愿离去。

回想起来这一辈子虽然磕磕绊绊，还是碰到了些好人好运气。幸遇名师开蒙，又得名家亲炙，再拜京剧大师，遇见了理解支持自己、情投意合的好丈夫，即使晚年还有年轻的同道牵挂关心。当年，如果不是陕西省振兴秦腔办公室李鑫主任顶着压力，相信我能胜任整体呈现评委，又如何能亮相"文华奖"大赛。不是他坚持要我给富平阿宫剧团传授《白蛇传·断桥》，可以说就没有今天的北京之行，祭拜恩师的愿望也难以实现。老话说"千金易得知音难求"，可这次第又怎一个"谢"字了得！

我从初入唱戏这个行当，不论是敲的、拉的、演的，还是教戏排戏的老师，都是名家。有幸受到诸位艺界精英、名公大腕的指教，使我受益终身，得心应手。

当年在他们身边学戏时根本就没有那个意识，怎么给老师尽个心啊，只是想着怎么把老师传授的东西尽快消化，融会到自己身上，今天学的要领在什么地方？范儿在什么地方体现？老师们给予我的关爱太多了，现在要回报老师们的厚爱和栽培，除了逢年过节的祭拜，就是将他们未竟的艺术事业传承下去。

我愿意，也很想能将老师给的东西传下去，在艺术上，我从不藏着掖着，只要你悟性好，我恨不得把学来的全部教给你。传承舞台技艺，我总是想方设法把尚派经典与现代表演艺术相结合，相互借鉴，融汇转化，尽力提升表演品质，发扬光大秦腔艺术。可演员的身段和谐、风范、气度要达到规范要求，演员的表演就一定要符合传统戏曲的规范，否则，就会丢失传统的韵味，就会失去它存在的根基。对于老祖宗留下来的文化瑰宝，必须在继承的基础上传承，演戏不光是会唱几句，会几个舞台动作，还要熟悉它产生的历史背景，不同人物有不同的时代特征。

我认为，所谓的继承，并不是老师是怎样教的，学生就得完全一模一样，才叫继承。继承的目的是发扬光大，把老师传授的戏曲经典学下来，在实践中不断补足短板，那样才会使戏曲艺术更完备、更完美，这也是老师的初衷。

人生如戏，忙忙碌碌、浑浑噩噩几十年，转眼间我也老了，已是垂暮之年，努力过也挣扎过，只落得"可怜无补费精神"。但愿为时不晚，借力同道支持,回去就筹备"尚派传承专场",希望通过这种补救,让《昭君出塞》能留在秦腔舞台上,也不枉尚先生付出的心血掬劳。如不然,他日即使负荆请罪于泉下,也无颜面对恩师……满目苍凉凄怆,一时喟然:八宝山上祭英魂,愧疚满怀泪满襟;堪悲吾师心良苦,万缕情思化烟尘。

· 题跋 ·

心语寄怀

杨文颖

数年前,我与张彩香女士在陕西省首届"文华奖"专业秦腔电视大赛评委会上偶遇初识,曾给她写过一篇"感喟"的短文,稍后又看了她执导的整本戏秦腔《金麒麟》和单折戏阿宫腔《断桥》,也曾恳谈聚餐,其时她已是年逾八旬的老妪,但精气神十足,吃吃喝喝,谈笑自若。不料没隔多久,却突发宿疾,一走了之,真是人生无常,不禁令人黯然神伤。她留下的"艺涯回溯",情真意切,我凝神拜读,又频频心生涟漪。

圣哲有言:"吃亏是福。"倒很吻合张彩香的某些际遇,她确实吃亏不少,吃苦更多,但她也真有福,光光堂堂活到85岁,耄耋之年,沐浴春风,又参评,又编导,还传艺课徒,忙得不亦乐乎,赢得了"德艺双馨"的广泛赞誉。她年轻时,有个"瓜女子"的特别绰号,这个"瓜"其实就是"憨",憨实、憨直、憨痴、憨厚,很有点"大智若愚"的意思,这有时可能会得罪人,然而更多亲近共事者对她不但充分理解，而且人见人爱，因而广有人缘儿，常能获助受益，所谓"憨人有憨福"。西安的秦腔名伶宁秀云、肖若兰、马蓝鱼、李夕岚、全巧民、张咏华等见了她，亲姊热妹，"伙计"声声，各有话头儿，或沏茶递上肉夹馍。

人常说，男人有三大不幸，"幼年丧父"首当其冲，她作为女性，却从童稚到成年，均有护犊情深的父亲相随照料，为圆她的秦腔梦，托人情，选科班，投资请家教，甚至进剧团打杂儿，陪她睡破庙的麦苋铺，同她闯荡江湖，跋山涉水，"亡命陇东"尤其惊心动魄，最后还利用祖传画技充当了剧团的"布景师"，陪伴她始终，既是"严父"，又是"慈母"，世所鲜见，她福莫大焉。

她有位表舅，大名武新民，家居原西安莲寿坊，和她恰是近邻，和我也沾亲带故，稔熟常见，此公乃20世纪40年代秦腔名票，原"西京秦剧研究会"骨干成员，扮相、技艺均佳，与当时剧界名旦亦能一争短长。因甥舅关系，对她尤其喜爱和器重，为她教唱，购置服装，引荐她唱堂会，见世面，以至于成为小有名声的"童伶"，这位前辈对她的启迪提携，当是有功可叙，亦属她分外一福。

她的丈夫汪浔，温文尔雅、知书达理，婚前一见倾心，婚后两情相悦，帮她学习文化，对她体贴入微，为解决夫妻两地分居28年的难题，狠心咬牙从省级机关调到渭南基层，与她同甘共苦，相濡以沫，甚至代她承担家务，作为女人，这当然是莫大的幸福，后虽因病离她远去，但这份温馨的情怀，成为她心灵慰藉和精神鼓舞的潜在动力，因而不懈进取，以酬鸳侣知音。世上的事，有时神秘莫测，汪浔当年就读于上海戏剧学院有一同窗好友薛沐，几十年后，已是上戏的教师，改革开放时，负责筹办"导演培训班"，主动和汪浔通信息，张彩香竟不费吹灰之力进了中国数一数二的戏剧最高学府，结业后还给上海越剧院导戏，从此，华丽转身，成了"科班"导演，这在秦腔界实在少有。她大概想不到，有人为了上中戏，使尽浑身解数，"移花接木"堂而皇之干着损人利己的缺德事，她则吉人天相，"得来全不费工夫"，当是又一福也。

作为演员，特别是女演员，她不靠别的"门道儿"而潜心于勤学苦练，转益多师，跟科班蒙师练秦腔基本功，跟弹钢琴的朋友学唱昆曲，跟京剧黄永祥教练练毯子功，尤其是先后知遇几位大名鼎鼎的师尊，如尚小云、李正敏、惠济民、封至模等，实授实学，获益良多。特别是有幸师从京剧大师尚小云先生两年，耳濡目染，耳提面命，可谓百年一遇，千载难逢，即使在全国艺界也是绝无仅有，她因而学了尚派的王牌戏《昭君出塞》等，成为名副其实的尚小云入室弟子。

她能如愿以偿顺利进入尚门，实得益于五四剧院20世纪50年代初建时的经理赵清泉先生，赵经理乃清华学子，先后与"四大名旦"交厚，张彩香随团在五四剧院演出，无意中得此信息，即刻"憨"气萌动，见缝插针，不失时机地向赵经理吐露心迹，万没想到，赵经理随和大度，心存成人之美，随即痛快应承。而此前，她在兴平演出《三休樊梨花》，又适逢尚先生郊游至此，乘兴观赏，印象颇佳，不期然地成为引线铺垫，复经赵经理出面斡旋，竟水到渠成，举重若轻般圆了她的"痴梦"，真是无巧不成书，难得她福大命大造化大，吉缘天成。其时省文化局由艺术处袁光处长出面，组织了正规的拜师仪式，这在秦腔界大概也是首开纪录。

我偶然忆及田汉先生为武生巨擘盖叫天盖老敬献的颂词："英名盖世三岔口，杰作惊天十字坡。"句首嵌着盖老"英杰"的大名，遂突发奇想，邯郸学步依样画葫芦式诌出："玉姣拾镯美目流盼含情脉脉呈异彩，昭君出塞烈马奔腾嘶泪依依寄心香。""彩香"则嵌于句尾。我自然无意不知深浅地将艺界后学与前辈大师作牵强攀附，只是视野所及，深感张彩香的这两出，在秦腔界实属出类拔萃，无愧于精品，也无愧于表演艺术家的职衔称谓。

这出《拾玉镯》，在她已届中年时有幸录存，多亏了省电视台的资深编辑田秉毅先生，此君40年前和我打过交道，处事沉稳，不事张扬，力主"抢拍"，正显示了他的淡定和眼力，实则为张彩香填补了艺事空白，而影像得以传世，又为剧界前辈惠济民惠老的导演风范提供了难得的实证，并为时任渭南剧团团长兼导演的李文宇先生，由对张彩香"亮红灯"到"开绿灯"，继而主动要求为其"锦上添花"，生动揭示了决策意念的有趣转化，亦反证了惠老导演处理的老到精当及张彩香表演功力的稳定持久。

《昭君出塞》限于客观条件未能留下影像，或者也有人为因素制约，不免遗憾。但当年有尚先生亲临督导，每天排练大厅的一声"六十"，张彩香与戏称"水牛"的马童便双双起步，60个"圆场"的指标一气儿跑完，俱是大汗淋漓，湿透衣衫，活像从水中捞出，遂引发恩师严师愉悦的朗朗笑声，"水牛"即脱口而出，此情此景，该是何等舒心惬意啊！1960年为参加省会演，渭南相关领导和尚先生反复磋商，又经尚先生深思熟虑严格把关，从而获得昔日相对风清气正所评定的"青年演员优秀奖"，皆大欢喜，又该是何等心安理得，意义深远啊！

尚先生来西安落户定居，前后十余年，荣辱相兼，大喜大悲，一言难尽也！鄙人作为本地老土，艺界一员，也只是远距离看见过两次：一次是1964年西北大区兰州会演，先生坐小车至兰州饭店，由张秘书照应搀扶，欣慰安详款步跨上庭院的台阶；另一次是"十年浩劫"中，先生竟意外地拉着架子车，想来定是被时尚流风所"勒令"，于文艺路北端城河桥上，低头瞠目，神色凝重，勉力而行。这两组对比强烈的"镜头"，鄙人始终萦绕脑际，挥之不去。戏曲研究院演员兼编剧南怀容兄曾慨然告我，他"文化大革命"中被指定担任过院里特设的"砖瓦窑"领班，尚小云、袁多寿等名人都归他"统管"，但以往尚先生、袁先生叫惯了，每天点卯直呼其名总觉得不好意思，只是因为挖土和泥劳动强度大，明摆着十分吃力，有时给他们某位多发一二斤补贴粮票，或是抽冷子提前收工放行，倒是力所能及地"法外施恩"，虽担点风险，却不无宽慰。这些点滴回顾足以想见古稀之年的尚先生其时难以言说的悲怆与苦涩。劳动是光荣的，但特定情势，也是凌虐和屈辱。

而张彩香当年则与尚先生近距离交流，口耳相传，时得教益，还专责陪同师尊乘车出入丈八沟宾馆，并荣任"翻译"，这等黄金岁月，该有多少难忘的"镜头"及箴言逸事啊！她在"文化大革命"落难的同时，念念不忘师尊，她当然知道老者于逆境中更难熬，遂带着渭南名吃"时辰包子"和搜罗收购的"鸡蛋"，两次艰难来西安探望，以至于后来去北京八宝山哭祭，泪眼扑簌，长跪不起，千言万语，哽咽难言！艺界有所谓"一日为师，终身为父"之训，她于师尊罹难和故去后，益增悲戚，毫无功利目的践行了这一切，情深义重难能可贵啊！她向尚先生学艺，亦学做人，还进一步提升了作为旦角演员的"花衫"意识，成长为文武兼备、唱做俱佳的全能名角儿，戏路宽，路子正，从《破洪州》的元帅穆桂英到《江姐》的双枪老太婆，一步一个脚印，尽显实力。京剧有位刘秀荣，得名师嫡传，根正技精，老而弥坚；秦腔则有张彩香，年岁艺概相当，大可媲美。奇巧的是，她俩都演扎靠掩蟒文武带打的《破洪州》又都在中年以后演了妙龄女郎风姿绰约孙玉姣的《拾玉镯》，自是各有千秋，引人注目，所不同者，唯境遇之别耳！张彩香早在17岁时为秦腔著名须生刘易平配演《辕门斩子》中的穆桂英，程砚秋先生慧眼识金夸她"很有气势""很有前途"；后在《三休樊梨花》中主演樊梨花，尚小云先生夸她"不土气""身段规范"，"后面那个枪架子打得也很好"。目光如炬的京剧"四大名旦"，她得到两位大佬的当面夸奖，实在是可遇不可求的幸会契合，她就有这个机运和资质。尚先生一百周年纪念在北京举行，她作为特邀代表赴京，当着名家荟萃的京剧界诸君，她作了重点发言，还当众演示她京秦合流的体会心得和实践应用，引起与会者极大兴致，名净袁世海先生热情为其即席题词，这在秦腔界十分罕见，亦可视其为老而犹"憨"，胆识俱显。如此统观总览，张彩香岂不是堪称"福寿两全，足慰平生"吗！

　　谨以如上心语，告慰这位全始全终的才俊，同气相求的艺友，遥致追思悼亡之祭。安息吧，老福婆！

· 附文 ·

感念李正敏先生

张彩香

人生短促,日月如梭,转眼间李正敏先生离开我们已经42年了,如梦一场。2015年是李先生的百年诞辰,他那渐行渐远的背影依然清晰温暖,光彩照人的陈年往事又浮现眼前。

在我的记忆中,李先生的舞台艺术很讲究整体,他演《杏元和番》也就是《二度梅》,靖正恭先生饰演的梅良玉英俊漂亮,陈杏元带了四个女兵上场,其中上马那段尤其给人留下极深印象,五个人都披着斗篷,斗篷上缝的电光片纹饰,四个女兵摆队,陈杏元在中间提鞭上马,李先生身材高挑儿,台步平稳,身段自然大方,就那样一打扮,一出场再加上台口三盏汽灯的烘托,那气势太有冲击力了。《五典坡》是李先生的代表作,他对王宝钏的穿戴都是严格按剧情精心设计的,《别窑》一场,王宝钏穿的葱花绿的缎子彩鞋,粉红缨子,穿的裙子、袄子,包大头,然后旁边吊一缕儿头发,出来唱的是【拦头】，从戏的情节发展来说，薛平贵马上就走，况且都被把后军督府改成先行官了，就这去得迟了还要挨一顿板子，此时此刻王宝钏的心情是复杂的，既有燕尔新婚的难舍难分，又有对薛平贵的处境担忧，因此后来才伤心和思念鸿雁捎书。整个人物的贯穿应该是这样的，这时间容不得她慢慢地唱。李先生从剧情出发，以唱做并重的表演处理，把王宝钏内心的矛盾纠结形神兼备地展现在舞台上，真切感人。现在演的《别窑》把戏的贯穿动作和整体节奏弄乱了，自然难以达到李先生那样感人的效果。

到了《探窑》，王宝钏穿的是蓝鞋，白缨子，那时候没有油彩，用的是水彩，李先生就拿清油把脸上的粉一擦，黑褶子一穿，头发一拢一搭，就把王宝钏贫病交加的生活境况活脱脱呈现出来，人物造型非常准确传神，没有只顾"头面"漂亮而不顾人物形象。等唱到"单丢下苦命命苦宝钏女"就是通堂好，后面"谁是牵马绾镫的人"，把人物内心的苦闷与挣扎表达得淋漓尽致，又一个通堂好。

李先生的唱腔百听不厌，他特别注重旋律和吐字，真正做到了字正腔圆，即使唱类似《二进宫》中的快板，也能在快速唱腔里再行腔，从高音区转入低音区，快而不乱，同样圆润挂味儿，绝无劈硬柴的感觉。以李先生的嗓音条件唱到这种境界，真是登峰造极，充分证明真正会唱、唱得珠圆玉润的好唱家，绝不是单凭好嗓子，而是在吃透剧本、深刻理解人物的基础上，以丰厚的传统积淀和素养，以超乎寻常的悟性和创造力，通过精彩表达的唱腔来塑造和丰富人物，传递情感。因此，李先生的唱腔极富感染力，极具特色，举世公认，被尊称为"敏腔"。李先生创造的"敏腔"是秦腔的艺术瑰宝，如何尊重、继承秦腔传统，让优秀艺术大放异彩，避免舞台上"洒狗血"般肆意妄为，是值得我们认真研究和反思的。

李先生挚爱秦腔，为秦腔奉献了一生。他的剧团一年 360 天，如果唱 200 场戏，那他就演 200 场毫不含糊，今天晚上是《五典坡》前本，明晚是《五典坡》后本,后天就是《白玉钿》,大后天又成了《重台别》,李先生能演的戏真多,如果没有他的戏,那晚上票就没人买了,所以,他必须得演,真是非常辛苦。演出之余,他还要培养接班人,教了两班学生,我记得头班学生里有个唱须生的李艺平,演《葫芦峪》《辕门斩子》红得很,后来因肺结核嗓子岔了,便不再演戏,学了敲鼓。我们二班学生后来还有联系的就是田艺勇,因为他和焦晓春成了一家子。现在回想起来,李先生太不容易了,剧团和学生加起来百十号人都得指望他,俗话说"要生气领班戏",但我没有见过李先生给谁发过脾气,除了演戏教戏,他还善司鼓,他把唱腔能修饰到那种程度,跟他通音律懂锣鼓经是密不可分的。正艺社在桥梓口时,他常穿件藏蓝色长袍子,皮鞋铮亮,戴礼帽和墨镜,坐到那儿一本戏一本戏往下敲,他敲鼓王东生拉琴,还真是行家里手,风采不同一般。难得啊!像他这样全面的天才再也没有了。

当年我父亲和正艺社的外交管事,把我带到车家巷李先生那里,给李先生行了鞠躬礼,叫了声李先生,不料李先生却说:"叫啥李先生,以后叫二伯。"我赶紧又叫二伯,李先生笑着对外交管事说:"那就把娃领到训练班去。"后来才知道在这儿学戏的娃们都称李先生"二伯",为此称呼,1952年我在西北演出团还受到了个别人的批评,说是革命团体都应该叫同志。正艺社在盐店街五省会馆演《玉虎坠·慈云庵》,李先生饰演冯娘子,乔新贤饰演冯彦,陈西秦饰演马武,杨艺中饰演田郎,我有幸配演了王娟娟,临到上台李先生还叮嘱:"俺娃你一会儿走大些。"像他这样的大演员、大人物,这么耐心随和、精益求精的还真不多见。1953年西北演出团巡演回来后,我们在新城南门外头搭台演出,他早早就到了,依旧按照在北京的习惯说:"女子,赶紧给我化妆来。"说话间还照例掏出大会发的慰问品给我,以示对后辈的关爱,印象中他都是叫"女子",从没叫过我的大名,从那以后因我们渭南剧团演出任务繁忙,我再没有时间专程看望李先生,也不清楚他在研究院马院长那的境况咋样。不论从演出还是其他方面来讲，他都是非常善良，平易近人，对给他配戏的、拉戏的，像荆生彦、王东生、靖正恭等都非常关照，宁可自己晚些吃饭都要先把这几位合作者让到，尊重合作者，既体现出李先生的人格修养，也体现了李先生对艺术的认真态度，因为没有台下真诚相对，以礼相待，台上就难有完整的艺术呈现，也就是平时说的"一棵菜"。"秦腔正宗"的徽号够大、够响亮，从不见他在同辈和晚辈面前张扬，却在上海光鲜响亮地为秦腔扬了名，留下了八张价值连城的唱片，比之有点儿虚名就要大牌的演员，可真是有天壤之别。

纪念李正敏先生就是要继承他对优秀传统的继承和发展，对艺术的严谨和执着，传承他创立的"敏腔"就是要展示秦腔曾经达到的艺术高度，晚生后学应以敬畏之心，一锤一脚地扎实继承，不能临时抱佛脚，也不必投名挂靠，要让真正的秦腔艺术精品存活在戏曲舞台上。

我的老师尚小云先生

张彩香

1958年,尚先生应陕西省的聘请,来西安任省戏曲学校校长,我拜他为师,在他身边学习了一年,他教我的戏是《昭君出塞》。在向尚先生学戏期间,通过排戏、谈戏、看戏,我逐步对他的表演艺术有了些认识。

《昭君出塞》是尚先生的拿手戏,这是一出载歌载舞的戏。尚先生所擅长的精湛舞技,在这出戏里得到了充分表现。我在学戏前,尚先生要我苦练基本功。还规定了具体任务,每天清晨跑圆场不少于十五圈。半个月后,尚先生看了我和马童跑完圆场,他笑着对马童说:"你哪里是马童,简直成了水牛了。"又告诫我们:"光靠练功场是练不好的。"又说:"哪怕唱、做再繁重,都要汗不流、气不喘,否则就不是好演员。"从此以后,我们白天练、晚上练,有了空闲就练。在这期间,全国各地慕尚先生之名,前来投师学艺的青年演员不少。尚先生来者不拒,仍教《昭君出塞》,只是由于他们的时间有限,更主要的是基本功差。往往一个动作卡住了,怎么都学不好。学尚先生的身段和动作,有个特点,那就是你若学好了,就非常好看;你若学不好,哪怕差那么一点,就非常难看,不如不学。因此,不少人只好知难而退。学完了《昭君出塞》,使人深深认识到,尚先生这出戏舞蹈性极强,舞蹈动作难度大,舞蹈量又那么繁重,他演起来却自然、流畅、优美动人。其中一个重要原因是他有着深厚、扎实的基本功。昭君出塞,因山路崎岖难行,只得弃车辇而骑马,马惊了,马失前蹄了,为了很好地表现这些惊险的动作,他在【四击头】中,用了三个翻身,而后跺脚、踮步、亮相,从这里可以看出,在一个节拍中,如果别人用两个动作,他可以用三个以至四个动作,虽然难度大,却增强了表现力,上面说的马失前蹄,他的一连串动作是那么流畅、洒脱,尤其是通过翻身,把斗篷散开,犹如蝴蝶一般,那舞技的精湛,舞姿的优美,设计的匠心,表现力的丰富,不能不令人惊叹!

在我看来,尚先生非常重视舞蹈的研究和创新。无论在马鞭、水袖和翎子的运用上,都有独到之处,比如,《双阳公主》中,唱"声萧萧,管不住千里战马",他是五个指头满把握着马鞭。这不同于一般,为什么?因为这有利于舞蹈身段。掏翎子,和别人相反,他是反着掏,他的逮水袖就具有很强的节奏感。在同一个节拍中,他的水袖可以比别人多舞一个花子。这是由于他的手腕功夫好,这也可以从《梁红玉》里的擂鼓中看出。他擂出了军威,擂出了梁红玉的英勇气概。尚先生曾告诉我,他为了丰富舞蹈身段,也大胆吸收别人的长处,比如上马翻身这一舞蹈身段,就是从杨小楼先生那里学来的。

尚先生之所以致力于舞蹈身段、动作的丰富、发展,是在于他对美的执着追求。在他设计的舞蹈动作中,最为人们所乐道的,就是亮胳膊了。这一大胆的创新,当时曾为人们所非议和责难。其实,昭君手持马鞭,还要舞翎子,耍水袖,不露臂,水袖难免要缠在马鞭上,露臂就解决了这个问题,而且露臂并不难看,经过化妆和装饰的手臂,更增加了美感。这在当时,违反了一些人的审美观，也够大胆了，但当人们看到了永泰公主墓的壁画，恐怕就不会认为这是妄为了。因为袒胸露臂，古亦有之，何足怪哉！尚先生在创造舞蹈的动态美时，还重视运用另一个重要因素，就是音乐，他非常熟悉戏曲的锣鼓和曲牌。因此，他的舞蹈动作相身段都和锣鼓音乐结合得非常紧密，节奏把握得好，因而具有很美的韵律感。

通过学习，我认为尚先生是善于运用优美的舞蹈和精湛的舞技表现环境和人物的艺术大师。

追随尚先生学艺，使我收获巨大，受益不浅。他对戏曲的热爱，对艺术的追求，勇于创造、敢于革新的精神，以及他的艺术态度、艺术方法都对我产生了极大的影响。遵循他的要求，我坚持苦练基本功；在艺术追求上，也遵循他的方法，大处着眼，小处着手。每排演一出戏都专心致志，心无二用，一招一式都一丝不苟，讲求规范，力求精美。从而使我的演技水平得以不断提高。

练功和学艺

张彩香

最近,一些老演员的演出,受到观众的赞赏。虽然他们十多年没演戏了,而且都是半百的人了,令人惊异的是演技却不减当年。为什么他们能够保持表演艺术青春?主要在于他们有深厚的基本功。戏曲艺术综合着歌、舞、白、武打和表情等各个方面,它要求戏曲演员掌握繁难复杂的技术、技巧,而这没有基本功是不行的。

我是7岁学艺的。开始在李正敏先生主办的正艺社,以后又到复兴社学习,当了两年多学生。那时一班学生也就是四五十人。年龄最大的十二岁,我算最小了。当时的练功、生活的条件非常艰苦。练功是在露天的土地上练。道具也简陋,马鞭就是一根细棍,棍头上穿根细绳子。夏天顶着火盆似的太阳,汗流浃背地练。一天吃两顿饭,上午是糊涂面,后晌是面糊涂。吃馍的机会不多,吃的也多半是豆面馍。常年睡的是麦秆铺。那时的训练,既紧张又严格，天不亮就必须起床练，点的是一盏半明半暗的清油灯。除了吃饭，从早起摸黑，练到天晚摸黑，天天如此。每回吃饭，只要筷子一放下，立刻就是推磨子（也就是走台步）。学旦角的，主要是苦练腰腿功。如走台步、跑圆场、扎式子、拿顶、踢腿、劈叉等。这些基本功不仅要学会，而且要学精。譬如在练跑圆场时，教练就要你腿上夹棍子或笤帚，不准掉下来。头上再给你放个什么东西，也不准掉下来。跑得慢还容易，跑得快而头上的东西又不掉下来就不容易了，只有坚持苦练。练劈叉、拿顶，不但姿势动作要迅速准确，而且要锻炼持久力。如果没有教练说话，就是再累、再酸、再痛，也得坚持，不敢随便放下。练腿功时，膝盖上绑带带，脚跟下面垫一块或两块砖头。你喊疼吗，教练说，就是要你由疼练到不疼。记得第二年冬天，我全身生了疥疮，长了脓疮。练劈叉时，脓疮撕裂，鲜血直流，痛彻心骨，还得咬着牙，不吭一声地练。当时对童功很重视，我经常听说："小时不练好，大时演不好。"又说："三年的功夫，练两年半不行。"我十三岁在三原和肖若兰同台演出。她爸对她的练功抓得非常紧，每回吃完饭，就叫她走台步，跑圆场。我爸就接着他的腔，吆喝我："去，和你腊娃姐练功去！"今天，我们看到肖若兰演出的《藏舟》，她步伐那样轻盈，体态身段那样优美，是和她坚实的童功分不开的。当时，教练、剧团、家长对我们的管理也极为严格。记得有一次，由于练功太累了，我没能及时起床，教练就打了个通堂，严厉斥责睡在我旁边的同学，为什么不互相关照，把我叫醒。在西安五省会馆演出时，一次我和肖若兰贪玩，戏开演了，才赶来化妆，两个人一起被痛打了一顿。打得我再也不敢贪玩误戏了。当然我不是说打的方法好，而是说，那种严格管理、严格要求的精神还是好的。我之所以学得了一些基本功，主要是在童年学艺时打下了基础。

在科班，是教练把着手教着练的。以后进了剧团，开始演戏了，我就结合着排演继续练功学技。没有教练了，我就拜师请教。《拾玉镯》和《杀狗劝妻》这两出戏,是专门请惠济民教练给我排了将近一年时间。惠教练排戏非常细。每一个身段、台步、眼神、表情,都再三推敲,不马虎。那种推敲、琢磨、研究艺术的严肃认真、一丝不苟的精神,对我教益是很深的。他在看我打老旦的跑下场时,总觉得不美。想来想去,想了一个办法。叫我用绳子绑着自己的膝盖,练着跑。就像这样一个下场动作,也必须练出优美的身段。在《拾玉镯》中跑着开门的动作,不知训练了我多少遍,一直到认为"可以"为止。他专门解释说:"'可以'离'到家'还远着哩!要演得好,还要在演出过程中不断锤炼。"的确,艺术是无止境的。一出戏的上演,只能说是"可以",要真正达到尽善尽美,必须在长期的艺术实践中不断探索、提高。我演这两出戏,已经三十年了,现在恢复上演,仍然觉得还要很好地加工、提高。

1952年我参加了全国戏曲会演,大开了眼界。才知道"人上有人,天外有天,"看到了差距,自己暗下决心,非勤学苦练不可。次年剧团来西安演出,专门请封至模先生排练《游西湖》。在排练过程中,封先生再三告诫我,唱旦角如果不练好毯子功,是演不好戏的。从此开始,我就下功夫狠练毯子功,除了白天练,甚至在演完像《破洪州》那样连演四个小时重头戏后,还坚持练夜功,也还是封至模先生,不止一次地赞赏我生就一副好眼睛。但不无遗憾地说,可惜不会用。他勉励我,要练。又具体指点我,要每天用点时间,眼睛睁大,盯着远处一样东西,做到凝神。再慢慢地转,要不眨不闪。要练到至少看两分钟,眼睛不酸、不掉泪。练和不练,大不相同。过去,我眼睛长得大,到了台上睁不大。睁大了,也没神。练一点,就好一点,越练就越有精神。当我在演《拾玉镯》时,把眼神表情和身段运用到数鸡、吆鸡一段中,所取得的效果就好多了。记得在云阳演出时,剧团排《黄河阵》,叫我演三肖。我和导演在研究设计人物动作时,碰到了一个难题,就是三肖从云头掉落时,应运用什么动作来表现这个人物比较合适、美观。我想起有人曾用蛮子来表现。有的同志说,那是过去男旦的用法,现在女的演旦角,最好用平抢背,问我敢不敢练。有些同志说，算了，女的从没用过，别把她栽死了。我这个人好强，不甘心落后，打定主意练。站在桌上往下跳时害怕，就先站在椅子上，跌下去胳膊摔肿了，想个办法，把自己的被子铺在地上。从椅子上往下跳，得劲了，就站在桌子上练。一次，跳下去时，辫子忽然勒住了自己的脖子，妨碍了表演。我不顾一切，操起一把剪刀，剪掉了我蓄留多年的心爱的长发辫。别人替我惋惜，我并不后悔。因为我知道当我迷住了，钻进去，就会忘掉一切，不顾一切。排演《黄河阵》中这个技术难关，我足足苦练了一个月才达到"可用"的程度。每排一出戏，我总要寻找类似这样大大小小的难题，有了题目就好作文章了。

功夫和技术就是这样一点一滴地逐步练起来的。不但练出了技术，而且也练出了信心，练出了迎难而上的精神。

1958年尚小云先生来到西安。我在人民大厦礼堂看了他演出的《昭君出塞》，深为敬佩。他以63岁的高龄，演出那样繁重的戏，而又矫健多姿。如果没有长期艰苦的艺术劳动，具有深厚的功底，是绝对演不出来的。拜了尚先生为师后，我以一个小学生的姿态，虚心向他学习。说来也巧，尚先生来西安后，曾去法门寺参观，途中碰到我们在演戏，他看到了我们演出的《三休樊梨花》。在教戏时，他对我说，我看过你演的戏，功底还可以，我教你《昭君出塞》吧。我又惊又喜，喜的是，通过这出戏，可以学到很多东西；惊的是，能不能学好，心里总是七上八下的。为了保证拿下这出戏，我暗自为自己立下了几条纪律。俗话说得好："不学不知道，一学吓一跳。"本来我还以为自己练了很长时间，也演了不少旦角戏，圆场功夫也算不错了，可是一学《昭君出塞》就捉襟见肘了。怎么办？只好重新练。尚先生每次都要我和扮演马童的同志一口气跑十五六个圆场，还不断催促我们快跑。跑完后，他总是摇头，笑着说，不行啊，你们像从游泳池上来的，在台上这样，观众哪里会感到舒服，只会难受。又诙谐地说："你哪里像马童，简直成了水牛了。"又告诫我们："光靠练功场练不行，抓着时间就要练。若要到人前显贵，必须背地里受罪。"尚先生不但脚下功夫好，手指手腕也极有功夫，所以他的水袖是表演得非常出色的。从他那里，我也学会了练习手腕的习惯，多年来，早晚洗脸、洗手时都要反复练，至今我的手指、手腕都很灵活，能够运用自如。这出戏，由不少难度大的复杂的舞蹈动作组成，动作要准确，舞姿要优美、健壮，表情要丰富，还要掌握好节奏。学会不易，求精更难。其中一个快卧鱼、慢起来的动作，不过是三分钟的表演时间，但练起来却极费力。身体全部卧倒在地上，要慢慢起来，非练好腿、腰、背的功夫不可。这样一个动作，我坚持练了一年才逐步掌握。这出戏，我在尚先生那里先后四次，学习了一年多。这一年多，我足不出户地学、练。没到街上吃过一顿饭，逛过一次。下的功夫可说不小。但1960年，剧团要我拿这出戏参加青年会演时，尚先生还是摇头，要我继续勤学苦练。我认为，这样严格要求是对的。演员自己也永远不应满足于已有的成绩。一个好演员，一出好戏，只能靠千锤百炼，靠吹、靠捧、靠侥幸取巧，都不能经受住时间的考验。粉碎"四人帮"，文艺界迎来了百花齐放的春天。为了更好地继承、发展秦腔艺术，让我们大兴勤学苦练的好风尚！

"文华奖"感言

张彩香

通过参与"文华奖"总决赛对舞台整体呈现的点评,我深切感受到大赛的严谨和全面,这次大赛检阅了秦腔的中青年演员,差不多各个行当都出现了优秀的秦腔接班人,通过参赛促进演员全面提高素质,是培养和发现人才一个很好的方法。文化厅和电视台以及大赛组委会功不可没。同时对我来说,也是一次很好的学习磨炼机会,我感谢大家对我的关心和信任。

这次大赛,从培养演员来讲,有些剧目还是很好的,如《二启箭》《抱妆盒》《打柴劝弟》等,尽管表演上还存在不足,但对演员的锻炼和促进比较得力。有些戏情节技巧单一,局限性比较大,就不太容易使演员全面发挥,不能完整体现戏曲的"四功五法",对演员的锻炼和成长是不够的,在挑选剧目上,应该多费心思。各院团领导应狠抓基本功训练,要认真地给中青年排戏,从根本上引起演员重视,不光是参赛的主要演员,对于配戏的演员也应该一起要求，如咸阳剧团《打路》里那个老旦就演得非常投入，自身条件也好。戏曲研究院演的《群英会》，配角也好，也认真，值得鼓励。如果秦腔舞台都能这样很好地坚持下去，整体艺术呈现上就会更好。我想建议，今后如果举办这样大规模的比赛，能否设立一个"配角奖"？戏曲有称为"一棵菜"的行话，值得认真对待和追求。

现在青年学生们能够进剧团，百分之九十都是因为热爱秦腔艺术，但现在给学生们提供的条件明显不足，主要表现在师资缺乏，戏曲演员跟话剧、歌舞演员是不同的，他们从七八岁进入剧团练功，等到30岁左右才出现较正规的演戏状态。像有的专县剧团连称职的导演都没有，更谈不上给学生指导，让年轻演员专心练功、安心演戏就比较难。组织上还是应该要创造条件，出台可行性方案，规定必须出人出戏，列为制度提到议事日程，这样出人才的问题就比较好解决。我干这一行70多年，确实体会到要活到老、学到老。你不多方面学习，不下功夫，就不可能在艺术上茁壮成长。同时还要在审美的范畴里学，否则把服装穿错了，颜色搭配不协调等，都能出现很多问题和误区。如何能把青年演员调动起来，让他们尽快成熟，热爱秦腔，这是一个重要问题。

总决赛增加了剧目知识问答，这个举措很好，我听说，很多群众都关注这次"文华奖"，群众反响很好，这样普及了秦腔的同时，也提高了秦腔受众群体的鉴赏水平，同时督催演员应该掌握多方面的文化和历史知识，就拿《二启箭》这个戏来说，刘备此时此刻的心情是啥？他的两个弟弟都死了，缺兵少将，他又把黄忠激怒了，黄忠此去到底是胜还是败，他不知道。从人物心态到表演动作都应是很着急的，着急的贯穿动作是非常好的、正确的。演员要懂得专业知识，自己就把戏研究通了。这次大赛的知识问答，很少有得满分的，说明我们以往对这方面重视不够，我觉得我们秦腔演员和其他剧种相比，差距很明显，我们应该急起直追。所以学文化、学历史知识对青年演员来说是很重要的，青年演员就应该好好学习，多看一些艺术方面的资料，要善于观察生活，这样才能把戏演好。青年演员还要克服困难，要效法古人寻师、访师，转益多师，从多方面促使自己学习，提高自己的专业水准，干一行爱一行，为自己心爱的事业专心致志、无怨无悔。

这次大赛我特别高兴的是，京剧的尚派剧目出现在我们秦腔舞台上，因为我曾经是尚派弟子，尚小云先生也曾经落户西安，对秦腔也有贡献，秦腔学习传承发扬尚派艺术顺理成章，而且对提高演员和剧种的水平都有好处，我愿在有生之年，也为此奉献余热。

特别鸣谢

一年有余,书稿终于写完了,但此刻我并没有如释重负的感觉,相反,心中的压力更大了几分。有忐忑、有纠结,毕竟是示人的文字,最好能把错误降低到最小。为此,特请著名戏剧评论家杨文颖先生批评指正。同辈、同行中人,杨老先生对张彩香老师的评价颇高,兴趣使然,不顾近90岁的高龄,审阅数遍,点拨提升,添遗补缺,修正出处,为书稿最后定型增色。点点滴滴,我心中的敬佩之情一次次油然而生,无以复加。老艺术家们所秉持的师训"要想人前显贵,就得背后受罪"而进行的不懈努力,为追求"青,取之于蓝而青于蓝;冰,水为之而寒于水"的古训,他们为秦腔艺术的振兴所付出的艰辛,在我的拙笔下显得那么单薄,总感觉其中的内涵和精髓还没能跃然纸上。

从张彩香老师身上,触发了我太多的人生感悟和体会,本想带着初成的书稿再赴渭南,倾听张彩香老师的意见。谁知,2019年2月9日(正月初五)春节一面,竟然是我与张老师的永别。这几日,张彩香老师的音容笑貌,犹在心头绪绕。您亲自为我煮的饺子,仍在味蕾回味。目光及处,一本没有拆封的《演员创造论》，还孤零零地静放在我的书桌上，没能及时交到您的手中……而您，张彩香老师，却永远地离开了我们，离开了您所钟爱的秦腔舞台……

生活，每时每刻都有你我在尊享，就是最大的幸福。写作中得到了众多秦腔前辈、朋友的支持和鼓励，给了我莫大的信心。在此，谨向提供帮助的刘冬生、雷振和、贺铭、马蓝鱼、王小康、罗华、李志钊、周向阳、李明瑛、杨珍、陈文英、沈炜、甘青蔚、冯晓军、李铁、李鑫、王吉元、胡香串、何满堂、高党会、侯建军、赵学智、杨海、田杰、陈强、韩健、呼小凤、代久奎、李红、成峰、张为国、冉飞、王花、高斌、雷建、贺桐、郭玉娥、王晓宁、薛铂、张泓、王茸、赵梅等诸位师长、朋友、同好，表示衷心感谢！致敬！特别感谢著名的和佚名的摄影家，为秦腔留下精彩瞬间，完美影像见证了艺术高度。

作为有幸结识张彩香老师的晚辈，此刻真不知道该如何表述自己的心境，聊表对张老师教诲的感念，愿张彩香老师钟爱一生的秦腔艺术传承光大。